证券业从业人员资格考试采分点丛书

2012 最新版

证券发行与承销
采分点与模拟测试

证券业从业人员资格考试采分点丛书编委会 / 编

杜征征 / 主编

严格依据
证券业从业人员
资格考试大纲编写

ZHENGQUAN FAXING YU
CHENGXIAO
CAIFENDIAN YU MONI CESHI

中国纺织出版社

内 容 提 要

证券业从业人员资格考试具有"点多、面广、题量大、分值小"的特点，凭借以往押题、扣题式的复习方法很难通过考试。

准备应考时，选择一种好的辅导资料能够起到事半功倍的效果。本书严格依据《证券业从业人员资格考试大纲》证券发行与承销部分的要求编写，对考试大纲、复习指导用书和历年真题进行分类解析，贯通知识，把考点和易混淆点组合成一个个"采分点"，直指考试要点。同时本书还提供了数套模拟试题，并附有参考答案和详细解析，便于读者巩固复习效果、掌握答题技巧和提高应试能力。

本书将考试大纲、复习指导用书、历年考试真题和模拟测试融为一体，是一本高效的复习参考用书。

图书在版编目（CIP）数据

证券发行与承销采分点与模拟测试 / 杜征征主编.
—北京：中国纺织出版社，2012.8
（证券业从业人员资格考试采分点丛书）
ISBN 978-7-5064-8800-6

Ⅰ.①证… Ⅱ.①杜… Ⅲ.①有价证券—销售—资格考试—自学参考资料 Ⅳ.①F830.91

中国版本图书馆CIP数据核字（2012）第144535号

策划编辑：丁守富　　责任编辑：赫九宏　　责任印制：陈　涛

中国纺织出版社出版发行
地址：北京东直门南大街6号　邮政编码：100027
邮购电话：010—64168110　传真：010—64168231
http://www.c-textilep.com
E-mail：faxing@c-textilep.com
三河市华丰印刷厂印刷　各地新华书店经销
2012年8月第1版第1次印刷
开本：787×1092　1/16　印张：17.5
字数：309千字　定价：36.80元

凡购本书，如有缺页、倒页、脱页，由本社图书营销中心调换

证券业从业人员资格考试采分点丛书 本书编委会

主 编

杜征征

编 委

任胜利	白雅君	杨礼辉	李艳红
石 磊	王筱蕙	吴 宁	马春雷
马文颖	贾 云	孙丹妮	刘翠明
李跃丽	郭 凯	许 磊	王伟艳
石万华	宋 伟		

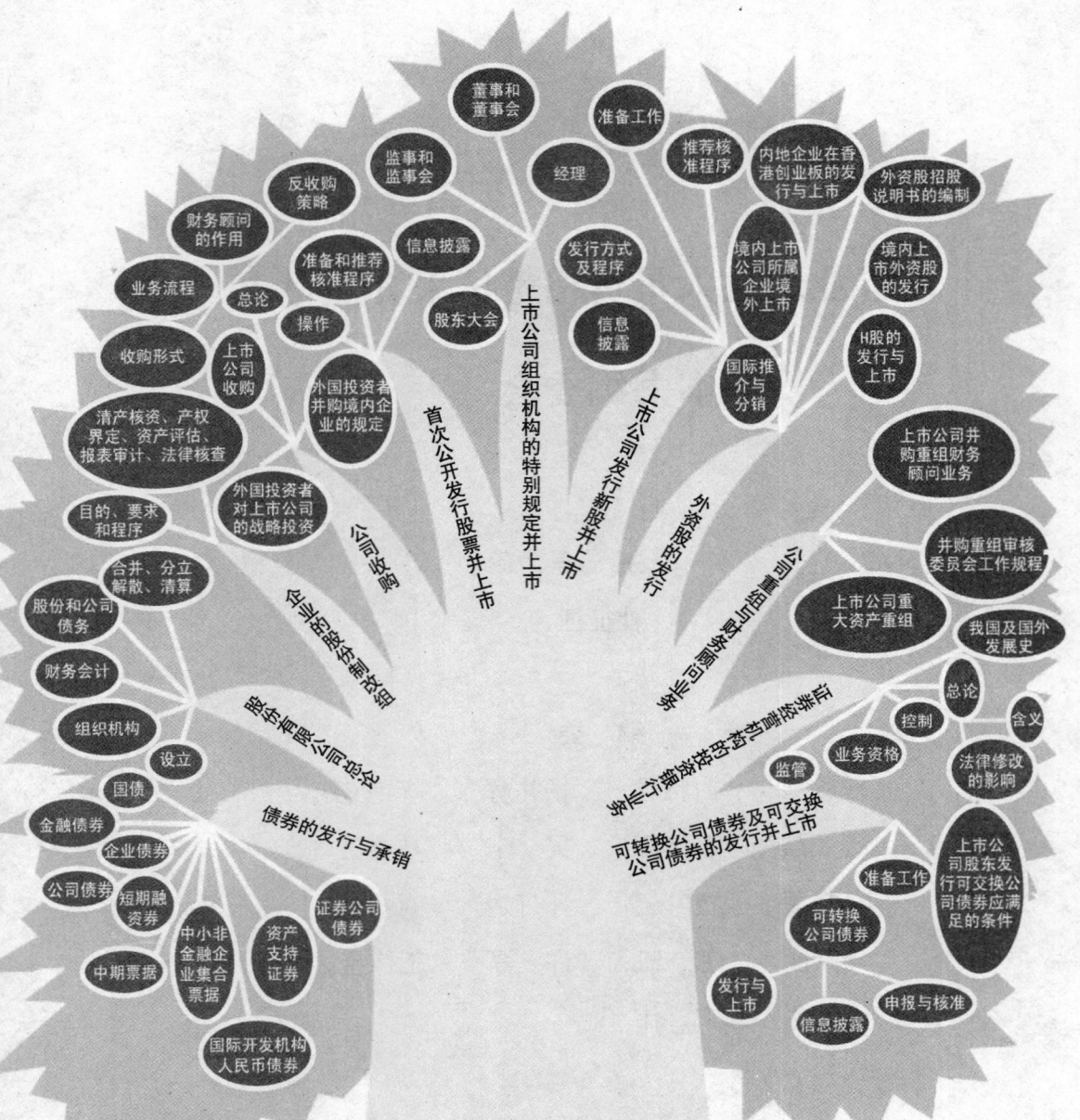

前言 PREFACE

证券从业人员资格考试是由中国证券业协会负责组织的全国统一考试，其成绩是进入银行或非银行金融机构、上市公司、投资公司、大型企业集团、财经媒体、政府经济部门的重要参考，因此，参加证券业从业人员资格考试是从事证券职业的第一道关口，证券业从业资格证同时也被称为证券行业的准入证。

怎样才能顺利通过证券业从业人员资格考试呢？这就要从考试的特点入手进行分析。总体来说，证券业从业人员资格考试具有点多、面广、题量大、分值小的特点。这些特点就决定了以前那种靠着押题、扣题式的复习方法难以达到通过考试的目的；相反，进行全面、系统地复习和准备会更加有效。但是，对于考生来说这种全面、系统的复习又面临着一个突出的矛盾：一方面考试教材涉及面广、信息量大，需要记忆、学习的内容多；另一方面这类考生大多数不同于全日制学生，时间多是零散的，难以集中精力进行复习。广大考生热切盼望着能够有一种行之有效的复习方法解决这个矛盾。

本套丛书就定位于为考生解决这些矛盾。具体来说，本套丛书具有如下特点。

1. 去粗取精，撷精取粹。编者对考试大纲、教材和历年考试真题进行细致分析，吃透考试精神，撷精取粹，提炼出考试可能出题的各个考点。

2. 融会贯通，方便记忆。提炼出考点后，贯通全部教材的知识，站在出题者的角度进行思考，找出考试中最可能涉及的"易混淆点"，与考点并列出来，与下划线标示的考点形成强烈的对比，以加深考生的记忆，这样就形成一个个"采分点"。这个过程是分析、提炼、总结的过程，更是对知识融会贯通的过程。

3. 全真模拟，贴近实战。理论联系实际才能发挥作用。本丛书中各册书籍都提供了数套严格依据真实考试的试卷设置题型、题量以及出题比例的模拟试卷，全方位模拟考试真题，并附有答案和解析。模拟试卷一方面便于考生对重点进行解析、强化，巩固复习效果；另一方面贴近实战，便于考生熟悉考试情况。

经过长期对考生和考试特点的研究和总结，掌握了其中的规律，这套倾注了编者无数心血的丛书才得以策划编写完成。总体来说，本丛书代考生进行分析、精炼、总结，直击考试要点，能够帮助考生在最短的时间内以最佳的方式取得最好成绩，是提高考生的应试能力及考前冲刺的参考书。

本书在编写过程中得到了许多专家学者的大力支持，但因涉及内容广泛，书稿虽经全体编者精心编写、反复修改，疏漏和不当之处在所难免，欢迎广大专家和读者不吝赐教指正，以备再版修正，在此谨表谢意。

任何考试都非高不可攀，只要学习得法就一定能取事半功倍的效果。衷心祝愿各位读者复习愉快、考试顺利，轻松取得好成绩！

编 者

2012 年 7 月

目录 CONTENTS

第一篇 采分点

第一章　证券经营机构的投资银行业务 ……………………………………… 2
第二章　上市公司组织机构的特别规定 ………………………………………… 9
第三章　股份有限公司概述 …………………………………………………… 11
第四章　企业的股份制改组 …………………………………………………… 16
第五章　首次公开发行股票并上市 …………………………………………… 21
第六章　上市公司发行新股并上市 …………………………………………… 37
第七章　可转换公司债券及可交换公司债券的发行并上市 ………………… 43
第八章　债券的发行与承销 …………………………………………………… 49
第九章　外资股的发行 ………………………………………………………… 59
第十章　公司收购 ……………………………………………………………… 64
第十一章　公司重组与财务顾问业务 ………………………………………… 69

第二篇 模拟测试

《证券发行与承销》模拟试卷（一） ………………………………………… 74
《证券发行与承销》模拟试卷（一）参考答案与解析 ……………………… 94
《证券发行与承销》模拟试卷（二） ………………………………………… 129
《证券发行与承销》模拟试卷（二）参考答案与解析 ……………………… 148
《证券发行与承销》模拟试卷（三） ………………………………………… 179
《证券发行与承销》模拟试卷（三）参考答案与解析 ……………………… 195
《证券发行与承销》模拟试卷（四） ………………………………………… 219
《证券发行与承销》模拟试卷（四）参考答案与解析 ……………………… 240

第一篇 采分点

第一章 证券经营机构的投资银行业务

采分点1：投资银行业的狭义含义着重指一级市场上的并购、承销和融资业务的财务顾问。

——*易混淆点*：基金管理；风险投资；金融产品的销售

采分点2：我国投资银行业务的发展变化具体表现在发行监管、发行定价、发行方式三个方面。

——*易混淆点*：发行种类、发行监管、发行定价；发行定价、发行方式、发行种类；发行监管、发行方式、发行种类

采分点3：我国目前的股票发行管理属于政府主导型。（2010年考试涉及）

——*易混淆点*：市场

采分点4：1998年《中华人民共和国证券法》出台后，提出了要打破行政推荐家数的办法，以后股票发行额度不再由国家确定，发行申请人需要由主承销商推荐，由发行审核委员会审核，中国证监会核准。（2011年考试涉及）

——*易混淆点*：中国人民银行；中国建设银行

采分点5：2006年1月1日实施的经修订的《证券法》在发行监管方面明确了公开发行和非公开发行的界限，肯定了证券发行、上市保荐制度，进一步发挥中介机构的市场服务职能。

——*易混淆点*：证券发行前的公开披露信息制度；强化社会公众监督；证券交易所的监管职能

采分点6：1991~1992年，我国股票发行采取有限量发售认购证方式。（2006年考试涉及）

——*易混淆点*：储蓄存单；全额预缴、比例配售；网上定价及竞价

采分点7：1992年，上海率先采用无限量发售认购证摇号中签方式。

——*易混淆点*：北京；天津

采分点 8：2006 年 5 月 20 日，深、沪证券交易所分别颁布了股票上网发行资金申购实施办法，股份公司通过证券交易所交易系统采用<u>上网资金申购</u>方式公开发行股票。

——*易混淆点*：上网竞价；上网定价；发行认购证

采分点 9：股票的发行方式中，有限量发售认购证方式、无限量发售认购证摇号中签方式、全额预缴款方式和与银行储蓄存款挂钩方式属于<u>网下发行</u>。

——*易混淆点*：网上发行

采分点 10：股票网下发行方式存在发行环节多、<u>认购成本高</u>、社会工作量大、效率低的缺点。

——*易混淆点*：吸收居民储蓄资金不明显

采分点 11：2005 年 1 月 1 日，我国股票发行定价试行<u>首次公开发行股票询价制度</u>，标志着我国首次公开发行股票市场化定价机制的初步建立。

——*易混淆点*：股票定价制度；上市审核制度；上市保荐制度

采分点 12：为进一步规范发展国债回购市场，财政部、中国人民银行于 1999 年又发布了<u>《凭证式国债质押贷款办法》</u>。

——*易混淆点*：《关于进行国债公开市场操作有关问题的通知》；《关于坚决制止国债卖空行为的通知》

采分点 13：我国经济体制改革以后，国内发行金融债券的开端为 1985 年由<u>中国工商银行、中国农业银行</u>发行的金融债券。

——*易混淆点*：中国人民银行；国家开发银行；中国建设银行

采分点 14：1994 年，我国政策性银行成立后，发行主体从商业银行转向政策性银行，首次发行人为<u>国家开发银行</u>。

——*易混淆点*：中国人民银行；中国农业发展银行；中国进出口银行

采分点 15：政策性金融债券经<u>中国人民银行</u>批准，由我国政策性银行用计划派购或市场化的方式发行。（2011 年考试涉及）

——*易混淆点*：财政部；国家发改委；国务院

采分点 16：我国发行企业债券开始于 <u>1983</u> 年。

——*易混淆点*：1990；1985；1980

采分点 17：1998 年通过的《证券法》规定公司债券的发行仍采用<u>审批制</u>。

——*易混淆点*：注册制；核准制；审核制

采分点 18：2005 年 5 月 23 日，中国人民银行发布了《短期融资券管理办法》，规定短期融资券最长还本付息期限不超过 365 天。

——易混淆点：半年；90 天；2 年

采分点 19：中国债券市场首次引入外资机构发行主体是在 2005 年 10 月 9 日，国际金融公司和亚洲开发银行在全国银行间债券市场分别发行人民币债券 11.3 亿元和 10 亿元。

——易混淆点：国际货币基金组织和世界银行；世界银行和亚洲开发银行

采分点 20：2005 年 2 月，中国人民银行等四部委联合制定并发布了《国际开发机构人民币债券发行管理暂行办法》，对国际开发机构发行人民币债券的相关事项进行了规定。

——易混淆点：财政部；国家发改委；国务院

采分点 21：根据修订后的《证券法》规定，经营单项证券承销与保荐业务的，注册资本最低限额为人民币 1 亿元。

——易混淆点：2 亿元；3 亿元；5 亿元

采分点 22：《证券发行上市保荐业务管理办法》自 2008 年 12 月 1 日起施行。

——易混淆点：2007 年 10 月 1 日；2007 年 12 月 1 日；2008 年 10 月 1 日

采分点 23：证券公司申请保荐机构资格，资金方应当具备的条件为：注册资本不低于人民币 1 亿元，净资本不低于人民币 5 000 万元。（2006 年考试涉及）

——易混淆点：2 亿元；3 亿元；5 000 万元

采分点 24：证券公司申请保荐机构资格，人员方面的要求为：具有良好的保荐业务团队且专业结构合理，从业人员不少于 35 人，其中最近 3 年从事保荐相关业务的人员不少于 20 人。

——易混淆点：10；15；30

采分点 25：证券公司申请保荐机构资格，应保证最近 3 年内未因重大违法违规行为受到行政处罚。

——易混淆点：6 个月；1 年；18 个月

采分点 26：证券公司申请保荐机构资格，符合保荐代表人资格条件的从业人员不少于 4 名。

——易混淆点：5；7；8

采分点 27：中国证监会对保荐机构资格的申请，自受理之日起 45 个工作日内作出核准或者不予核准的书面决定；对保荐代表人资格的申请，自受理之日起 20 个工作日内作出核准或者不予核准的书面决定。

——易混淆点：2，5；20，15

采分点28：保荐机构和保荐代表人的注册登记事项发生变化的，保荐机构应当自变化之日起 5 个工作日内向中国证监会书面报告，由中国证监会予以变更登记。

——易混淆点：3；7；10

采分点29：保荐代表人从原保荐机构离职，调入其他保荐机构的，应通过新任职机构向中国证监会申请变更登记，并提交的材料包括：变更登记申请报告；证券业执业证书；新任职机构出具的接收函；保荐代表人出具的其在原保荐机构保荐业务交接情况的说明；新任职机构对申请文件真实性、准确性、完整性承担责任的承诺函，并应由其董事长或者总经理签字；中国证监会要求的其他材料。

——易混淆点：保荐代表人的学习和工作经历

采分点30：保荐机构应当于每年 4 月份向中国证监会报送年度执业报告。

——易混淆点：6；8；12

采分点31：证券公司、保险公司和信托投资公司可以在证券交易所债券市场上参加记账式国债的招标发行及竞争性定价过程，向财政部直接承销记账式国债。

——易混淆点：全国银行间债券市场；证券交易所股票市场

采分点32：凭证式国债承销团成员原则上不超过 40 家；记账式国债承销团成员原则上不超过 60 家。

——易混淆点：30，40；60，40

采分点33：国债承销团成员资格有效期为 3 年，期满后，成员资格需再次审批。

——易混淆点：18 个月；2 年；30 个月

采分点34：国债的承销团申请人应当依法开展经营活动，近 3 年内在经营活动中没有重大违法记录。

——易混淆点：10 个月；2 年；18 个月

采分点35：申请凭证式国债承销团成员资格的申请人，注册资本应不低于人民币 3 亿元或者为总资产在人民币 100 亿元以上的存款类金融机构。

——易混淆点：5 000 万；1 亿；2 亿

采分点36：申请记账式国债承销团乙类成员资格的申请人除具备基本条件外，还须具备的条件之一是注册资本不低于人民币 8 亿元的非存款类金融机构。

——易混淆点：凭证式

采分点37：申请记账式国债承销团甲类成员资格的申请人除应当具备乙类成员资格

条件外，上一年度记账式国债业务还应当位于前 25 名以内。

——易混淆点：15；20；30

采分点 38：凭证式国债承销团成员的资格审批由财政部会同中国人民银行实施，并征求中国银监会的意见。

——易混淆点：中国农业银行；中国工商银行；中国建设银行

采分点 39：投资银行部门应当遵循内部防火墙原则。(2009年考试涉及)

——易混淆点：保密性；条块管理；业务控制

采分点 40：证券公司应加强证券发行中的定价和配售等关键环节的决策管理，建立完善的承销风险评估与处理机制，通过事先评估、建立奖惩机制、制订风险处置预案等措施，有效控制包销风险。

——易混淆点：扩大分销渠道

采分点 41：证券公司应建立与投资银行项目相关的中介机构评价机制，加强同律师事务所、评估机构、会计师事务所等中介机构的协调配合。

——易混淆点：税务事务所

采分点 42：证券公司经营证券承销与保荐、证券自营、证券资产管理、其他证券业务等业务之一的，其净资本不得低于人民币 5 000 万元。

——易混淆点：2 000 万元；2 亿元；5 亿元

采分点 43：证券公司经营证券经纪业务，同时经营证券承销与保荐、证券自营、证券资产管理、其他证券业务等业务之一的，其净资本不得低于人民币 1 亿元。

——易混淆点：5 000 万元；3 亿元；5 亿元

采分点 44：证券公司经营证券承销与保荐、证券自营、证券资产管理、其他证券业务中两项及两项以上的，其净资本不得低于人民币 2 亿元。

——易混淆点：5 000 万元；3 亿元；5 亿元

采分点 45：证券公司必须持续符合风险控制指标标准：净资本与净资产的比例不得低于 40%；净资本与负债的比例不得低于 8%。

——易混淆点：10%，20%；20%，40%；30%，50%

采分点 46：证券公司若提前泄漏证券发行信息，除承担《证券法》规定的法律责任外，自中国证监会确认之日起 12 个月内不得参与证券承销。

——易混淆点：10；24；36

采分点 47：证券公司的投资银行业务由中国证监会负责监管。

——易混淆点：中国银监会；证券监管部门

采分点 48：在股票发行定价上，核准制由主承销商向机构投资者进行询价，充分反映投资者的需求，使发行定价真正反映公司股票的内在价值和投资风险。（2011年考试涉及）

——易混淆点：计划制；审核制；行政审批制

采分点 49：中国证监会推出保荐制度的目的在于从源头上提高上市公司质量，设立对保荐机构和保荐代表人的注册登记制度，明确保荐责任和保荐期限，建立监管部门对保荐机构和保荐代表人施行责任追究的监管机制。

——易混淆点：核准制；监管制度

采分点 50：《保荐办法》对企业发行上市提出了"双保"要求，即企业发行上市不但要有保荐机构进行保荐，还需具有保荐代表人资格的从业人员具体负责保荐工作。（2011年考试涉及）

——易混淆点：《证券发行上市保荐制度暂行办法》；《公司法》；《证券法》

采分点 51：保荐期间分为两个阶段，即尽职推荐阶段和持续督导阶段。

——易混淆点：尽职调查阶段和持续督导阶段；持续推荐阶段和尽职推荐阶段

采分点 52：首次公开发行股票并在主板上市的，持续督导的期间为证券上市当年剩余时间及其后2个完整会计年度；主板上市公司发行新股、可转换公司债券的，持续督导的期间为证券上市当年剩余时间及其后1个完整会计年度。

——易混淆点：1，2；3，2

采分点 53：首次公开发行股票并在创业板上市的，持续督导的期间为证券上市当年剩余时间及其后3个完整会计年度；创业板上市公司发行新股、可转换公司债券的，持续督导的期间为证券上市当年剩余时间及其后2个完整会计年度。

——易混淆点：1，2；2，3

采分点 54：保荐机构、保荐业务负责人或者内核负责人在1个自然年度内被采取监管措施累计5次以上，中国证监会可暂停保荐机构的保荐资格3个月，并责令保荐机构更换保荐业务负责人、内核负责人。

——易混淆点：1；2

采分点 55：中国证监会可以对保荐机构及其保荐代表人从事保荐业务的情况进行定期或者不定期的现场检查，保荐机构及其保荐代表人应当积极配合检查。

——易混淆点：统计分析；非现场检查

采分点 56：中国证监会各派出机构对辖区内的证券公司进行检查，证券承销业务的合规性、正常性和安全性是现场检查的重要内容。

——易混淆点：营利性；可靠性

采分点 57：中国证监会对承销业务的现场检查包括机构、制度与人员的检查和业务的检查。

——易混淆点：财务处理办法；规章制度

第二章 上市公司组织机构的特别规定

采分点1：上市公司股东大会可审议批准为资产负债率超过 <u>70%</u> 的担保对象提供的担保。

——易混淆点：50%；60%；80%

采分点2：上市公司股东大会可审议批准单笔担保额超过最近1期经审计净资产 <u>10%</u> 的担保。

——易混淆点：30%；50%；70%

采分点3：股东大会就选举董事、监事进行表决时，根据公司章程的规定或者股东大会的决议，可以实行<u>累积投票</u>制。（2011年考试涉及）

——易混淆点：盈余分配制；选举制

采分点4：独立董事是董事会的成员，由<u>股东大会</u>选举和更换。

——易混淆点：监事会；董事会

采分点5：在我国，担任独立董事应当具有 <u>5</u> 年以上法律、经济或者其他履行独立董事职责所必需的工作经验。

——易混淆点：1；2；3

采分点6：在直接或间接持有上市公司已发行股份 <u>5%</u> 以上的股东单位或者在上市公司前 <u>5</u> 名股东单位任职的人员及其直系亲属不得担任独立董事。

——易混淆点：5%，10；10%，5；10%，10

采分点7：中国证监会在 <u>15</u> 个工作日内对独立董事的任职资格和独立性进行审核。

——易混淆点：10；20；30

采分点8：独立董事的每届任期与该上市公司其他董事的任期相同，任期届满，连选可以连任，但连任时间不得超过 <u>6</u> 年。

——易混淆点：2；3；5

采分点9：独立董事连续 <u>3</u> 次未亲自出席董事会会议的，由董事会提请股东大会予

以撤换。（2009年考试涉及）

——易混淆点：2；5

采分点 10：上市公司向独立董事提供的资料，上市公司及独立董事本人应当至少保存 5 年。

——易混淆点：2；3；10

第三章　股份有限公司概述

采分点1：根据《公司法》的规定，股份有限公司的发起设立和向特定对象募集设立，实行<u>准则</u>设立的原则。（2011年考试涉及）

——**易混淆点**：协议；注册；登记

采分点2：根据《公司法》第七十八条的规定，股份有限公司的设立可以采取<u>发起设立</u>或者募集设立两种方式。（2006年考试涉及）

——**易混淆点**：定向设立；核准设立

采分点3：发起设立是指由发起人认购公司发行的<u>全部股份</u>而设立公司。（2009年考试涉及）

——**易混淆点**：控股股份；部分股份；优先股份

采分点4：募集设立是指由发起人认购公司应发行股份的一部分，其余股份向社会<u>公开募集</u>或者向特定对象募集而设立公司。（2007年考试涉及）

——**易混淆点**：私募；招募；定向发行

采分点5：2005年10月27日修订的《公司法》将募集设立分为<u>向特定对象募集设立和公开募集设立</u>。

——**易混淆点**：定向募集设立和社会募集设立

采分点6：根据《公司法》第七十九条的规定，设立股份有限公司，应当有<u>2</u>人以上<u>200</u>人以下为发起人，其中必须有半数以上的发起人在中国境内有住所。

——**易混淆点**：2，100；5，100；5，200

采分点7：股份有限公司注册资本的最低限额为人民币<u>500</u>万元。

——**易混淆点**：100；300

采分点8：股份有限公司全体发起人的首次出资额不得低于注册资本的<u>20%</u>，其余部分由发起人自公司成立之日起两年内缴足。（2006年考试涉及）

——**易混淆点**：10%；30%；35%

采分点 9：股份有限公司以募集方式设立的，发起人认购的股份不得少于公司股份总数的 35%。（2007 年考试涉及）

——易混淆点：20%；30%；50%

采分点 10：采用募集方式设立的股份公司，章程草案须提交创立大会表决通过；发起人向社会公开募集股份的，须向中国证监会报送公司章程草案。

——易混淆点：董事会，财政部；监事会，财政部；股东大会，中国证监会

采分点 11：股份有限公司预先核准的公司名称保留期为 6 个月。

——易混淆点：1；2；4

采分点 12：股份有限公司全体发起人的货币出资金额不得低于公司注册资本的 30%。

——易混淆点：20%；35%；40%

采分点 13：股份有限公司采用发起设立方式的，发起人缴付全部股款后，应当召开全体发起人大会，选举董事会和监事会成员。

——易混淆点：创立大会；股东大会；监事会

采分点 14：股份有限公司采用募集设立方式的，发起人应当自股款缴足之日起 30 日内主持召开公司创立大会。

——易混淆点：10；15；20

采分点 15：股份有限公司发起人应当在创立大会召开 15 日前将会议日期通知各认股人或者予以公告。

——易混淆点：7；10；30

采分点 16：设立股份有限公司，应当由董事会向公司登记机关申请设立登记。（2007 年考试涉及）

——易混淆点：全体股东指定的代表；发起人；董事长

采分点 17：股份有限公司发起人持有的本公司股份，自公司成立之日起 1 年内不得转让。公司公开发行股份前已发行的股份，自公司股票在证券交易所上市交易之日起 1 年内不得转让。

——易混淆点：1 年，2 年；2 年，1 年；2 年，2 年

采分点 18：股份有限公司修改公司章程，必须经出席股东大会会议的股东所持表决权的 2/3 以上通过。（2009 年考试涉及）

——易混淆点：半数以上；全部

采分点 19：依照《公司法》的规定，有限责任公司是由 <u>1</u> 个以上、<u>50</u> 个以下股东共同出资设立的，股东以其认缴的出资额为限承担责任的法人。

——易混淆点：2，50；1，100；2，100

采分点 20：有限责任公司具有<u>人合兼资合、封闭及设立程序简单</u>的特点。（2009 年考试涉及）

——易混淆点：人合兼资合、开放性及设立程序相对复杂；资合、开放性及设立程序相对复杂；资合、封闭及设立程序简单

采分点 21：在有限责任公司中，公司治理结构相对简化，人数较少和规模较小的，可以设 <u>1</u> 名执行董事，不设董事会；可以设 <u>1～2</u> 名监事，不设监事会。

——易混淆点：2，1～2；1，1～3

采分点 22：股份有限公司的财务会计报告应当在召开股东大会年会的 <u>20</u> 日前置备于本公司，供股东查阅。

——易混淆点：10；15；30

采分点 23：股份有限公司的资本是指在公司登记机关登记的<u>资本总额</u>，即注册资本。（2006 年考试涉及）

——易混淆点：资产总额；资产净值；注册资本

采分点 24：我国目前遵循的是<u>法定资本制</u>的原则，不仅要求公司在章程中规定资本总额，而且要求在设立登记前认购或募足完毕。（2007 年考试涉及）

——易混淆点：授权资本制；折中资本制；不变资本制

采分点 25：股份有限公司在从事经营活动的过程中，应当努力保持与公司资本数额相当的实有资本，即遵循<u>资本维持原则</u>。

——易混淆点：资本确定原则；资本实存原则

采分点 26：股份有限公司增加或减少资本，应当修改公司章程，须经出席股东大会的股东所持表决权的 <u>2/3</u> 以上通过。

——易混淆点：1/2；1/3

采分点 27：根据《公司法》第一百七十八条的规定，股份有限公司需要减少注册资本时，必须编制<u>资产负债表及财产清单</u>。（2009 年考试涉及）

——易混淆点：利润分配表及费用表

采分点 28：股份有限公司应当自作出减少注册资本决议之日起 <u>10</u> 日内通知债权人，并于 <u>30</u> 日内在报纸上公告。

——易混淆点：10，20；15，30

采分点 29：《公司法》规定，债权人自接到通知书之日起 30 日内，未接到通知书的自第一次公告之日起 45 日内，有权要求公司清偿债务或提供相应的担保。（2011 年考试涉及）

——易混淆点：10，30；30，30

采分点 30：《公司法》第一百四十二条规定，公司董事、监事、高级管理人员应当向公司申报所持有的本公司的股份及其变动情况，在任职期间每年转让的股份不得超过其所持有本公司股份总数的 25%。

——易混淆点：10%；15%；30%

采分点 31：股份公司因将股份奖励给本公司职工而收购本公司股份的，不得超过本公司已发行股份总额的 5%。

——易混淆点：10%；15%

采分点 32：股份有限公司的公司债券是公司与不特定的社会公众形成的债权债务关系。（2007 年考试涉及）

——易混淆点：特定；有限

采分点 33：控股股东是指其出资额占有限责任公司资本总额 50% 以上或者其持有的股份占股份有限公司股本总额 50% 以上的股东。

——易混淆点：30%，30%；30%，50%

采分点 34：股东大会的职权可以概括为决定权和审批权。（2009 年考试涉及）

——易混淆点：经营权和决定权；经营权和执行权；决定权和执行权

采分点 35：根据《公司法》的规定，股东大会审议代表公司发行在外有表决权股份总数的 3% 以上的股东的提案。

——易混淆点：5%；10%

采分点 36：个人股东亲自出席公司股东大会的，应当出示本人身份证和持股凭证。

——易混淆点：书面委托书和持股凭证；本人身份证和书面委托书

采分点 37：无记名股票持有人出席股东大会的，应当于会议召开 5 日前至股东大会闭会时止，将股票交存于公司。

——易混淆点：3；7；10

采分点 38：股东大会作出普通决议，应当由出席股东大会会议的股东（包括股东代理人）所持表决权的过半数通过。（2009 年考试涉及）

第三章 股份有限公司概述

——易混淆点：特别决议；临时决议

采分点 39：股东大会作出特别决议，应当由出席股东大会的股东（包括股东代理人）所持表决权的 2/3 以上通过。

——易混淆点：1/2；1/3

采分点 40：依据《公司法》第一百四十七条的规定，担任因违法被吊销营业执照、责令关闭的公司、企业的法定代表人，并负有个人责任的，自该公司、企业被吊销执照之日起未逾 3 年不得担任股份有限公司的董事。

——易混淆点：1；2；5

采分点 41：股份有限公司的监事会成员不得少于 3 人。

——易混淆点：2；5

采分点 42：股份有限公司的监事会每 6 个月至少召开一次会议。

——易混淆点：2；3

采分点 43：根据《公司法》第一百六十七条的规定，公司分配当年税后利润时，应当提取利润的 10% 列入公司法定公积金。（2011 年、2007 年考试涉及）

——易混淆点：15%；20%

采分点 44：公司弥补亏损和提取公积金后所余税后利润，股份有限公司按照股东持有的股份比例分配，但股份有限公司章程规定不按持股比例分配的除外。（2006 年考试涉及）

——易混淆点：股东出资

采分点 45：股份有限公司合并时，合并各方的债权、债务应当由合并后存续的公司或者新设的公司承继。（2006 年考试涉及）

——易混淆点：收购；接管

采分点 46：股份有限公司的清算组应当自成立之日起 10 日内通知债权人，并于 60 日内在报纸上公告。（2006 年考试涉及）

——易混淆点：专家组

采分点 47：股份有限公司的清算组在清理公司财产、编制资产负债表和财产清单后，发现公司财产不足以清偿债务的，应当依法向人民法院申请宣告破产。（2006 年考试涉及）

——易混淆点：破产企业的主管部门；检察院；中国证监会

第四章 企业的股份制改组

采分点1：公司参与市场竞争的首要条件是公司法人财产的独立性，是公司作为独立民事主体存在的基础，也是公司作为市场生存和发展主体的必要条件。（2010年考试涉及）

——易混淆点：公司经营权的独立性；公司建立董事会

采分点2：有限责任公司整体变更为股份有限公司，其过去3年业绩可连续计算，通过发行股票转为上市公司。（2011年考试涉及）

——易混淆点：1；2；4

采分点3：为了进一步提高上市公司的质量，中国证监会长期以来要求在股票发行工作中实行先改制运行，后发行上市。

——易混淆点：先发行上市，后改制运行；部分改制运行，部分发行上市；改制发行上市同时进行

采分点4：目前交易所上市规则规定拟上市公司股本总额不少于人民币5 000万元。（2009年考试涉及）

——易混淆点：3 000；10 000

采分点5：《证券法》对股份有限公司申请股票上市的要求是最近3年无重大违法行为，财务会计报告无虚假记载。

——易混淆点：2；5

采分点6：拟发行上市公司的总经理、副总经理、财务负责人、董事会秘书等高级管理人员应专职在公司工作并领取薪酬，不得在持有拟发行上市公司5%以上股权的股东单位及其下属企业担任除董事、监事以外的任何职务，也不得在与所任职的拟发行上市公司业务相同或相近的其他企业任职。

——易混淆点：3%；10%

采分点7：判断和掌握拟发行上市公司的关联方、关联关系和关联交易，除按有关

企业会计准则规定外，应坚持从严原则。

——**易混淆点**：公平；合理

采分点8：关联交易无法避免时，应遵循市场公开、公正、公平的原则，其价格或收费，原则上应不偏离市场独立第三方的标准。（2009年考试涉及）

——**易混淆点**：由中国证监会核准；原先收取；由母公司核准

采分点9：拟上市公司开展改组工作，一般以财务顾问为牵头召集人，并成立专门的工作协调小组，召开工作协调会。

——**易混淆点**：评估机构；会计师事务所；律师事务所

采分点10：按照国有资产监督管理委员会《关于规范国有企业改制工作意见》，国有企业在改制前，首先应进行清产核资。

——**易混淆点**：资产评估；产权界定；报表审计

采分点11：对企业的各种银行账户、会计核算科目、各类库存现金和有价证券等基本财务情况进行全面核对和清理，称为账务清理。

——**易混淆点**：资产清查；价值重估；资金核实

采分点12：国有资产监督管理机构依据国家清产核资政策和有关财务会计制度规定，对企业申报的各项资产损益和资金挂账进行认证，称为损益认定。

——**易混淆点**：清产核资；价值重估；资产清查

采分点13：股份制改组的清产核资工作按照统一规范、分级管理的原则，由同级国有资产监督管理机构组织指导和监督检查。

——**易混淆点**：分级规范、统一管理；分区规划管理；分层自行管理

采分点14：国有资产的产权界定应当依据谁投资、谁拥有产权的原则进行。

——**易混淆点**：谁经营、谁拥有产权；谁管理、谁拥有产权；谁授权、谁拥有产权

采分点15：有权代表国家投资的机构或部门直接设立的国有企业以其部分资产（连同部分负债）改建为股份公司的，如进入股份公司的净资产累计高于原企业所有净资产的50%（含50%），或主营生产部分的全部或大部分资产进入股份制企业，其净资产折成的股份界定为国家股；若进入股份公司的净资产低于50%（不含50%），则其净资产折成的股份界定为国有法人股。

——**易混淆点**：国有法人股，国有股；国家法人股，国家股

采分点16：公司改组为上市公司，其使用的国有土地使用权必须评估。其应当由土地资产的使用单位或持有单位向国家土地管理部门提出申请，然后聘请具有A级土地评

估资格的土地评估机构评估。

——易混淆点：A+；AA；AAA

采分点17：经国家土地管理部门确认的土地评估结果，是确定土地使用权折股及土地使用权出让金、租金数额的基础。

——易混淆点：国务院；中国证监会；资产评估机构

采分点18：根据需要，国家可以以一定年限的国有土地使用权作价入股，经评估作价后，界定为国家股，由土地管理部门委托其持股单位统一持有。

——易混淆点：国有法人股；国有股；国家法人股

采分点19：拟上市的股份有限公司以自己的名义与土地管理部门签订土地出让合同，缴纳出让金，直接取得土地使用权。

——易混淆点：主管部门；下属公司；控股股东

采分点20：公司改组为上市公司时，经国务院批准改制的企业，土地资产处置方案应报国土资源部审批。

——易混淆点：建设部；国家发改委

采分点21：企业在改组为上市公司时，必须对承担政府管理职能的非经营性资产进行剥离。

——易混淆点：整合；评估

采分点22：得到法律认可和保护，不具有实物形态，并在较长时间内（超过1年）使企业在生产经营中受益的资产，称为无形资产。

——易混淆点：流动资产；固定资产；递延资产

采分点23：评定无形资产的重估价值，若是自创的或者自身拥有的无形资产，根据其形成时发生的实际成本及该项资产具备的获利能力。

——易混淆点：购入成本以及该项资产具备的获利能力；其形成时发生的实际成本

采分点24：资产评估根据评估范围的不同，可以分为单项资产评估、部分资产评估及整体资产评估。（2007年考试涉及）

——易混淆点：固定资产评估

采分点25：对一类或几类资产的价值进行的评估，称为部分资产评估。（2007年考试涉及）

——易混淆点：单项；多项；整体

采分点26：国有资产监督管理委员会发布了《企业国有资产评估管理暂行办法》，

自 2005 年 9 月 1 日起施行。

——易混淆点：《国有资产评估项目备案管理办法》；《国有资产评估管理备案管理办法》；《国有资产评估管理若干问题的规定》

采分点 27：在证券承销业务中，应注意依据历史上不同的文件规定，对于已设立的股份有限公司的资产评估历史进行尽职调查。

——易混淆点：评估立项；部分资产评估；确认所有者的财产和权益

采分点 28：企业收到资产评估机构出具的评估报告后应当逐级上报初审，经初审同意后，自评估基准日起 8 个月内向国有资产监督管理机构提出核准申请。

——易混淆点：3；6

采分点 29：国有资产监督管理机构收到核准申请后，对符合核准要求的，及时组织有关专家审核，在 20 个工作日内完成对评估报告的核准；对不符合核准要求的，予以退回。

——易混淆点：7；15

采分点 30：经核准或备案的资产评估结果使用有效期为自评估基准日起 1 年。（2011 年考试涉及）

——易混淆点：半年；2 年；3 年

采分点 31：评估报告包括两部分，即正文和附件。（2010 年考试涉及）

——易混淆点：正文和法律意见；正文和确认文件

采分点 32：资产评估报告书必须由资产评估机构独立撰写，不受资产评估委托方或其主管单位、政府部门或其他经济行为当事人的干预。

——易混淆点：资产评估委托方独立撰写；政府主管部门撰写；资产评估机构和资产评估委托方共同撰写

采分点 33：通常用于有收益企业的整体评估及无形资产评估的方法是收益现值法。（2007 年考试涉及）

——易混淆点：重置成本法；现行市价法；清算价格法

采分点 34：采用清算价格法评估资产，应当根据公司清算时其资产可变现价值，评定重估价值。

——易混淆点：账面原值；账面净值

采分点 35：根据国有资产管理部门的规定，境内评估机构应当对投入股份有限公司的全部资产和负债进行资产评估，而境外评估机构根据上市地有关法律、上市规则的要求，通常仅对公司的物业和机器设备等固定资产进行评估。（2011 年考试涉及）

——易混淆点：仅对公司的无形资产；要求对公司的所有资产；要求对公司的所有者权益

采分点 36：计划阶段是整个审计工作的开始。

——易混淆点：审计回顾阶段；实施审计阶段

采分点 37：在审计计划阶段，注册会计师需要确定会计报表和账户余额两个层次的重要性水平。（2011年考试涉及）

——易混淆点：期后事项和或有损失

采分点 38：审计风险是指注册会计师对有重要错报的会计报表仍发表无保留意见的可能性。

——易混淆点：保留；否定；拒绝表示

采分点 39：被审计单位的内部控制制度或程序不能及时防止或发现某项认定发生重大错报的可能性，称为控制风险。

——易混淆点：固有风险；检查风险；政策风险

采分点 40：审计计划由两部分组成，即总体审计计划和具体审计计划。

——易混淆点：全面审计计划和分部审计计划；具体审计计划和分部审计计划

采分点 41：审计全过程的中间环节是实施审计阶段。

——易混淆点：计划；审计回顾；审计完成

采分点 42：签发审计报告前的审计工作底稿的复核，一般由主任会计师负责，是对整套工作底稿进行原则性复核。

——易混淆点：完整性；时间性；真实性

采分点 43：国家对商标权、专利权等知识产权的保护有期限性。

——易混淆点：局限性；长期性；专有性

采分点 44：国务院国有资产监督管理委员会制定了《企业国有产权交易操作规则》(国资发产权〔2009〕120号)，明确省级以上国有资产监督管理委员会选择确定的产权交易机构进行的企业国有产权交易适用该规则。

——易混淆点：国务院；县级以上；市级以上

第五章　首次公开发行股票并上市

采分点 1：2006年1月1日起施行的《证券法》第十一条规定："保荐人的资格及其管理办法由<u>国务院证券监督管理机构</u>规定"。

——*易混淆点*：中国证监会；保荐机构

采分点 2：证券公司从事证券发行上市保荐业务，应依照规定向<u>中国证监会</u>申请保荐机构资格。

——*易混淆点*：证券交易所；股东大会

采分点 3：证券发行规模达到一定数量的，可以采用联合保荐，但参与联合保荐的保荐机构不得超过 <u>2</u> 家。

——*易混淆点*：3；5

采分点 4：首次公开发行股票时，保荐机构及其控股股东、实际控制人、重要关联方持有发行人的股份合计超过 <u>7%</u>，或者发行人持有、控制保荐机构的股份超过 <u>7%</u> 的，保荐机构在推荐发行人证券发行上市时，应联合 1 家无关联保荐机构共同履行保荐职责，且该无关联保荐机构为第一保荐机构。

——*易混淆点*：5%，5%；7%，10%

采分点 5：首次公开发行股票时，保荐工作底稿应当真实、准确、完整地反映整个保荐工作的全过程，保存期不少于 <u>10</u> 年。

——*易混淆点*：3；5

采分点 6：首次公开发行股票并在主板上市的，持续督导的期间为证券上市当年剩余时间及其后 <u>2</u> 个完整会计年度；主板上市公司发行新股、可转换公司债券的，持续督导的期间为证券上市当年剩余时间及其后 <u>1</u> 个完整会计年度。

——*易混淆点*：1，2；2，3

采分点 7：首次公开发行股票并在创业板上市的，保荐机构在持续督导期内应当自发行人披露年度报告、中期报告之日起 <u>15</u> 个工作日内在中国证监会指定网站披露跟踪报告。

——易混淆点：5；7；10

采分点 8：首次公开发行股票并在创业板上市的，持续督导工作结束后，保荐机构应当在发行人公告年度报告之日起的 10 个工作日内向中国证监会、证券交易所报送保荐总结报告书。

——易混淆点：5；7；15

采分点 9：《上海证券交易所上市公司募集资金管理规定》明确，保荐人应当对上市公司募集资金管理事项履行保荐职责，进行持续督导工作，上市公司应当在募集资金到账后两周内与保荐人、存放募集资金的商业银行签订募集资金专户存储三方监管协议。

——易混淆点：1 个月；半年

采分点 10：首次公开发行股票时，保荐协议签订后，保荐机构应在 5 个工作日内报发行人所在地的中国证监会派出机构备案。

——易混淆点：7；10；15

采分点 11：首次公开发行股票时，刊登证券发行募集文件前终止保荐协议的，保荐机构和发行人应当自终止之日起 5 个工作日内分别向中国证监会报告，说明原因。

——易混淆点：中国人民银行；财政部；发行人所在地的中国证监会派出机构

采分点 12：首次公开发行股票时，终止保荐协议的，保荐机构和发行人应当自终止之日起 5 个工作日内向中国证监会、证券交易所报告，说明原因。

——易混淆点：股东大会；社会

采分点 13：中国证监会于 2009 年 3 月制定了《证券发行上市保荐业务工作底稿指引》，要求保荐机构应当按照指引的要求编制工作底稿。

——易混淆点：2008 年 3 月；2008 年 9 月；2009 年 1 月

采分点 14：首次公开发行股票时，重要的工作底稿应当采用纸质文档的形式。

——易混淆点：电子；表格；影像

采分点 15：申请主板和创业板首次公开发行股票的公司分别应按《公开发行证券的公司信息披露内容与格式准则第 9 号——首次公开发行股票并上市申请文件》（2006 年修订）和《公开发行证券的公司信息披露内容与格式准则第 28 号——创业板招股说明书》（2009 年 7 月 20 日发布）的要求制作申请文件。

——易混淆点：《公开发行证券的公司信息披露内容与格式准则第 7 号——首次公开

发行股票并上市申请文件》；《公开发行证券的公司信息披露内容与格式准则第1号——首次公开发行股票并上市申请文件》；《首次公开发行股票并上市申请文件要求》

采分点16：发行人报送首次公开发行股票的申请文件，初次报送应提交<u>原件一份，复印件三份</u>。

——易混淆点：原件两份，复印件两份；原件一份，复印件一份；原件一份，复印件两份

采分点17：<u>招股说明书</u>是发行人发行股票时，就发行中的有关事项向公众作出披露，并向非特定投资人提出购买或销售其股票的要约邀请性文件。

——易混淆点：招股发行书；招股意向书；招股公告

采分点18：首次公开发行股票时，招股说明书内容与格式准则是信息披露的<u>最低要求</u>。

——易混淆点：最高要求；一般要求

采分点19：首次公开发行股票时，招股说明书由发行人在保荐人及其他中介机构的辅助下完成，由<u>公司董事会</u>表决通过。

——易混淆点：股东大会；发起人大会；公司监事会

采分点20：首次公开发行股票时，招股说明书摘要是对招股说明书内容的概括，是由<u>发行人</u>编制，随招股说明书一起报送批准后，在由中国证监会指定的至少一种全国性报刊上及发行人选择的其他报刊上刊登，供公众投资者参考的关于发行事项的信息披露法律文件。

——易混淆点：证券交易所；保荐机构；发行人所在地的中国证监会派出机构

采分点21：首次公开发行股票时，资产评估报告的有效期为<u>评估基准日起的1年</u>。

——易混淆点：评估报告日起的1年；评估基准日起的2年

采分点22：首次公开发行股票时，评估报告应当由<u>2</u>名以上具有证券从业资格的评估人员及其所在机构签章，并应当由评估机构的报表人和评估项目负责人签章。

——易混淆点：3；5

采分点23：首次公开发行股票时，如果拟上市公司不能作出盈利预测，则应在<u>发行公告和招股说明书的显要位置作出风险警示</u>。

——易混淆点：以注册会计师的意见代替；以历史数据代替；以投资报告代替

采分点24：首次公开发行股票时，<u>法律意见书</u>是律师对发行人本次发行上市的法律问题依法明确作出的结论性意见。（2011年、2009年考试涉及）

——易混淆点：律师工作报告；核查意见；推荐函

采分点 25：发行人在主板上市公司首次公开发行股票，自股份有限公司成立后持续经营时间应当在 3 年以上，但经国务院批准的除外。

——易混淆点：2；5

采分点 26：发行人在主板上市公司首次公开发行股票，董事、监事和高级管理人员应符合法律、行政法规和规章规定的任职资格，且不得在最近 36 个月内受到中国证监会行政处罚，或者最近 12 个月内受到证券交易所公开谴责。

——易混淆点：12，12；12，36；36，36

采分点 27：发行人在主板上市公司首次公开发行股票，不得有在最近 36 个月内未经法定机关核准，擅自公开或者变相公开发行过证券。

——易混淆点：12；30

采分点 28：发行人在主板上市公司首次公开发行股票，发行前股本总额不少于人民币 3 000 万元。

——易混淆点：1 000；2 000

采分点 29：发行人在主板上市公司首次公开发行股票，应当符合：最近 3 个会计年度净利润均为正数且累计超过人民币 3 000 万元，净利润以扣除非经常性损益前后较低者为计算依据。

——易混淆点：3 000，高；5 000，低

采分点 30：发行人公开发行新股时，应当建立募集资金专项存储制度，募集资金应当存放于董事会决定的专项账户。（2011 年考试涉及）

——易混淆点：专门管理；专门储备；专项管理

采分点 31：在创业板上市公司首次公开发行股票的条件之一是最近 1 期末净资产不少于 2 000 万元，且不存在未弥补亏损。

——易混淆点：1 000；3 000

采分点 32：保荐机构辅导首次公开发行股票工作完成后，应由发行人所在地的中国证监会派出机构进行辅导验收。

——易混淆点：证券交易所；保荐机构

采分点 33：首次公开发行股票的发行保荐书应当由保荐机构法定代表人签名并加盖公章，注明签署日期。

——易混淆点：中国证监会；保荐机构

采分点 34：首次公开发行股票在发行完成后的 15 个工作日内，保荐人应当向中国证监会报送承销总结报告。

——易混淆点：10；20

采分点 35：首次公开发行股票时，中国证监会在初审过程中，将征求发行人注册地省级人民政府是否同意发行人发行股票的意见，并就发行人的募集资金投资项目是否符合国家产业政策和投资管理的规定征求国家发展和改革委员会的意见。（2011年考试涉及）

——易混淆点：注册地省级人民政府；财政部

采分点 36：在主板上市公司首次公开发行股票申请未获核准的，自中国证监会作出不予核准决定之日起 6 个月后，发行人可再次提出股票发行申请。（2011年考试涉及）

——易混淆点：3；12

采分点 37：首次公开发行股票进行审核工作时，主板市场发行审核委员会为 25 名，部分发审委委员可以为专职。

——易混淆点：20；35

采分点 38：首次公开发行股票进行审核工作时，普通程序中每次参加发审委会议的发审委委员为 7 名。

——易混淆点：3；5；9

采分点 39：保荐机构（主承销商）对更换后的其他中介机构出具的专业报告应重新履行核查义务。发行人在通过发审会后更换中介机构的，中国证监会视具体情况决定发行人是否需要重新上发审会。（2011年考试涉及）

——易混淆点：当地政府；证券交易所；国家国有资产管理部门

采分点 40：中国证监会于 2009 年 6 月 10 日公布了《关于进一步改革和完善新股发行体制的指导意见》。（2011年考试涉及）

——易混淆点：2009 年 3 月 10 日；2009 年 7 月 10 日

采分点 41：新股发行体制改革遵循的改革原则是：坚持市场化方向，促进新股定价进一步市场化，注重培育市场约束机制，推动发行人、投资人、承销商等市场主体归位尽责，重视中小投资人的参与意愿。

——易混淆点：企业化；自律化；行政化

采分点 42：根据《关于进一步改革和完善新股发行体制的指导意见》，每一只股票发行时，任一股票配售对象只能选择网下或者网上一种方式进行新股申购。

——易混淆点：网上和网下同时进行

采分点43：新股发行体制改革的发行人及其主承销商应当根据发行规模和市场情况，合理设定单一网上申购账户的申购上限，原则上不超过本次网上发行股数的1‰。

——易混淆点：2‰；3‰

采分点44：股票的发行价格不得低于票面金额。

——易混淆点：高于；等于

采分点45：《证券法》第三十四条规定，股票发行采取溢价发行的，其发行价格由发行人与承销的证券公司协商确定。

——易混淆点：中国证监会；承销的证券公司；发行人

采分点46：根据中国证监会《证券发行与承销管理办法》（中国证监会令[2010]第69号）的规定，首次公开发行股票应通过询价的方式确定股票发行价格。（2011年考试涉及）

——易混淆点：竞价；估值；投标

采分点47：相对估值法亦称可比公司法，是指对股票进行估值时，对可比较的或者代表性的公司进行分析，尤其注意有着相似业务的公司的新近发行以及相似规模的其他新近的首次公开发行，以获得估值基础。

——易混淆点：市盈率法；市净率法；贴现法

采分点48：市盈率是指股票市场价格与每股收益的比率。（2006年考试涉及）

——易混淆点：股票市场价格与每股股息；股票市场价格与每股净资产；股票股息与每股收益

采分点49：全面摊薄法就是用全年净利润除以发行后总股本，直接得出每股净利润。（2009年考试涉及）

——易混淆点：社会公众股；流通股；总股本

采分点50：在加权平均法下，每股净利润的计算公式为：

$$\frac{全年净利润}{发行前总股本数+本次公开发行股本数\times(12-发行月份)\div12}$$

——易混淆点：$\frac{全年净利润}{发行前总股本数+本次公开发行股本数\times发行月份\div12}$；

$$\frac{全年净利润}{发行前总股本数+本次公开发行股本数}$$

采分点 51：在股票的估值方法中，市净率法通常忽略了决定资产最终价值的内在因素和假设前提。

——易混淆点：贴现现金流量法；市盈率法

采分点 52：贴现现金流量法中，现金流量的预测期一般为 5～10 年，预测期越长，预测的准确性越差。

——易混淆点：1～3，差；3～5，好

采分点 53：公司股权价值＝公司整体价值－净债务值。

——易混淆点：公司整体价值－总债务值；公司整体价值＋净债务值；公司整体价值＋总债务值

采分点 54：首次公开发行股票在询价时，信托投资公司要作为询价对象，应经相关监管部门重新登记已满 2 年，注册资本不低于 4 亿元，最近 12 个月有活跃的证券市场投资记录。

——易混淆点：1，3；2，3

采分点 55：首次公开发行股票在询价时，财务公司要作为询价对象，应成立 2 年以上，注册资本不低于 3 亿元，最近 12 个月有活跃的证券市场投资记录。

——易混淆点：1，3；2，4

采分点 56：首次公开发行股票的询价对象应当在年度结束后 1 个月内对上年度参与询价的情况进行总结，并就其是否持续符合规定的条件以及是否遵守《证券发行与承销管理办法》对询价对象的监管要求进行说明。

——易混淆点：2；3；6

采分点 57：首次公开发行股票的询价结束后，公开发行股票数量在 4 亿股以上、提供有效报价的询价对象不足 50 家的，发行人及其主承销商不得确定发行价格。

——易混淆点：10；30

采分点 58：首次公开发行股票在累计投标询价报价阶段，询价对象管理的每个配售对象可以多次申报，一经申报不得撤销或者修改。

——易混淆点：初步询价；综合询价

采分点 59：根据《证券发行与承销管理办法》，首次公开发行股票可以根据实际情况，采取向战略投资者配售、向参与网下配售的询价对象配售以及向参与网上发行的投资者配售等方式。

——易混淆点：向社会公众配售

采分点 60：首次公开发行股票数量在 4 亿股以上的，可以向战略投资者配售股票。

——易混淆点：1；2；3

采分点 61：为规范首次公开发行股票，提高首次公开发行股票网下申购及资金结算效率，中国证监会要求网下部分通过证券交易所进行电子化发行。

——易混淆点：中国证券业协会；证券登记结算机构

采分点 62：首次公开发行股票在初步询价开始日前 2 个交易日内，发行人应当向证券交易所申请股票代码。

——易混淆点：3；5

采分点 63：首次公开发行股票时，主承销商于 T+2 日 7:00 前将确定的配售结果数据，包括发行价格、获配股数、配售款、证券账户、获配股份限售期限、配售对象证件代码等通过 PROP 发送至登记结算平台。

——易混淆点：T；T+1

采分点 64：网上发行股票时，发行价格尚未确定的，参与网上发行的投资者应当按价格区间上限申购。

——易混淆点：下限；平均值

采分点 65：根据《证券发行与承销管理办法》的规定，发行人和主承销商必须在资金解冻前将确定的发行价格进行公告。

——易混淆点：资金入账；股票配售；网上发行

采分点 66：上海证券交易所申购数量不少于 1 000 股，超过 1 000 股的必须是 1 000 股的整数倍，但最高不得超过当次社会公众股上网发行数量或者 9 999.9 万股。

——易混淆点：100，10 000；1 000，10 000

采分点 67：通过证券交易所交易系统采用上网资金申购方式公开发行股票的，在申购日后的 T+1 日，由中国结算上海分公司将申购资金冻结。

——易混淆点：T；T+2；T+3

采分点 68：上海证券交易所上网发行资金申购的时间一般为 4 个交易日，根据发行人和主承销商的申请，可以缩短 1 个交易日。

——易混淆点：2；3

采分点 69：深圳证券交易所规定申购单位为 500 股，且每一证券账户申购数量不少于 500 股。

——易混淆点：100，500；500，1 000

采分点 70：股票发行方式中，与储蓄存款挂钩方式是指在规定期限内无限量发售专项定期定额存单，根据存单发售数量、批准发行股票数量及每张中签存单可认购股份数量的多少确定中签率，通过公开摇号抽签方式决定中签者，中签者按规定的要求办理缴款手续的新股发行方式。

——易混淆点：上网竞价；全额预缴款、比例配售、余款转存；全额预缴款、比例配售、余款即退

采分点 71：股票发行方式中，上网竞价发行是指利用证券交易所的交易系统，主承销商作为新股的唯一卖方，以发行人宣布的发行底价为最低价格，以新股实际发行量为总的卖出数，由投资者在指定的时间内竞价委托申购。

——易混淆点：新股发行人；基金公司

采分点 72：中国证监会于 2000 年 2 月 13 日，颁布了《关于向二级市场投资者配售新股有关问题的通知》，在新股发行中试行向二级市场投资者配售新股的办法。

——易混淆点：2001 年 10 月 13 日；2004 年 2 月 13 日

采分点 73：首次公开发行股票数量在 4 亿股以上的，发行人及其主承销商可以在发行方案中采用超额配售选择权。

——易混淆点：网上竞价方式；累计投标询价方式

采分点 74：超额配售选择权是指发行人授予主承销商的一项选择权，获此授权的主承销商按同一发行价格超额发售不超过包销数额 15% 的股份，即主承销商按不超过包销数额 115% 的股份向投资者发售。

——易混淆点：不少于包销数额 15% 的股份；不少于包销数额 20% 的股份；不超过包销数额 20% 的股份

采分点 75：首次公开发行股票时，拟实施超额配售选择权的主承销商应当向中国证监会提供充分依据，说明公司已经建立了完善的内部控制，遵循着内部"防火墙"的原则，并有专人负责内部监察工作。

——易混淆点：证券登记结算机构；证券业协会；证券交易所

采分点 76：首次公开发行股票时，主承销商应当在超额配售选择权行使完成后的 5 个工作日内通知相关银行，将应付给发行人的资金（如有）支付给发行人。

——易混淆点：2；7

采分点 77：首次公开发行股票时，在实施超额配售选择权所涉及的股票发行验资工作完成后的 3 个工作日内，发行人应当再次发布股份变动公告。

——易混淆点：1；5；7

采分点78：首次公开发行股票自招股意向书公告日至开始推介活动的时间间隔不得少于1天。

——易混淆点：2；3；5

采分点79：首次公开发行股票时，发行人和主承销商应在网上发行申购日之前1个交易日刊登网上发行公告，网上发行公告与网下发行公告可以合并刊登。

——易混淆点：2；3

采分点80：首次公开发行股票时，投资者于T日申购深圳证券交易所上网发行资金，于T+2日组织摇号抽签。

——易混淆点：T+1；T+3；T+4

采分点81：证券公司实施证券承销前，应当向中国证监会报送发行与承销方案。

——易混淆点：证券交易所；证券登记结算机构

采分点82：股票发行采用代销方式的，应当在发行公告中披露发行失败后的处理措施。

——易混淆点：包销；直销

采分点83：根据《证券法》的规定，股份有限公司申请其股票上市必须符合公司股本总额超过人民币4亿元的，公开发行股份的比例为10%以上。

——易混淆点：20%；30%；50%

采分点84：首次公开发行股票在创业板首发上市的，持续督导的期间为证券上市当年剩余时间及其后3个完整会计年度。

——易混淆点：2；5

采分点85：证券交易所在收到发行人提交的全部上市申请文件后7个交易日内，作出是否同意上市的决定并通知发行人。

——易混淆点：3；5；10

采分点86：证券经营机构采用包销方式，难免会有承销团不能全部售出证券的情况，此时全体承销商不得不在承销期结束时自行购入售后剩余的证券。（2006年考试涉及）

——易混淆点：代销；全额包销；余额包销

采分点87：中小企业板块是在深圳证券交易所主板市场中设立的一个运行独立、监察独立、代码独立、指数独立的板块，集中安排符合主板发行上市条件的企业中规模较小的企业上市。

——易混淆点：上海证券交易所；期货交易所

采分点 88：发行人和主承销商在首次公开发行股票的信息披露过程中，应当按照中国证监会规定的程序、内容和格式，编制信息披露文件，履行信息披露义务。

——易混淆点：证券交易所；证券业协会

采分点 89：首次公开发行股票时，信息披露义务人所公开的情况不得有任何虚假成分，必须与自身的客观实际相符，称为真实性原则。

——易混淆点：准确性；完整性；及时性

采分点 90：上市公司信息披露事务管理制度应当经公司董事会审议通过，报注册地证监局和证券交易所备案。（2009 年考试涉及）

——易混淆点：股东大会；监事会；总经理

采分点 91：上市公司应当设立董事会秘书，作为公司与交易所之间的指定联络人。

——易混淆点：证券事务代表；董事长；董事

采分点 92：上市公司董事会秘书空缺期间超过 3 个月之后，董事长应当代行董事会秘书职责，直至公司正式聘任董事会秘书。

——易混淆点：1；2；5

采分点 93：中国证监会可以对金融、房地产等特殊行业上市公司的信息披露作出特别规定。

——易混淆点：外贸，服务业

采分点 94：《公开发行证券的公司信息披露内容与格式准则第 1 号——招股说明书》（简称"第 1 号准则"）的规定是对招股说明书信息披露的最低要求。（2009 年考试涉及）

——易混淆点：募集说明书；上市公告书

采分点 95：首次公开发行股票的发行人在招股说明书及其摘要中披露的财务会计资料应有充分的依据，所引用的发行人的财务报表、盈利预测报告（如有）应由具有证券、期货相关业务资格的会计师事务所审计或审核。

——易混淆点：一般会计师事务所；发行人律师；保荐人

采分点 96：首次公开发行股票招股说明书中引用的财务报告在其最近 1 期截止日后 6 个月内有效。特殊情况下，发行人可申请适当延长，但至多不超过 1 个月。（2006 年考试涉及）

——易混淆点：3，1；6，3

采分点 97：首次公开发行股票招股说明书的有效期为 <u>6</u> 个月，自中国证监会核准发行申请前招股说明书最后 1 次签署之日起计算。（2009 年考试涉及）

　　——易混淆点：1；2；3

采分点 98：在申请首次公开发行股票招股说明书文件被受理后、发行审核委员会审核前，发行人应当将招股说明书（申报稿）<u>在中国证监会网站预先披露</u>。

　　——易混淆点：中国证券业协会网站；发行公司网站；交易所网站

采分点 99：首次公开发行股票时，预先披露的招股说明书（申报稿）不是发行人发行股票的正式文件，不能含有<u>价格信息</u>，发行人不得据此发行股票。

　　——易混淆点：发行时间信息；发行方式信息；数量信息

采分点 100：在中国证监会指定的信息披露报刊刊登的招股说明书摘要最小字号为<u>标准小 5 号字</u>。

　　——易混淆点：标准小 4 号字；标准 5 号字；标准 4 号字

采分点 101：首次公开发行股票时，发行人应在招股说明书及其摘要披露后 <u>10</u> 日内，将正式印刷的招股说明书全文文本<u>一式五份</u>，分别报送中国证监会及其在发行人注册地的派出机构。（2009 年考试涉及）

　　——易混淆点：10，一式三份；15，一式五份

采分点 102：首次公开发行股票时，发行人应当针对实际情况在招股说明书首页作<u>重大事项提示</u>字样，提醒投资者给予特别关注。

　　——易混淆点：投资风险提示；重大风险提示；风险提示

采分点 103：首次公开发行股票时，披露招股说明书风险因素的发行人应当遵循<u>重要性</u>原则，按顺序披露可能直接或间接对发行人生产经营状况、财务状况和持续盈利能力产生重大不利影响的所有因素。（2009 年考试涉及）

　　——易混淆点：准确性；完整性；及时性

采分点 104：首次公开发行股票招股说明书的发行人应详细披露与控股股东、实际控制人及其控制的其他企业在<u>资产、人员、财务</u>、机构、业务方面的分开情况，说明是否具有完整的业务体系及面向市场独立经营的能力。（2007 年考试涉及）

　　——易混淆点：资产、人员、经营；经营、财务、人员

采分点 105：首次公开发行股票招股说明书的发行人应披露的股本情况主要包括前 <u>10</u> 名股东和前 <u>10</u> 名自然人股东及其在发行人处担任的职务。

　　——易混淆点：5，5；5，10

采分点 106：首次公开发行股票招股说明书的发行涉及国有股的，应在国家股股东之后标注"SS"，在国有法人股股东之后标注"SLS"，并披露标识的依据及标识的含义。

——易混淆点：SS，SL；SL，SLS；SS，LSL

采分点 107：首次公开发行股票招股说明书的发行人应采用方框图或其他有效形式，全面披露发起人、持有发行人 5% 以上股份的主要股东、实际控制人、控股股东、实际控制人所控制的其他企业，发行人的职能部门、分公司、控股子公司、参股子公司以及其他有重要影响的关联方。

——易混淆点：2%；3%；4%

采分点 108：首次公开发行股票招股说明书的实际控制人应披露到最终的国有控股主体或自然人为止。

——易混淆点：最终的法人控股主体；最终的外资控股主体；最终的非国有控股主体

采分点 109：首次公开发行股票招股说明书的发行人向单个客户的销售比例超过总额的 50% 或严重依赖少数客户的，应披露其名称及销售比例。

——易混淆点：10%；20%；30%

采分点 110：首次公开发行股票招股说明书的发行人应根据交易的性质和频率，按照经常性和偶发性分类披露关联交易及关联交易对其财务状况和经营成果的影响。

——易混淆点：大额和小额；长期和短期；重要和非重要

采分点 111：首次公开发行股票招股说明书中对于购销商品、提供劳务等经常性的关联交易，应分别披露最近 3 年及 1 期关联交易的相关情况。（2009 年考试涉及）

——易混淆点：最近 2 年及 1 期；最近 3 年

采分点 112：首次公开发行股票招股说明书的发行人应披露董事、监事、高级管理人员及核心技术人员最近 1 年从发行人及其关联企业领取收入的情况，以及所享受的其他待遇和退休金计划等。

——易混淆点：半年；2；3

采分点 113：首次公开发行股票招股说明书的发行人董事、监事、高级管理人员在近 3 年内曾发生变动的，应披露变动情况和原因。

——易混淆点：1；2；5

采分点 114：首次公开发行股票招股说明书的发行人编制合并财务报表的，应同时披露合并财务报表和母公司财务报表。

——易混淆点：披露合并财务报表；披露子公司财务报表；披露母公司财务报表

采分点 115：首次公开发行股票招股说明书的财务报表被出具带强调事项段的无保留审计意见的，应全文披露审计报告正文以及董事会、监事会及注册会计师对强调事项的详细说明。

——易混淆点：带强调事项段的有保留审计意见；带说明事项段的有保留审计意见；有保留审计意见

采分点 116：首次公开发行股票招股说明书的发行人最近1年及1期内收购兼并其他企业资产（或股权），且被收购企业资产总额或营业收入或净利润超过收购前发行人相应项目20%（含）的，应披露被收购企业收购前1年利润表。

——易混淆点：30%（含）；20%（不含）；30%（不含）

采分点 117：中国证监会于2008年10月31日对《公开发行的证券公司信息披露规范问答第1号——非经常性损益》进行了修订，规定在编报招股说明书时，发行人应对照非经常性损益的定义，综合考虑相关损益同发行人正常经营业务的关联程度以及可持续性，结合自身实际情况作出合理判断，并作充分披露。

——易混淆点：会计政策和会计估计；收购兼并信息；报表

采分点 118：首次公开发行股票招股说明书的发行人披露的盈利预测数据包含特定的财政税收优惠政策或非经常性损益项目的，应特别说明。

——易混淆点：经常性损益项目；境外收益

采分点 119：首次公开发行股票招股说明书的发行人主要产品的销售价格或主要原材料、燃料价格频繁变动且影响较大的，应针对价格变动对公司利润的影响作敏感性分析。（2011年考试涉及）

——易混淆点：稳定性；波动性；持续性

采分点 120：首次公开发行股票招股说明书的发行人未来资本性支出计划跨行业投资的，应说明其与公司未来发展战略的关系。

——易混淆点：重大会计政策或会计估计将要进行变更的；存在重大担保、诉讼、其他或有事项的；存在重大期后事项的

采分点 121：首次公开发行股票招股说明书的发行人应披露最近3年股利分配政策、实际股利分配情况以及发行后的股利分配政策。（2009年考试涉及）

——易混淆点：1；2；5

采分点 122：首次公开发行股票招股说明书的发行人应披露交易金额在 500 万元以上或者虽未达到标准但对生产经营活动、未来发展或财务状况具有重要影响的合同内容。

——易混淆点：100；200；300

采分点 123：首次公开发行股票招股说明书中总资产规模为 10 亿元以上的发行人，可视实际情况决定应披露的交易金额，但应在申报时说明。（2009年考试涉及）

——易混淆点：净资产规模为 5 亿元以上；净资产规模为 10 亿元以上

采分点 124：首次公开发行股票时，保荐机构（主承销商）应对招股说明书的真实性、准确性、完整性进行核查，并在招股说明书正文后声明。

——易混淆点：承担审计业务的会计师事务所；中国证监会；发行人律师

采分点 125：发行人及其主承销商公告股票发行价格和发行市盈率时，每股收益应当按发行前一年经会计师事务所审计的、扣除非经常性损益前后孰低的净利润除以发行后总股本计算。

——易混淆点：股票发行数；股本净值；所有者权益

采分点 126：首次公开发行股票向战略投资者配售股票的，发行人及其主承销商应当在网下配售结果公告中披露战略投资者的名称、认购数量及承诺持有期等情况。

——易混淆点：发行定价；网上中签率

采分点 127：根据《关于进一步改革和完善新股发行体制的指导意见》，为加强新股认购风险提示，提示所有参与人明晰市场风险，发行人及其主承销商应当刊登新股投资风险特别公告，充分揭示一级市场风险，提醒投资者理性判断投资该公司的可行性。

——易混淆点：二级市场；企业亏损；股票发行失败

采分点 128：根据《证券法》的规定，股票依法发行后，发行人经营与收益的变化，由发行人负责，由此变化导致的投资风险，由投资者自行负责。

——易混淆点：证券监督管理委员会；政府部门

采分点 129：发行人可将股票上市公告书刊载于其他报刊和网站，但其披露时间不得早于中国证监会指定报刊和网站的披露时间。

——易混淆点：证券交易所；证券登记结算机构

采分点 130：为规范首次公开发行股票的信息披露行为，保护投资者合法权益，中国证监会于 2009 年 7 月 20 日发布了《公开发行证券的公司信息披露内容与格式准则第 28 号——创业板公司招股说明书》（简称"第 28 号准则"）。

——易混淆点：2009年7月1日；2009年7月10日；2009年7月15日

采分点131：所有申请在中华人民共和国境内首次公开发行股票并在创业板上市的公司（即发行人），均应按《公开发行证券的公司信息披露内容与格式准则第28号》编制招股说明书，作为向中国证监会申请首次公开发行股票的必备法律文件，并按规定进行披露。

——易混淆点：《公开发行证券的公司信息披露内容与格式准则第27号》；《公开发行证券的公司信息披露内容与格式准则第29号》；《公开发行证券的公司信息披露内容与格式准则第30号》

第六章　上市公司发行新股并上市

采分点1：上市公司非公开发行新股是指向特定对象发行股票。

——易混淆点：向原股东配售股份；向不特定对象发行新股；向不特定对象公开募集股份

采分点2：根据《证券法》第十三条的有关规定，上市公司公开发行新股，必须具备公司在最近3年内财务会计文件无虚假记载，并无其他重大违法行为。

——易混淆点：1；2；5

采分点3：中国证监会于2006年5月6日发布的《上市公司证券发行管理办法》，对上市公司申请发行新股作出了规定。

——易混淆点：《上市公司证券发行试行办法》；《证券法》；《公司法》

采分点4：上市公司申请发行新股，现任董事、监事和高级管理人员具备任职资格，能够忠实和勤勉地履行职务，不存在违反《公司法》第一百四十八条、第一百四十九条规定的行为，且最近36个月内未受到过中国证监会的行政处罚、最近12个月内未受到过证券交易所的公开谴责。

——易混淆点：12，12；12，36；36，36

采分点5：上市公司申请发行新股，应符合最近12个月内不存在违规对外提供担保的行为。

——易混淆点：3；6

采分点6：上市公司申请发行新股，应符合最近3个会计年度连续盈利，扣除非经常性损益后的净利润与扣除前的净利润相比，以低者作为计算依据。

——易混淆点：2，低；3，高

采分点7：上市公司申请发行新股，要求高级管理人员和核心技术人员稳定，最近12个月内未发生重大不利变化。

——易混淆点：6；10

采分点 8：上市公司申请发行新股，应当符合最近 24 个月内曾公开发行证券的，不存在发行当年营业利润比上年下降 50% 以上的情形。

——易混淆点：12，30%；12，50%

采分点 9：上市公司申请发行新股，被注册会计师出具带强调事项段的无保留意见审计报告的，所涉及的事项对发行人无重大不利影响或者在发行前重大不利影响已经消除。（2011 年考试涉及）

——易混淆点：保留意见；否定意见

采分点 10：上市公司申请发行新股，应当符合最近 3 年以现金方式累计分配的利润不少于最近 3 年实现的年均可分配利润的 30%。

——易混淆点：税后利润的 20%；税后利润的 50%；可分配利润的 50%

采分点 11：上市公司及其控股股东或实际控制人最近 12 个月内存在未履行向投资者作出的公开承诺的行为，不得公开发行证券。（2011 年考试涉及）

——易混淆点：6 个月；2 年；3 年

采分点 12：上市公司向原股东配股，拟配股数量不超过本次配股前股本总额的 30%。

——易混淆点：10%；20%

采分点 13：上市公司公开发行新股时，控股股东不履行认配股份的承诺，或者代销期限届满，原股东认购股票的数量未达到拟配售数量 70% 的，发行人应当按照发行价并加算银行同期存款利息返还已经认购的股东。

——易混淆点：30%；50%

采分点 14：上市公司向不特定对象公开募集股份，应符合最近 3 个会计年度加权平均净资产收益率平均不低于 6%。

——易混淆点：2，5%；3，5%

采分点 15：上市公司向不特定对象公开募集股份，发行价格应不低于公告招股意向书前 20 个交易日公司股票均价或前 1 个交易日的均价。（2009 年考试涉及）

——易混淆点：10；15

采分点 16：上市公司非公开发行股票的发行对象不超过 10 名。（2011 年考试涉及）

——易混淆点：20；30

采分点 17：非公开发行股票的特定对象应当符合规定，发行对象为境外战略投资者的，应当经国务院相关部门事先批准。

——易混淆点：中国证监会；中国人民银行；国家发改委

采分点18：上市公司非公开发行股票的发行价格不低于定价基准日前20个交易日公司股票均价的<u>90%</u>。

——易混淆点：50%；70%

采分点19：上市公司最近<u>1年及1期</u>财务报表被注册会计师出具保留意见、否定意见或无法表示意见的审计报告的，不得非公开发行股票。

——易混淆点：2年及1期；2年及2期；3年及1期

采分点20：上市公司公开发行股票，应当由证券公司承销；非公开发行股票，若发行对象均属于原前<u>10</u>名股东的，则可以由上市公司自行销售。

——易混淆点：15；20；25

采分点21：上市公司发行新股时，股东大会就发行证券事项作出决议，必须经出席会议的股东所持表决权的<u>2/3</u>以上通过。

——易混淆点：1/2；1/3

采分点22：上市公司发行新股决议<u>1</u>年有效；决议失效后仍决定继续实施发行新股的，须重新提请<u>股东大会</u>表决。

——易混淆点：1，董事会；2，股东大会；2，董事会

采分点23：与首次公开发行股票一样，在上市公司新股发行过程中，<u>主承销商</u>对上市公司的尽职调查贯穿始终。（2009年考试涉及）

——易混淆点：证券监督机构；证券交易所；会计师事务所

采分点24：上市公司的保荐机构（主承销商）尽职调查的绝大部分工作集中于<u>提交发行申请文件前的尽职调查</u>。

——易混淆点：发审会前重大事项的调查；上市前重大事项的调查；发审会后重大事项的调查

采分点25：拟发行公司在刊登招股说明书或招股意向书的<u>前一个工作日</u>，应向中国证监会说明拟刊登的招股说明书或招股意向书与招股说明书或招股意向书（封卷稿）之间是否存在差异，保荐人（主承销商）及相关专业中介机构应出具声明和承诺。

——易混淆点：后一个工作日；前两个工作日；后两个工作日

采分点26：主板及中小板上市公司发行新股的，持续督导的期间为<u>证券上市当年剩余时间及其后1个完整会计年度</u>。

——易混淆点：证券上市当年剩余时间；证券上市后2个完整会计年度

采分点 27：上市公司发行新股的持续督导的期间自证券上市之日起计算。

——易混淆点：招股说明书或招股意向书刊登后；提交发行申请文件后；发审会后

采分点 28：创业板上市公司发行新股的，持续督导的期间为证券上市当年剩余时间及其后 2 个完整会计年度。

——易混淆点：1；3

采分点 29：申请发行新股的上市公司全体董事、监事、高级管理人员应当在所提供的公开募集证券说明书上签字。（2010年考试涉及）

——易混淆点：全体董事、监事；全体董事、高级管理人员；董事长和董事会秘书

采分点 30：新股发行申请的公开募集证券说明书所引用的法律意见书，应当由律师事务所出具，并由至少两名经办律师签署。

——易混淆点：证券交易所；中国证监会

采分点 31：新股发行申请的公开募集证券说明书自最后签署之日起 6 个月内有效。

——易混淆点：2；3

采分点 32：发行人和保荐人报送新股发行申请文件，初次应提交原件 1 份，复印件 2 份。

——易混淆点：原件 2 份，复印件 3 份；原件 1 份，复印件 3 份

采分点 33：新股发行申请文件的扉页应附发行人董事会秘书及有关中介机构项目负责人的姓名、电话、传真及其他有效的联系方式。（2009年考试涉及）

——易混淆点：发行申请人的董事长及主承销商项目负责人

采分点 34：上市公司公开发行新股，内核小组通常由 8～15 名专业人士组成，这些人员要保持稳定性和独立性。

——易混淆点：5～10；5～15；8～10

采分点 35：上市公司公开发行新股，中国证监会收到申请文件后，在 5 个工作日内作出是否受理的决定。

——易混淆点：3；7；10

采分点 36：上市公司公开发行新股在特别程序中，每次参加发行审核委员会议的委员为 5 名。

——易混淆点：3；7；9

采分点 37：发行审核委员会审核上市公司非公开发行股票申请和中国证监会规定的其他非公开发行证券申请，适用特别程序规定，表决投票时同意票数达到 3 票为通过。

——易混淆点：普通程序，3；普通程序，5；特别程序，5

采分点38：上市公司证券发行申请未获核准的，自中国证监会作出不予核准的决定之日起<u>6</u>个月后，可再次提出证券发行申请。（2010年考试涉及）

——易混淆点：1；2；3

采分点39：中国证监会自受理申请文件到作出决定的期限为<u>3个月</u>，发行人根据要求补充、修改发行申请文件的时间不计算在内。

——易混淆点：30日；60日

采分点40：上市公司自中国证监会核准发行之日起，应在<u>6</u>个月内发行证券。

——易混淆点：1；3；12

采分点41：根据《证券发行与承销管理办法》第二十二条的规定，上市公司发行证券，可以通过<u>询价</u>的方式确定发行价格，也可以与主承销商协商确定发行价格。

——易混淆点：竞价；估值；投标

采分点42：上市公司公开发行股票，配股价格的确定是在一定的价格区间内由<u>主承销商和发行人</u>协商确定。（2010年考试涉及）

——易混淆点：证券交易所；主承销商；发行人

采分点43：新股发行、上市操作程序经上海证券交易所同意后，发行人和主承销商应于<u>T－1</u>日刊登《股份变动及增发股票上市公告书》。（2011年考试涉及）

——易混淆点：T+1；T－2；T+2

采分点44：根据上海证券交易所的配股操作流程（T日为股权登记日），应于<u>T+7</u>日刊登配股发行结果公告，股票恢复正常交易。

——易混淆点：T+1；T+2；T+4

采分点45：《上市公司证券发行管理办法》规定，证券发行议案经董事会表决通过后，应当在<u>2</u>个工作日内报告证券交易所，公告召开股东大会的通知。（2009年考试涉及）

——易混淆点：3；5；7

采分点46：上市公司的股东大会通过本次发行议案之日起<u>2</u>个工作日内，应当公布股东大会决议。

——易混淆点：3；7；10

采分点47：上市公司在公开发行证券前的<u>2～5</u>个工作日内，应当将经中国证监会核准的募集说明书摘要或者募集意向书摘要刊登在至少一种中国证监会指定的报刊，同时将其全文刊登在中国证监会指定的互联网网站，置备于中国证监会指定的场所，供公众查阅。

　　——易混淆点：1~3；3~5；5~7

　　采分点 48：上市公司增发新股过程中，发行公司及其主承销商须在刊登招股意向书摘要的<u>当日</u>，将招股意向书全文及相关文件在证券交易所网站上披露，并对其内容负责。（2010年考试涉及）

　　——易混淆点：前1日；次日；前2~5个工作日

　　采分点 49：上市公司增发股票的信息披露中，当采取网下、网上同时定价发行方式时，<u>T+3</u>日刊登发行结果公告。

　　——易混淆点：T-2；T+4；T

　　采分点 50：上市公司增发股票的信息披露中，假设T日为网上申购日，则<u>T-1</u>日发布网下累计投票询价结果公告。

　　——易混淆点：T-2；T-3；T+3

　　采分点 51：上市公司增发股票的信息披露中，上市公告或股份变动公告，须在交易所对上市申请文件审查同意后，且增发新股的可流通股份上市前<u>3</u>个工作日内刊登。

　　——易混淆点：1；2；5

　　采分点 52：上市公司增发股票的信息披露中，假设T日为股权登记日，则<u>T-2</u>日刊登配股说明书、发行公告及网上路演公告（如有）。

　　——易混淆点：T-1；T+3；T-4

第七章 可转换公司债券及可交换公司债券的发行并上市

采分点1：根据2006年5月8日起施行的《上市公司证券发行管理办法》，可转换公司债券是指发行公司依法发行，在一定期间内依据约定的条件可以转换成股份的公司债券。（2009年考试涉及）

——易混淆点：可转换为一般公司债务的股票；可转换为一般公司债务的债券；可转换为公司债券的股票折合的股票

采分点2：根据《上市公司证券发行管理办法》，上市公司发行的可转换公司债券在发行结束6个月后，方可转换为公司股票，转股期限根据可转换公司债券的存续期限及公司财务状况确定。（2009年考试涉及）

——易混淆点：3个月；1年；2年

采分点3：可转换公司债券持有人对转换股票或不转换股票有选择权，并于转股完成后的次日成为发行公司的股东。

——易混淆点：当日；2日内；3日内

采分点4：上市公司应当在可转换公司债券期满后5个工作日内，办理完毕偿还债券余额本息的事项。（2009年考试涉及）

——易混淆点：3；7；10

采分点5：按照《上市公司证券发行管理办法》，可转换公司债券募集说明书应当约定，上市公司改变公告的募集资金用途的，应赋予债券持有人一次回售的权利。（2009年考试涉及）

——易混淆点：一次赎回；两次回售；两次赎回

采分点6：发行可转换公司债券的上市公司的盈利能力应具有可持续性，且最近3个会计年度连续盈利。

——易混淆点：2；5

采分点 7：根据《上市公司证券发行管理办法》第十四条的规定，公开发行可转换公司债券的公司，最近3个会计年度实现的年均可分配利润不少于公司债券<u>1年的利息</u>。

——易混淆点：半年的利息；本金的一半

采分点 8：发行可转换公司债券的上市公司的盈利能力应具有可持续性，且最近24个月内曾公开发行证券的，不存在发行当年营业利润比上年下降<u>50%</u>以上的情形。

——易混淆点：20%；30%；40%

采分点 9：根据《上市公司证券发行管理办法》，发行可转换公司债券的上市公司的财务状况应符合最近3年以现金或股票方式累计分配的利润不少于<u>最近3年实现的年均可分配利润的20%</u>。

——易混淆点：最近2年实现的年均可分配利润的10%；最近2年实现的年均可分配利润的20%；最近3年实现的年均可分配利润的30%

采分点 10：《证券法》第十六条规定，发行可转换为股票的公司债券的上市公司，股份有限公司的净资产不低于人民币<u>3 000</u>万元，有限责任公司的净资产不低于人民币<u>6 000</u>万元。

——易混淆点：2 000，3 000；3 000，5 000

采分点 11：根据《上市公司证券发行管理办法》第二十七条规定，发行分离交易的可转换公司债券的上市公司，其最近1期末经审计的净资产不低于人民币<u>15亿元</u>。（2010年考试涉及）

——易混淆点：3 000万元；6 000万元；10亿元

采分点 12：根据《上市公司证券发行管理办法》规定，公开发行可转换公司债券的上市公司，其最近3个会计年度加权平均净资产收益率平均不低于<u>6%</u>。

——易混淆点：3%；5%；9%

采分点 13：对于分离交易的可转换公司债券，发行后累计公司债券余额不超过最近1期末净资产额的<u>40%</u>。

——易混淆点：20%；30%；50%

采分点 14：可转换公司债券的最短期限为<u>1</u>年，最长期限为<u>6</u>年。

——易混淆点：3，6；1，8；3，8

采分点 15：可转换公司债券的转股价格应不低于募集说明书公告日前<u>20</u>个交易日公司股票交易均价和前<u>1</u>个交易日的均价。

——易混淆点：20，2；15，1；15，2

采分点 16：可转换公司债券的转股价格修正方案须提交公司股东大会表决，且须经出席会议的股东所持表决权的 2/3 以上同意。

——易混淆点：股东人数的 2/3 以上；股东人数的 1/3 以上

采分点 17：可转换公司债券每张面值为 100 元。（2011 年考试涉及）

——易混淆点：200；1 000；10 000

采分点 18：可转换公司债券的利率由发行公司与主承销商协商确定，但必须符合国家的有关规定。

——易混淆点：中国人民银行；中国证监会；发行人

采分点 19：公开发行可转换公司债券，应当委托具有资格的资信评级机构进行信用评级和跟踪评级，资信评级机构每年至少公告 1 次跟踪评级报告。

——易混淆点：2；3；4

采分点 20：可转换公司债券实际转换时按转换成普通股的市场价格计算的理论价值是转换价值。

——易混淆点：转股价格；票面价值；行权价格

采分点 21：可转换公司债券的赎回条款相当于债券持有人在购买可转换公司债券时就无条件出售给发行人的 1 张美式买权。

——易混淆点：无条件向发行人购买的 1 张美式买权；无条件出售给发行人的 1 张美式卖权；无条件向发行人购买的 1 张美式卖权

采分点 22：可转换公司债券的价值可以用公式可转换公司债券价值≈纯粹债券价值＋投资人美式买权价值＋投资人美式卖权价值－发行人美式买权价值近似表示。

——易混淆点：可转换公司债券价值≈纯粹债券价值－投资人美式买权价值－投资人美式卖权价值＋发行人美式买权价值；可转换公司债券价值≈纯粹债券价值＋投资人美式买权价值＋投资人美式卖权价值＋发行人美式买权价值；可转换公司债券价值≈纯粹债券价值－投资人美式买权价值－投资人美式卖权价值－发行人美式卖权价值

采分点 23：在可转换公司债券中，股票波动率是影响期权价值的一个重要因素，股票波动率越大，期权的价值越高，可转换公司债券的价值越高。

——易混淆点：票面利率；转股价格；转股期限

采分点 24：可转换公司债券发行时，主承销商负责向中国证监会推荐，出具推荐意见，并负责报送发行申请文件。（2009 年考试涉及）

——易混淆点：上市公司；发行申请人律师；发行申请人

采分点 25：上市公司在报送可转换公司债券发行申请文件时，应当提供由<u>注册会计师</u>出具的有关前次募集资金使用情况的专项报告。

——易混淆点：中国证监会；证券交易所

采分点 26：中国证监会自收到可转换公司债券发行申请文件后 <u>5</u> 个工作日内决定是否受理；未按规定要求制作申请文件的，中国证监会不予受理。

——易混淆点：3；10；15

采分点 27：可转换公司债券发行申请未被核准的上市公司，自中国证监会作出不予核准的决定之日起 <u>6</u> 个月后，可再次提出证券发行申请。

——易混淆点：2；3；5

采分点 28：可转换公司债券在<u>发行人股票上市</u>的证券交易所上市。（2009年考试涉及）

——易混淆点：中国证监会指定；发行人自主选择；事先作出同意上市

采分点 29：上市公司申请可转换公司债券在证券交易所上市，应当符合可转换公司债券的期限为 <u>1</u> 年以上。（2010年考试涉及）

——易混淆点：2；3；5

采分点 30：上市公司申请可转换公司债券在证券交易所上市，应当符合可转换公司债券实际发行额不少于人民币 <u>5 000</u> 万元。

——易混淆点：2 000；3 000

采分点 31：可转换公司债券流通面值少于 <u>3 000</u> 万元时，在上市公司发布相关公告 3 个交易日后停止其可转换公司债券的交易。

——易混淆点：1 000；2 000；5 000

采分点 32：可转换公司债券自转换期结束之前的第 <u>10</u> 个交易日起停止交易。

——易混淆点：3；5；7

采分点 33：证券交易所暂停其可转换公司债券上市的情形之一是公司最近 <u>2</u> 年连续亏损。（2009年考试涉及）

——易混淆点：1；3；5

采分点 34：可转换公司债券获准上市后，上市公司应当在可转换公司债券上市前 <u>5</u> 个交易日内，在指定媒体上披露上市公告书。（2009年考试涉及）

——易混淆点：3；10

采分点 35：可转换公司债券转换为股票的数额累计达到可转换公司债券开始转股前公司已发行股份总额 <u>10%</u> 的，发行人应当及时向证券交易所报告并披露。

第七章　可转换公司债券及可交换公司债券的发行并上市

——易混淆点：5%；15%；20%

采分点36：未转换的可转换公司债券数量少于 3 000 万元的，发行人应当及时向证券交易所报告并披露。

——易混淆点：2 000；5 000；6 000

采分点37：上市公司应当在可转换公司债券约定的付息日前 3～5 个交易日内披露付息公告。

——易混淆点：1～2；2～3

采分点38：上市公司行使赎回权时，应当在每年首次满足赎回条件后的 5 个交易日内至少发布 3 次赎回公告。

——易混淆点：3，3；3，5；5，5

采分点39：上市公司在可转换公司债券转换期结束的 20 个交易日前，应当至少发布 3 次提示公告，提醒投资者有关在可转换公司债券转换期结束前的 10 个交易日停止交易的事项。（2011 年考试涉及）

——易混淆点：1；5；6

采分点40：为规范上市公司股东发行可交换公司债券行为，根据《公司债券发行试点办法》（证监会令第 49 号），中国证监会制定了《上市公司股东发行可交换公司债券试行规定》，并于 2008 年 10 月 17 日予以发布并施行。

——易混淆点：2007 年 10 月 17 日；2008 年 7 月 1 日；2008 年 1 月 1 日

采分点41：可交换公司债券的发行人当次发行债券的金额不超过预备用于交换的股票按募集说明书公告日前 20 个交易日均价计算的市值的 70%。（2009 年考试涉及）

——易混淆点：30，70%；20，80%；30，80%

采分点42：可交换公司债券自发行结束之日起 12 个月后，方可交换为预备交换的股票，债券持有人对交换股票或者不交换股票有选择权。

——易混淆点：3；6；10

采分点43：公司债券交换为每股股份的价格，应当不低于公告募集说明书日前 20 个交易日公司股票均价和前一个交易日的均价。

——易混淆点：5；10；30

采分点44：在可交换公司债券发行前，公司债券受托管理人应当于上市公司股东就预备用于交换的股票签订担保合同，按照证券登记结算机构的业务规则设定担保，办理相关登记手续，将其专户存放，并取得担保权利证明文件。（2010 年考试涉及）

——易混淆点：债券持有人会议；董事会；债券保荐机构

采分点 45：可交换公司债券持有人申请换股的，应当通过其托管证券公司向证券交易所发出换股指令，指令视同为债券受托管理人与发行人认可的解除担保指令。（2009年考试涉及）

——易混淆点：发行保荐机构；债券受托管理人；债券持有人会议

第八章 债券的发行与承销

采分点1：储蓄国债是指财政部在中华人民共和国境内发行，通过试点商业银行面向个人投资者销售的、以电子方式记录债权的不可流通人民币债券。

——*易混淆点*：机构投资者；境外自然人；境外法人

采分点2：公开招标方式是通过投标人的直接竞价来确定发行价格（或利率）水平，发行人将投标人的标价自高价向低价排列，或自低利率排到高利率，发行人从高价或低利率选起，直到达到需要发行的数额为止。

——*易混淆点*：低价或低利率；高价或高利率；低价或高利率

采分点3：目前，凭证式国债发行完全采用承购包销方式，记账式国债发行完全采用公开招标方式。

——*易混淆点*：公开招标方式，承购包销方式；包销或代销方式，公开招标方式

采分点4：我国国债在公开招标方式中，全场有效投标总额小于或等于当期国债招标额时，所有有效投标全额募入。

——*易混淆点*：大于；大于或等于；等于

采分点5：记账式国债是一种无纸化国债，主要通过银行间债券市场向具备全国银行间债券市场国债承购包销团资格的商业银行、证券公司、保险公司、信托投资公司等机构，以及通过证券交易所的交易系统向具备交易所国债承购包销团资格的证券公司、保险公司和信托投资公司及其他投资者发行。（2006年考试涉及）

——*易混淆点*：中国人民银行分配；商业银行经营网点；财政部国债服务部

采分点6：凭证式国债是一种不可上市流通的储蓄型债券，由具备凭证式国债承销团资格的机构承销。（2007年考试涉及）

——*易混淆点*：不可上市流通的收益型债券；可上市流通的储蓄型债券；可上市流通的收益型债券

采分点7：为了便于掌握凭证式国债的发行进度，担任凭证式国债发行任务的各个

系统一般每月要汇总本系统内的累计发行数额，上报财政部及中国人民银行。

——易混淆点：中国证监会及国家发展和改革委员会

采分点8：我国国内金融债券的发行始于1985年，当时中国工商银行和中国农业银行开始尝试发行金融债券。

——易混淆点：1983；1986

采分点9：目前，我国金融债券主要是由政策性银行来发行。

——易混淆点：中国人民银行；商业性银行；非银行性金融机构

采分点10：2009年4月13日，为进一步规范全国银行间债券市场金融债券发行行为，中国人民银行发布了《全国银行间债券市场金融债券发行管理操作规程》，自2009年5月15日起施行。

——易混淆点：《全国银行间债券市场金融债券发行管理办法》；《银行间债券市场非金融企业债务融资工具管理办法》；《关于银行间债券市场市场化发行债券分销过户有关事宜的通知》

采分点11：商业银行发行金融债券，其核心资本充足率不低于4%。(2009年考试涉及)

——易混淆点：3%；5%；8%

采分点12：企业集团财务公司发行金融债券的资本充足率应不低于10%。

——易混淆点：5%；8%；15%

采分点13：金融债券可在全国银行间债券市场公开发行或定向发行。(2009年考试涉及)

——易混淆点：证券交易所；股票市场；同业拆借市场

采分点14：发行人应在每期金融债券发行前5个工作日将相关的发行申请文件报中国人民银行备案，并按中国人民银行的要求披露有关信息。(2009年考试涉及)

——易混淆点：10；15；20

采分点15：金融债券的承销人应为金融机构，并且注册资本不低于2亿元人民币。

——易混淆点：1；3；5

采分点16：发行人应在中国人民银行核准金融债券发行之日起60个工作日内开始发行金融债券，并在规定期限内完成发行。

——易混淆点：20；30；90

采分点17：金融债券发行结束后10个工作日内，发行人应向中国人民银行书面报告金融债券发行情况。

——易混淆点：5；15；20

采分点 18：金融债券<u>定向发行</u>的，经认购人同意，可免于信用评级。

——易混淆点：非定向发行；公开发行；网上发行

采分点 19：金融债券的登记、托管机构为<u>中央国债登记结算有限责任公司</u>。

——易混淆点：中国证券登记结算有限责任公司；中国证监会；中国人民银行

采分点 20：金融债券存续期间，发行人应于每年<u>4月30日</u>前向投资者披露年度报告。

——易混淆点：3；5；6

采分点 21：发行人应于金融债券每次付息日前<u>2</u>个工作日公布付息公告，最后一次付息及兑付日前<u>5</u>个工作日公布兑付公告。

——易混淆点：1，3；2，3；3，5

采分点 22：商业银行发行次级定期债务，须向<u>中国银监会</u>提出申请，提交可行性分析报告、招募说明书、协议文本等规定的资料。

——易混淆点：中国人民银行；中国证监会；国家发展和改革委员会

采分点 23：根据中国银监会于 2004 年 3 月 1 日施行的《商业银行资本充足率管理办法》，经中国银监会认可，商业银行发行的普通的、无担保的、不以银行资产为抵押或质押的长期次级债务工具可列入附属资本，在距到期日前最后<u>5</u>年，其可计入附属资本的数量每年累计折扣<u>20%</u>。

——易混淆点：1，20%；2，50%；4，50%

采分点 24：按照《保险公司次级定期债务管理暂行办法》，保险公司次级债务的偿还只有在确保偿还次级债务本息后偿付能力充足率不低于<u>100%</u>的前提下，募集人才能偿付本息。（2009 年考试涉及）

——易混淆点：50%；60%；80%

采分点 25：根据《保险公司偿付能力报告编报规则第 6 号：认可负债》的相关规定，保险公司募集的定期次级债务应当在到期日前按照一定比例折算确认为认可负债，以折算后的账面余额作为其认可价值，剩余年限在 4 年以上(含 4 年)的，折算比例为 <u>0</u>。（2009 年考试涉及）

——易混淆点：20%；40%；60%

采分点 26：中国银监会借鉴其他国家对混合资本工具的有关规定，严格遵照《巴塞尔协议》要求的原则特征，选择以<u>银行间市场发行的债券</u>作为我国混合资本工具的主要形式，并由此命名我国的混合资本工具为混合资本债券。（2011 年考试涉及）

——易混淆点：可转换债券；储蓄国债；场外交易的企业债券

采分点 27：公开发行企业债券，发行人累计债券余额不超过企业净资产（不包括少数股东权益）的 <u>40%</u>。

——易混淆点：30%；50%；70%

采分点 28：企业债券每份面值为 100 元，以 <u>1 000</u> 元人民币为 1 个认购单位。（2009年考试涉及）

——易混淆点：100；5 000；10 000

采分点 29：《企业债券管理条例》第十八条规定，企业债券的利率不得高于银行相同期限居民储蓄定期存款利率的 <u>40%</u>。

——易混淆点：10%；20%；30%

采分点 30：企业债券的发行，应组织承销团以余额包销的方式承销，各承销商包销的企业债券余额原则上不得超过其上年末净资产的 <u>1/3</u>。

——易混淆点：1/2；1/4；1/5

采分点 31：国家发改委自受理企业债券发行申请之日起 <u>3</u> 个月内（发行人及主承销商根据反馈意见补充和修改申报材料的时间除外）作出核准或者不予核准的决定，不予核准的，应说明理由。

——易混淆点：1；2；6

采分点 32：公司债券可以进入银行间债券市场交易流通，其实际发行额不少于人民币 <u>5</u> 亿元。

——易混淆点：1；3；10

采分点 33：国债登记结算公司和同业拆借中心应对要求进入银行间债券市场交易流通的公司债券进行甄选，符合条件的，确定其交易流通要素，在其债权、债务登记日后 <u>5</u> 个工作日内安排其交易流通。

——易混淆点：3；7；10

采分点 34：在债券交易流通期间，发行人应在每年 <u>6 月 30 日</u>前向市场投资者披露上一年度的年度报告和信用跟踪评级报告。

——易混淆点：5 月 30 日；7 月 30 日；9 月 30 日

采分点 35：公司债券是指公司依照法定程序发行、约定在 <u>1</u> 年以上期限内还本付息的有价证券。

——易混淆点：2；3

采分点 36：根据《公司债券发行试点办法》，发行公司债券应当符合本次发行后累计公司债券余额不超过最近 1 期期末净资产额的 40%。

——易混淆点：20%；30%；50%

采分点 37：公司债券进行信用评级时，公司与资信评级机构应当约定，在债券有效存续期间，资信评级机构每年至少公告 1 次跟踪评级报告。

——易混淆点：2；3；5

采分点 38：公司债券募集说明书所引用的审计报告、资产评估报告、资信评级报告，应当由有资格的证券服务机构出具，并由至少 2 名有从业资格的人员签署。

——易混淆点：3 名以上；5 名以上；1 名

采分点 39：公司债券募集说明书自最后签署之日起 6 个月内有效。

——易混淆点：3；10

采分点 40：公司债券的发行，自中国证监会核准发行之日起，公司应在 6 个月内首期发行，剩余数量应当在 24 个月内发行完毕。

——易混淆点：3，6；6，12

采分点 41：公司债券的发行，首期发行数量应当不少于总发行数量的 50%，剩余各期发行的数量由公司自行确定。

——易混淆点：20%；30%；60%

采分点 42：发行人应当在发行公司债券前的 2～5 个工作日内，将经中国证监会核准的债券募集说明书摘要刊登在至少一种中国证监会指定的报刊，同时将其全文刊登在中国证监会指定的互联网网站。（2011 年考试涉及）

——易混淆点：1～2；5～7；7～10

采分点 43：公司债券在发行时，发行人应当与债券受托管理人制定债券持有人会议规则，约定债券持有人通过债券持有人会议行使权利的范围、程序和其他重要事项。

——易混淆点：公司法律顾问与财务顾问；证监会；股东

采分点 44：根据《公司债券发行试点办法》，发行人违反本办法规定，存在不履行信息披露义务，或者不按照约定召集债券持有人会议，损害债券持有人权益等行为的，中国证监会可以责令整改；对其直接负责的主管人员和其他直接责任人员，可以采取监管谈话、认定为不适当人选等行政监管措施，记入诚信档案并公布。

——易混淆点：责令整改，记过处分；吊销营业执照，记过处分

采分点 45：公司债券在证券交易所申请上市，必须由 1～2 个证券交易所认可的机

构推荐并出具上市推荐书。

——易混淆点：2～3；3～5

采分点 46：公司债券发行人和上市推荐人对债券持有人名册的准确性负<u>全部责任</u>。（2011 年考试涉及）

——易混淆点：部分责任；连带责任；过错责任

采分点 47：公司债券暂停上市的事由消除后，发行人可向证券交易所提出恢复上市的申请，证券交易所收到申请后 <u>15</u> 个交易日内决定是否恢复该债券上市。

——易混淆点：5；7；10

采分点 48：申请证券评级业务许可的资信评级机构，应当具有中国法人资格，实收资本与净资产均不少于人民币 <u>2 000</u> 万元。

——易混淆点：3 000；5 000

采分点 49：同一股东持有证券评级机构、受评级机构或者受评级证券发行人的股份均达到 <u>5%</u> 以上的，不得受托开展证券评级业务。

——易混淆点：10%；15%

采分点 50：证券评级机构开展证券评级业务，应当成立项目组，项目组组长应当具有证券从业资格且从事资信评级业务 <u>3</u> 年以上。

——易混淆点：1；2；5

采分点 51：证券评级机构应当建立证券评级业务档案管理制度，其业务档案的保存期限不得少于 <u>10</u> 年。

——易混淆点：5；15；20

采分点 52：证券评级机构应当在每一会计年度结束之日起 <u>4</u> 个月内，向注册地中国证监会派出机构报送年度报告。

——易混淆点：3；6

采分点 53：证券评级机构应当在每个季度结束之日起 <u>10</u> 个工作日内，向注册地中国证监会派出机构报送包含经营情况、财务数据等内容的季度报告。

——易混淆点：5；7；20

采分点 54：证券评级机构违反回避制度或者利益冲突防范制度的，应当责令改正，给予警告，并处以 <u>1 万元以上 3 万元以下</u>的罚款。

——易混淆点：1 万元以上 2 万元以下；2 万元以上 5 万元以下；5 万元以上 10 万元以下

采分点 55：目前发行的短期融资债券的最长期限是 365 天。（2009 年考试涉及）

——易混淆点：90；180；720

采分点 56：2008 年 4 月 12 日，中国人民银行颁布了《银行间债券市场非金融企业债务融资工具管理办法》，并于 4 月 15 日正式施行。

——易混淆点：《短期融资券承销规程》；《短期融资券管理办法》；《短期融资券信息披露规程》

采分点 57：根据《银行间债券市场非金融企业短期融资券业务指引》和《银行间债券市场非金融企业债务融资工具注册规则》，交易商协会负责受理短期融资券的发行注册。

——易混淆点：中国人民银行；中国银监会；商务部

采分点 58：短期融资券的发行注册委员会由市场相关专业人士组成，专业人士由交易商协会会员推荐，交易商协会常务理事会审议决定。（2011 年考试涉及）

——易混淆点：交易商协会全体会员大会；交易商协会秘书处

采分点 59：短期融资券的发行注册会议原则上每周召开 1 次。

——易混淆点：每月召开 2 次；每季度召开 2 次；每年召开 1 次

采分点 60：短期融资券的发行注册会议由 5 名注册委员会委员参加。

——易混淆点：3；7；10

采分点 61：短期融资债券在发行注册时，交易商协会不接受注册的，企业可于 6 个月后重新提交注册文件。

——易混淆点：3；5

采分点 62：根据《银行间债券市场非金融企业短期融资券业务指引》，企业发行短期融资券应遵守国家相关法律法规，短期融资券待偿还余额不得超过企业净资产的 40%。

——易混淆点：30%；50%；60%

采分点 63：企业发行短期融资券需要组织承销团的，由主承销商组织承销团，承销团有 3 家或 3 家以上承销商的，可设 1 家联席主承销商或副主承销商，共同组织承销活动。

——易混淆点：2；3；5

采分点 64：首期发行短期融资券的，应至少于发行日前 5 个工作日公布发行文件；后续发行的，应至少于发行日前 3 个工作日公布发行文件。

——易混淆点：3，5；5，7

采分点 65：在短期融资券存续期内，国债登记结算公司应于每个交易日向市场披露上一交易日日终，单一投资者持有短期融资券的数量超过该期总托管量 30% 的投资者名单和持有比例。

——易混淆点：10%；20%；50%

采分点 66：企业应当在短期融资券本息兑付日前 5 个工作日，通过中国货币网和中国债券信息网公布本金兑付、付息事项。(2011 年考试涉及)

——易混淆点：3；7；10

采分点 67：短期融资券在信息披露时，对未能按规定披露信息的企业、相关中介机构及负有直接责任的董事、高级管理人员和其他直接责任人员，交易商协会可通过诫勉谈话、警告、公开谴责等措施进行处理；情节严重的，可建议中国人民银行给予行政处罚。

——易混淆点：民事处罚；刑事处罚；纪律处分

采分点 68：企业发行中期票据除应按交易商协会《银行间债券市场非金融企业债务融资工具信息披露规则》在银行间债券市场披露信息外，还应于中期票据注册之日起 3 个工作日内，在银行间债券市场一次性披露中期票据完整的发行计划。

——易混淆点：5；10

采分点 69：集合票据是指 2 个（含）以上、10 个（含）以下具有法人资格的中小非金融企业，在银行间债券市场以统一产品设计、统一券种冠名、统一信用增进、统一发行注册方式共同发行的，约定在一定期限还本付息的债务融资工具。

——易混淆点：1 个（含）以上、5 个（含）以下；2 个（含）以上、8 个（含）以下；3 个（含）以上、20 个（含）以下

采分点 70：证券公司公开发行债券，应当符合发行人最近 1 期末经审计的净资产不低于 10 亿元。(2009 年考试涉及)

——易混淆点：5 000 万元；1 亿元；5 亿元

采分点 71：证券公司公开发行的债券每份面值为 100 元。定向发行的债券应当采用记账方式向合格投资者发行，每份面值为 50 万元，每一合格投资者认购的债券不得低于面值 100 万元。(2011 年考试涉及)

——易混淆点：50 元，50 万元；50 元，100 万元；100 元，100 万元

采分点 72：证券公司债券的期限最短为 1 年。

——易混淆点：3 个月；5 个月；10 个月

采分点 73：证券公司定向发行债券的担保金额原则上应不少于债券本息总额的 50%。

——易混淆点：30%；60%；70%

采分点 74：证券公司债券的承销或者自行组织的销售，销售期最长不得超过 90 日。（2006 年考试涉及）

——易混淆点：30；60

采分点 75：证券公司发行债券应当由董事会制订方案。（2010 年考试涉及）

——易混淆点：管理层；主承销商；股东会

采分点 76：证券公司定向发行的债券可采取协议方式转让，也可经中国证监会批准采取其他方式转让，最小转让单位不得少于面值 50 万元。

——易混淆点：30；60；100

采分点 77：证券公司公开发行债券募集说明书，引用的经审计的最近 1 期财务会计资料在财务报告截止日后 6 个月内有效。（2010 年考试涉及）

——易混淆点：1；3；12

采分点 78：证券公司发行债券，并依照规定制作募集说明书时，发行人应明确披露发行人、担保人、持有本期债券且持有发行人 10% 以上股权的股东及其他重要关联方可参加债券持有人会议，并提出议案，但没有表决权。

——易混淆点：20%；30%；50%

采分点 79：证券公司公开发行债券的发行人应当于本息支付日前 10 日内，就有关事宜在中国证监会指定的报刊上公告 3 次。

——易混淆点：5，1；15，3；20，3

采分点 80：2005 年 12 月 8 日，国家开发银行和中国建设银行在银行间市场发行了首批资产支持证券，总量为 71.94 亿元。

——易混淆点：中国银行；中国工商银行；中国进出口银行

采分点 81：证券信托投资公司担任特定目的信托受托机构，应根据国家有关规定完成重新登记 3 年以上。

——易混淆点：2；5

采分点 82：证券受托机构被依法取消受托机构资格、依法解散、被依法撤销或者被依法宣告破产的，在新受托机构产生前，由中国银监会指定临时受托机构。

——易混淆点：中国证监会；证券登记结算机构

采分点 83：在信贷资产证券化交易中接受受托机构委托，负责保管信托财产账户资金的机构是资金保管机构。

——易混淆点：贷款服务机构；信用增级机构；受托机构

采分点 84：中国银监会应当自收到发起机构和受托机构联合报送的完整申请材料之日起 <u>5</u> 个工作日内决定是否受理申请。

——易混淆点：3；7；10

采分点 85：资产支持证券在全国银行间债券市场发行结束后 <u>10</u> 个工作日内，受托机构应当向中国人民银行和中国银监会报告资产支持证券发行情况。

——易混淆点：5；15；20

采分点 86：资产支持证券在信息披露时，受托机构应与信用评级机构就资产支持证券跟踪评级的有关安排作出约定，并应于资产支持证券存续期内每年的 <u>7月31日</u> 前向投资者披露上年度的跟踪评级报告。

——易混淆点：6月30日；7月1日；7月15日

采分点 87：在中国境内申请发行人民币债券的国际开发机构应向<u>财政部</u>等窗口单位递交债券发行申请，由窗口单位会同中国人民银行、国家发改委、中国证监会和国家外汇管理局等部门审核通过后，报国务院同意。（2010年考试涉及）

——易混淆点：中国人民银行；证监会；银监会

采分点 88：国际开发机构申请在中国境内发行人民币债券应具备财务稳健，资信良好，经两家以上（含两家）评级公司评级，其中至少应有一家评级公司在中国境内注册且具备人民币债券评级能力，人民币债券信用级别为 <u>AA</u> 级以上。

——易混淆点：A；AAA；AAAA

采分点 89：国际开发机构发行人民币债券工作文本语言应为<u>中文</u>。

——易混淆点：英文

第九章 外资股的发行

采分点 1：境内上市外资股又称 B 股，是指在中国境内注册的股份有限公司向境内外投资者发行并在中国境内证券交易所上市交易的股票。（2006 年考试涉及）
　　——易混淆点：A 股；H 股；N 股

采分点 2：境内上市外资股采取记名股票形式，以人民币标明面值，以外币认购、买卖。
　　——易混淆点：外币

采分点 3：根据《关于股份有限公司境内上市外资股的规定》第八条的规定，以募集方式设立公司，申请发行境内上市外资股的，应当符合发起人认购的股本总额不少于公司拟发行股本总额的 35%。
　　——易混淆点：20%；45%；55%

采分点 4：根据《关于股份有限公司境内上市外资股的规定》第八条的规定，以募集方式设立公司，申请发行境内上市外资股的，应当符合拟发行的股本总额超过 4 亿元人民币的，其拟向社会发行股份的比例达 15% 以上。（2006 年考试涉及）
　　——易混淆点：10%；20%；30%

采分点 5：根据《关于股份有限公司境内上市外资股的规定》第九条的规定，已设立的股份有限公司增加资本，申请发行境内上市外资股时，应当符合公司净资产总值不低于 1.5 亿元人民币。（2007 年考试涉及）
　　——易混淆点：1；2；3

采分点 6：我国股份有限公司发行境内上市外资股一般采取配售方式。
　　——易混淆点：全部网上定价发行；网上询价发行；网下定价发行

采分点 7：境内上市外资股在发行时，主承销商在承销前的较早阶段即已通过向其网络内客户的推介或路演，初步确定了认购量和投资者可以接受的发行价格，正式承销前的市场预测和承销协议签署仅具备有限的商业和法律意义。
　　——易混淆点：正式的商业和法律意义；暂时的商业和法律意义；无限的商业和法

律意义

采分点 8：按照《国务院关于股份有限公司境内上市外资股的规定》，公司发行境内上市外资股，应当委托经中国证监会认可的境内证券经营机构作为主承销商或者主承销商之一。

——易混淆点：国务院；中国银监会

采分点 9：境内的资产评估机构应当是具有从事证券相关业务资格的机构。

——易混淆点：从事境外上市外资股发行经验；国外办事处；良好资格

采分点 10：资产评估的目的在于提供企业真实的资产价值，向境外投资者反映企业的实际资产价值，同时也是为了防止国有资产的流失。

——易混淆点：尽职调查；财务审计

采分点 11：境内上市外资股在进行资产评估时，评估的方法主要有重置成本法、现行市价法和收益现值法。

——易混淆点：加权平均法

采分点 12：向境外投资者募集股份的股份有限公司通常以发起方式设立。（2009 年考试涉及）

——易混淆点：公募；配售；私募

采分点 13：向境外投资者募集股份的股份有限公司中，在资产评估、财务审计、重组方案等工作完成的基础上，地方企业通过省、市、自治区政府，中央企业通过行业主管部门申请发起设立股份有限公司。

——易混淆点：证监会派出机构；行业主管部门；地方政府

采分点 14：根据《股份有限公司境内上市外资股规定的实施细则》等法规，经批准，我国股份有限公司在发行 B 股时，可以与承销商在包销协议中约定超额配售选择权。

——易混淆点：A；H

采分点 15：H 股的发行方式是公开发行加国际配售。

——易混淆点：定向发行；私募发行；非公开发行

采分点 16：股份有限公司申请境外上市，按合理预期市盈率计算，其筹资金额不少于 5 000 万美元。（2009 年考试涉及）

——易混淆点：人民币；港元；欧元

采分点 17：根据《香港联合交易所有限公司证券上市规则》对盈利和市值的要求，公司于上市时市值不低于 40 亿港元，且最近 1 个经审计财政年度收入至少 5 亿港元。

——易混淆点：20，3；30，5

采分点 18：内地企业在中国香港发行股票并上市的，公众人士持有的股份须占发行人已发行股本至少 <u>25%</u>。

——易混淆点：10%；15%；20%

采分点 19：内地企业在中国香港发行股票，若发行人拥有超过一种类别的证券，上市时的预期市值不得少于 <u>5 000</u> 万港元。

——易混淆点：1 000；2 000；3 000

采分点 20：内地企业在中国香港发行股票，如发行人预期上市时市值超过100亿港元，则香港联交所可酌情接纳一个介于 <u>15%～25%</u> 之间的较低百分比。

——易混淆点：5%～10%；10%～20%；20%～30%

采分点 21：内地企业在中国香港发行股票，需指定至少 <u>3</u> 名独立非执行董事。

——易混淆点：1；2；5

采分点 22：内地企业在中国香港发行股票，审核委员会成员须有至少 <u>3</u> 名成员，并必须全部是非执行董事。

——易混淆点：1；2；5

采分点 23：境内上市公司所属企业申请境外上市，上市公司最近1个会计年度合并报表中按权益享有的所属企业的净利润不得超过上市公司合并报表净利润的 <u>50%</u>。

——易混淆点：10%；20%；30%

采分点 24：境内上市公司所属企业申请境外上市，上市公司及所属企业董事、高级管理人员及其关联人员持有所属企业的股份，不得超过所属企业到境外上市前总股本的 <u>10%</u>。

——易混淆点：20%；30%；50%

采分点 25：境内上市公司所属企业申请到境外上市，上市公司应当聘请经中国证监会注册登记并列入保荐人名单的证券经营机构担任其维持持续上市地位的<u>财务顾问</u>。（2009年考试涉及）

——易混淆点：主承销商；保荐机构；财经公关

采分点 26：上市公司所属企业到境外上市，财务顾问应当自持续督导工作结束后10个工作日内向中国证监会、证券交易所报送<u>持续上市总结报告书</u>。

——易混淆点：招股说明书；招股章程；信息备忘录

采分点 27：外资股发行的招股说明书可以采取<u>严格的招股章程形式</u>，也可以采取信息备忘录的形式。

——易混淆点：公开发行方式；私募发行方式

采分点 28：外资股的发行对象不同，采用私募方式发行外资股的发行人，需要准备<u>信息备忘录</u>，它是发行人向特定的投资者发售股份的募股要约文件，仅供要约人认股之用，在法律上不视为招股章程，亦无须履行招股书注册手续。（2010年考试涉及）

——易混淆点：公开说明书；招股说明书摘要；招股章程

采分点 29：外资股的发行对象不同，若采取公开发行方式发行外资股，则发行人需要根据<u>外资股上市地</u>有关信息披露规则的要求准备招股章程。

——易混淆点：主承销商所在地；发行人所在地；外资股发行地

采分点 30：如果外资股招股说明书的发行人拟在公开发行股票的同时还准备向一定的机构投资者或专业投资者进行配售，则应当准备符合外资股上市地要求的招股章程，同时准备<u>适合配售或私募的信息备忘录</u>。

——易混淆点：招股说明书概要；招股章程

采分点 31：外资股招股说明书的发行人披露的负债情况应为发行前<u>8～12</u>周的负债。

——易混淆点：3～5；5～7；10～15

采分点 32：外资股招股说明书编制时，在尽职调查初步完成的基础上，在律师的协助下，<u>主承销商</u>开始起草招股说明书草案，该草案经过多次讨论和修改后初步确定。

——易混淆点：国际协调人；评估机构；注册会计师

采分点 33：外资股招股说明书编制时，在招股说明书草案初步确定的基础上，应由<u>律师</u>编制出详细的验证指引或验证备忘录，经发行人董事及其他验证人签署确认。

——易混淆点：注册会计师；评估机构；主承销商

采分点 34：在外资股发行准备工作已经基本完成，并且发行审查已经原则通过的情况下，<u>主承销商</u>将安排承销前的国际推介与询价。

——易混淆点：中国证监会；证券交易所；承销团

采分点 35：外资股发行前，要进行国际推介与询价，预路演是指由主承销商的销售人员和分析员去拜访一些特定的投资者，通常为<u>大型的专业机构投资者</u>，对他们进行广泛的市场调查，听取投资者对于发行价格的意见及看法，了解市场的整体需求，并据此确定一个价格区间的过程。

——易混淆点：个人与机构联合投资者；个人投资者；社会公众

采分点 36：外资股发行时要进行国际推介，国际推介的对象主要是<u>机构投资者</u>。（2007

年考试涉及）

——**易混淆点**：主承销商；个人投资者；政府投资者

采分点 37：在确定国际分销方案时，对于募股规模较大的项目来说，每个国际配售地区通常要安排一家<u>主要经办人</u>。

——**易混淆点**：登记机构；主承销商；监管机构

采分点 38：外资股发行价格最终由<u>发行人、主承销商和全球协调人</u>确定。

——**易混淆点**：主承销商和全球协调人；主承销商；发行人

第十章 公司收购

采分点 1：同属于一个产业或行业，生产或销售同类产品的企业之间发生的收购行为，称为<u>横向收购</u>。（2009 年考试涉及）

——*易混淆点：纵向收购；混合收购；管理层收购*

采分点 2：生产过程或经营环节紧密相关的公司之间的收购行为，称为<u>纵向收购</u>。

——*易混淆点：混合收购；管理层收购；横向收购*

采分点 3：公司收购可以划分为不同的形式，其中按目标公司董事会是否抵制划分，可分为<u>善意收购和敌意收购</u>。

——*易混淆点：横向收购和混合收购；横向收购和善意收购；善意收购和混合收购*

采分点 4：收购公司直接向目标公司的股东发行股票，以交换目标公司的股票，达到收购目的的收购方式称为<u>用股票交换股票</u>。

——*易混淆点：用现金购买资产；用现金购买股票；用股票购买资产*

采分点 5：公司收购可以划分为不同的形式，其中按持股对象是否确定划分，可分为<u>要约收购和协议收购</u>。（2009 年考试涉及）

——*易混淆点：横向收购和纵向收购；善意收购和敌意收购；横向收购和混合收购*

采分点 6：收购人为了取得上市公司的控股权，向所有的股票持有人发出购买该上市公司股份的收购要约，收购该上市公司的股份，称为<u>要约收购</u>。

——*易混淆点：协议收购；混合收购；纵向收购*

采分点 7：公司收购的业务流程中，目标公司定价一般采用<u>现金流量法和可比公司价值定价法</u>。（2009 年考试涉及）

——*易混淆点：重置成本法和清算价格法；现金流量法和重置成本法*

采分点 8：公司收购的业务流程中，对于<u>融资方式</u>的确定，要在权衡资金成本和财务风险的基础上，根据实际情况，采取一个或者数个融资方式。

——*易混淆点：收购对象；收购风险；收购时机*

采分点 9：公司收购的业务流程中，<u>公司内部自有资金</u>是公司最稳妥、最有保障的资金来源。

——**易混淆点**：银行贷款筹资；债券筹资；股票筹资

采分点 10：在公司收购活动中，收购公司和目标公司一般都要聘请证券公司等作为<u>财务顾问</u>。

——**易混淆点**：主承销商；财经公关；保荐机构

采分点 11：在公司收购过程中，财务顾问为公司提供的服务包括<u>寻找目标公司</u>、<u>提出收购建议</u>、<u>商议收购条款</u>和其他服务。（2011年考试涉及）

——**易混淆点**：编制文件和公告；制定反收购策略；利润预测

采分点 12：公司反收购策略中，<u>事先预防策略</u>是主动阻止本公司被收购的最积极的方法。

——**易混淆点**：管理层防卫策略；保持公司控制权策略；股票交易策略

采分点 13：目标公司为避免被其他公司收购，采取了一些在特定情况下，如公司一旦被收购，就会对本身造成严重损害的手段，以降低本身吸引力，收购方一旦收购，就好像吞食了毒丸一样不好处理，这种策略是<u>毒丸策略</u>。（2011年考试涉及）

——**易混淆点**：金降落伞策略；绿色勒索；银降落伞策略

采分点 14：公司反收购策略中，防御性收购的最大受益者是<u>公司经营者</u>，而不是股东。

——**易混淆点**：目标公司；收购方；股东

采分点 15：为规范上市公司收购活动，促进证券市场资源的优化配置，保护投资者的合法权益，维护证券市场的正常秩序，根据《公司法》、《证券法》及其他法律和相关行政法规，中国证监会于2002年9月28日制定并发布了《上市公司收购管理办法》（证监会令第10号），自 <u>2002 年 12 月 1 日</u>起施行。

——**易混淆点**：2001 年 12 月 1 日；2003 年 12 月 1 日

采分点 16：在上市公司的收购及相关股份权益变动活动中有一致行动情形的投资者<u>互为一致行动人</u>。

——**易混淆点**：中介机构参与人员；股份控制人；股份持有人

采分点 17：上市公司收购时的权益披露，通过证券交易所的证券交易，投资者及其一致行动人拥有权益的股份达到一个上市公司已发行股份的 <u>5%</u> 时，应当在该事实发生之日起3日内编制权益变动报告书，向中国证监会、证券交易所提交书面报告，抄报该上市公司所在地的中国证监会派出机构，通知该上市公司，并予公告。

——易混淆点：10%；15%；20%

采分点 18：公司收购人通过证券交易所的证券交易，持有一个上市公司的股份达到该公司已发行股份的 <u>30</u>% 时，继续增持股份的，应当采取要约方式进行，发出全面要约或者部分要约。

——易混淆点：10%；20%；50%

采分点 19：公司收购人报送依照中国证监会规定的要约收购报告书及其他相关文件之日起 <u>15</u> 日后，公告其要约收购报告书、财务顾问专业意见和律师出具的法律意见书。

——易混淆点：10；20；30

采分点 20：要约收购报告书所披露的基本事实发生重大变化的，收购人应当在该重大变化发生之日起 <u>2</u> 个工作日内向中国证监会作出书面报告，同时抄报派出机构，抄送证券交易所，通知被收购公司，并予公告。

——易混淆点：3；5；10

采分点 21：公司收购人向中国证监会报送要约收购报告书后，在公告要约收购报告书之前，拟自行取消收购计划的，应当向中国证监会提出取消收购计划的申请及原因说明，并予公告；自公告之日起 <u>12</u> 个月内，该收购人不得再次对同一上市公司进行收购。

——易混淆点：3；6；9

采分点 22：并购重组委会议审核上市公司并购重组申请事项的，中国证监会在并购重组委会议召开的第 <u>4</u> 个工作日前将会议审核的申请人名单、会议时间、相关当事人承诺函和参会委员名单在中国证监会网站上予以公示，并于公示的下一工作日将会议通知、工作底稿、并购重组申请文件及中国证监会的初审报告送交参会委员签收。

——易混淆点：5；7；10

采分点 23：公司收购人以现金支付收购价款的，应当在作出要约收购提示性公告的同时，将不少于收购价款总额的 <u>20</u>% 作为履约保证金，存入证券登记结算机构指定的银行。

——易混淆点：10%；15%；30%

采分点 24：一般情况下，收购要约约定的收购期限不得少于 <u>30</u> 日，并不得超过 <u>60</u> 日。

——易混淆点：10，20；20，30；60，90

采分点 25：根据有关规定，收购要约期届满前 <u>15</u> 日内，收购人不得更改收购要约条件，但是出现竞争要约的除外。（2009年考试涉及）

——易混淆点：5；10；30

采分点 26：公司收购出现竞争要约时，发出初始要约的收购人变更收购要约距初始要约收购期限届满不足 15 日的，应当延长收购期限，延长后的要约期应当不少于 15 日，不得超过最后一个竞争要约的期满日，并按规定比例追加履约保证金。

——易混淆点：10，15；10，20；15，30

采分点 27：在上市公司要约收购期限内，收购人应当每日在证券交易所网站上公告已预受收购要约的股份数量。（2009 年考试涉及）

——易混淆点：每隔 2 日；每隔 3 日；每周

采分点 28：拟进行管理层收购的上市公司应当具备健全且运行良好的组织机构以及有效的内部控制制度，公司董事会成员中独立董事的比例应当达到或者超过 1/2。

——易混淆点：1/3；2/3

采分点 29：上市公司应当聘请具有证券、期货从业资格的资产评估机构提供公司资产评估报告，本次收购应当经董事会非关联董事作出决议，且取得 2/3 以上的独立董事同意后，提交公司股东大会审议，经出席股东大会的非关联股东所持表决权过半数通过。

——易混淆点：1/2；1/3；1/4

采分点 30：在上市公司过渡期内，收购人不得通过控股股东提议改选上市公司董事会，确有充分理由改选董事会的，来自收购人的董事不得超过董事会成员的 1/3。

——易混淆点：1/2；1/4；2/3

采分点 31：公司收购人在收购报告书公告后 30 日内仍未完成相关股份过户手续的，应当立即作出公告，说明理由。

——易混淆点：10；15；20

采分点 32：公司收购人拥有权益的股份超过该公司已发行股份的 30% 的，应当向该公司所有股东发出全面要约。

——易混淆点：部分要约

采分点 33：在上市公司收购行为完成后 12 个月内，收购人聘请的财务顾问应当在每季度前 3 日内就上一季度对上市公司影响较大的投资、购买或者出售资产、关联交易、主营业务调整以及董事、监事、高级管理人员的更换、职工安置、收购人履行承诺等情况向派出机构报告。

——易混淆点：3；6；10

采分点 34：外国投资者在并购后所设外商投资企业注册资本中的出资比例高于 25% 的，该企业享受外商投资企业待遇。

——易混淆点：10%；20%；35%

采分点 35：外国投资者并购境内企业设立外商投资企业，外国投资者应自外商投资企业营业执照颁发之日起 3 个月内向转让股权的股东或出售资产的境内企业支付全部对价。

——易混淆点：45 日；2 个月

采分点 36：外国投资者股权并购的，除国家另有规定外，对并购后所设外商投资企业注册资本在 210 万美元以上至 500 万美元的，投资总额不得超过注册资本的 2 倍。（2009年考试涉及）

——易混淆点：1；2.5；3

采分点 37：外国投资者并购境内企业设立外商投资企业，除另有规定外，审批机关应自收到规定报送的全部文件之日起 30 日内，依法决定批准或不批准。

——易混淆点：10；15；20

采分点 38：外国投资者以股权并购境内公司，自营业执照颁发之日起 6 个月内有效。

——易混淆点：1；3；5

采分点 39：外国投资者对上市公司进行战略投资应符合的要求之一是投资可分期进行，首次投资完成后取得的股份比例不低于该公司已发行股份的 10%，但特殊行业有特别规定或经相关主管部门批准的除外。

——易混淆点：5%；15%；30%

采分点 40：进行战略投资的外国投资者必须具有境外实有资产总额不低于 1 亿美元或管理的境外实有资产总额不低于 5 亿美元。

——易混淆点：1，3；2，3；2，5

采分点 41：外国投资者进行战略投资时，商务部收到全部文件后，应在 30 日内作出原则批复，原则批复有效期 180 日。

——易混淆点：5，90；10，120；15，160

采分点 42：外国投资者应在原则批复失效之日起 45 日内，经国家外汇局核准后，将结汇所得人民币资金购汇并汇出境外。

——易混淆点：15；20；30

采分点 43：上市公司应自外商投资企业营业执照签发之日起 30 日内，到税务、海关、外汇管理等有关部门办理相关手续。

——易混淆点：10；15；20

第十一章 公司重组与财务顾问业务

采分点 1：上市公司资产交易实质上构成购买、出售资产，且按照《重组管理办法》规定的标准计算的相关比例达到 50% 以上的，应当按照《重组管理办法》的规定履行信息披露等相关义务并报送申请文件。（2009 年考试涉及）

——*易混淆点*：20%；30%；60%

采分点 2：上市公司及其控股或者控制的公司购买、出售的资产净额占上市公司最近 1 个会计年度经审计的合并财务会计报告期末净资产额的比例达到 50% 以上，且超过 5 000 万元人民币的，构成重大资产重组。

——*易混淆点*：1 000；2 000；3 000

采分点 3：上市公司拟进行"上市公司出售资产的总额和购买资产的总额占其最近 1 个会计年度经审计的合并财务会计报告期末资产总额的比例均达到 70% 以上"或"上市公司出售全部经营性资产，同时购买其他资产"等重大资产重组行为以及发行股份购买资产的，还应当提供上市公司的盈利预测报告。

——*易混淆点*：30%；50%；60%

采分点 4：上市公司重大资产重组中相关资产以资产评估结果作为定价依据的，资产评估机构原则上应当采取两种以上评估方法进行评估。

——*易混淆点*：一种；三种

采分点 5：上市公司董事会应当就重大资产重组是否构成关联交易作出明确判断，并作为董事会决议事项予以披露。

——*易混淆点*：股东大会；职工代表大会；监事会

采分点 6：上市公司股东大会就重大资产重组事项作出决议，必须经出席会议的股东所持表决权的 2/3 以上通过。

——*易混淆点*：1/2；1/3

采分点 7：上市公司应当在股东大会作出重大资产重组决议后的次一工作日公告该

决议，并按照中国证监会的有关规定编制申请文件，委托独立财务顾问在 3 个工作日内向中国证监会申报，同时抄报派出机构。

——易混淆点：5；7；10

采分点 8：中国证监会在审核重大资产重组期间提出反馈意见要求上市公司作出书面解释、说明的，上市公司应当自收到反馈意见之日起 30 日内提供书面回复意见，独立财务顾问应当配合上市公司提供书面回复意见。

——易混淆点：10；15；20

采分点 9：上市公司收到中国证监会就其重大资产重组申请作出的予以核准或者不予核准的决定后，应当在次一工作日予以公告。

——易混淆点：2 日内；3 日内；5 日内

采分点 10：根据《重组管理办法》规定提供盈利预测报告的，上市公司应当在重大资产重组实施完毕后的有关年度报告中单独披露上市公司及相关资产的实际盈利数与利润预测数的差异情况，并由会计师事务所对此出具专项审核意见。

——易混淆点：月度；季度

采分点 11：按照中国证监会的相关规定，独立财务顾问应当对实施重大资产重组的上市公司履行持续督导职责。

——易混淆点：中国证券业协会；会计师事务所；中国证监会

采分点 12：上市公司重组实施后的持续督导的期限自中国证监会核准本次重大资产重组之日起，应当不少于 1 个会计年度。

——易混淆点：2；3；5

采分点 13：上市公司股票交易价格因重大资产重组的市场传闻发生异常波动时，上市公司应当及时向证券交易所申请停牌，核实有无影响上市公司股票交易价格的重组事项，并予以澄清，不得以相关事项存在不确定性为由不履行信息披露义务。

——易混淆点：中国证监会；证券登记结算机构

采分点 14：上市公司发行股份的价格不得低于本次发行股份购买资产的董事会决议公告日前 20 个交易日公司股票交易均价。

——易混淆点：5；10；15

采分点 15：特定对象以资产认购而取得的上市公司股份，自股份发行结束之日起 12 个月内不得转让。（2009 年考试涉及）

——易混淆点：6；24；36

采分点 16：《重组管理办法》规定，中国证监会依法对上市公司重大资产重组行为进行监管。

——易混淆点：中国证券业协会；股东大会；监事会

采分点 17：并购重组委员会委员由中国证监会的专业人员和中国证监会外的有关专家组成，由中国证监会聘任。

——易混淆点：中国证券业协会；国务院；人民法院

采分点 18：并购重组委员会委员为25名。

——易混淆点：5；10；20

采分点 19：并购重组委员会设会议召集人5名。

——易混淆点：2；3；6

采分点 20：并购重组委员会委员每届任期1年，可以连任，但连续任期最长不超过3届。（2010年考试涉及）

——易混淆点：1，2；2，2；2，3

采分点 21：并购重组委员会委员以个人身份出席并购重组委员会会议，依法履行职责，独立发表审核意见并行使表决权。

——易混淆点：证监会工作人员；委员会集体；特聘专家

采分点 22：并购重组委会议审核上市公司并购重组申请事项的，中国证监会在并购重组委会议召开的第4个工作日前将会议审核的申请人名单、会议时间、相关当事人承诺函和参会委员名单在中国证监会网站上予以公示，并于公示的下一工作日将会议通知、工作底稿、并购重组申请文件及中国证监会的初审报告送交参会委员签收。

——易混淆点：5；7；10

采分点 23：并购重组委员会每年应当至少召开1次全体会议，对审核工作进行总结。

——易混淆点：2；3

采分点 24：并购重组当事人所聘请的专业机构唆使、协助或参与干扰并购重组委员会工作的，中国证监会按照有关规定，在6个月内不接受该专业机构报送的专业报告和意见。

——易混淆点：2；3；5

采分点 25：证券公司、证券投资咨询机构或者其他符合条件的财务顾问机构从事上市公司并购重组财务顾问业务，需依照《财务顾问管理办法》的规定向中国证监会提出申请并经核准。

——易混淆点：中国证券业协会；国务院；证券交易所

采分点 26：证券公司从事上市公司并购重组财务顾问业务，应当具备的条件之一是财务顾问主办人不少于 <u>5</u> 人。

——易混淆点：2；3；7

采分点 27：证券投资咨询机构从事上市公司并购重组财务顾问业务，其实缴注册资本和净资产不低于人民币 <u>500</u> 万元。

——易混淆点：200；300；1 000

采分点 28：证券投资咨询机构从事上市公司并购重组财务顾问业务，必须具有 <u>2</u> 年以上从事公司并购重组财务顾问业务活动的执业经历，且最近 2 年每年财务顾问业务收入不低于 <u>100</u> 万元。

——易混淆点：1，200；2，300；3，500

采分点 29：财务顾问接受委托的，财务顾问应当指定 <u>2</u> 名财务顾问主办人负责，同时，可以安排 <u>1</u> 名项目协办人参与。

——易混淆点：1，2；2，2；2，3

采分点 30：财务顾问的工作档案和工作底稿应当真实、准确、完整，保存期不少于 <u>10</u> 年。

——易混淆点：3；5；15

采分点 31：财务顾问主办人发生变化的，财务顾问应当在 <u>5</u> 个工作日内向中国证监会报告。

——易混淆点：3；7；10

第二篇 模拟测试

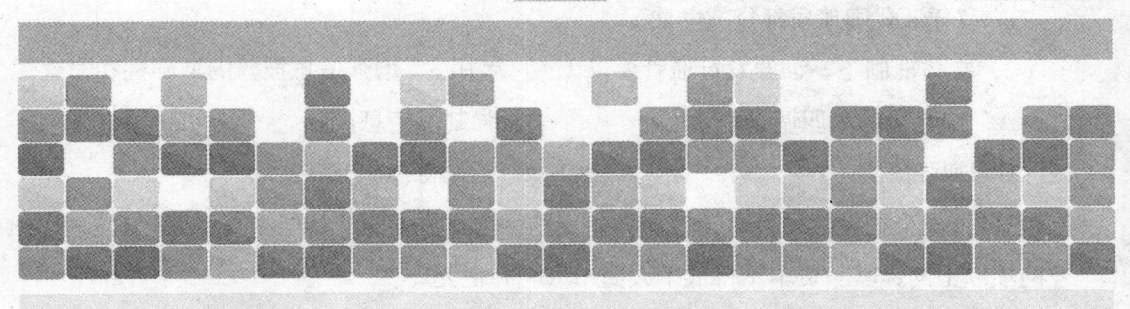

《证券发行与承销》模拟试卷（一）

一、**单项选择题**（本大题共60小题，每小题0.5分，共30分。以下各小题所给出的4个选项中，只有一项最符合题目要求。）

1. 在我国，有关国债的管理制度主要集中在二级市场方面，1999年发布了（　）。

    A．《中华人民共和国国库券条例》

    B．《中国人民银行关于开办银行间国债现券交易的通知》

    C．《银行间债券回购业务暂行办法》

    D．《凭证式国债质押贷款办法》

2. 在核准制下，证券发行监管要以（　）为中心，增强信息披露的准确性和完整性。

    A．中介机构尽职调查　　　　B．强制性信息披露

    C．加强监管　　　　　　　　D．行业自律

3. 证券公司经营证券承销与保荐、证券自营、证券资产管理、其他证券业务中两项及两项以上的，其净资本不得低于人民币（　）亿元。

    A．1　　　　　　　　　　　B．2

    C．3　　　　　　　　　　　D．5

4. 证券公司从事证券发行上市保荐业务，应依照《保荐办法》的规定向（　）申请保荐机构资格。

    A．中国证券业协会　　　　　B．中国证监会

    C．证券交易所　　　　　　　D．证券登记结算机构

5. 对于以募集方式设立的股份有限公司，发起人拟订的章程草案须经（　）通过。

    A．出席创立大会的认股人所持表决权的过半数

    B．出席创立大会的认股人所持表决权的2/3以上

    C．全体认股人所持表决权的过半数

    D．全体发起人、认股人所持表决权的2/3以上

6. 股份有限公司增加资本是指股份有限公司依照法定程序增加公司的（   ）。
   A．资本公积金总数   B．股东权益总数
   C．资产总数   D．股份总数

7. 企业设立验资账户，资金到位后，由（   ）现场验资，并出具验资报告。
   A．会计师事务所   B．律师事务所
   C．评估事务所   D．财务顾问

8. （   ）实际上是企业拥有的一种特殊权利，给企业带来的收益具有较高的不确定性。
   A．递延资产   B．流动资产
   C．固定资产   D．无形资产

9. 根据国有资产管理部门的规定，境内评估机构应当对投入股份有限公司的全部资产和负债进行资产评估，而境外评估机构根据上市地有关法律、上市规则的要求，通常（   ）。
   A．仅对公司的物业和机器设备等固定资产进行评估
   B．要求对公司所有资产进行评估
   C．要求对公司所有者权益进行评估
   D．仅对公司的无形资产进行评估

10. 公司改组为上市公司时，经国务院批准改制的企业，土地资产处置方案应报（   ）审批。
    A．国土资源部   B．建设部
    C．国家发改委   D．土地所在省级土地行政主管部门审批

11. 企业有下列行为的，可以不对相关国有资产进行评估（   ）。
    A．以非货币资产对外投资
    B．整体或者部分改建为有限责任公司或者股份有限公司
    C．经各级人民政府或其国有资产监督管理机构批准，对企业整体或者部分资产实施无偿划转的国有资产
    D．合并、分立、破产、解散

12. 公司减少注册资本的，债权人自接到通知书之日起（   ）日内，未接到通知书的自公告之日起（   ）日内，有权要求公司清偿债务或者提供相应担保。
    A．30，45   B．30，30
    C．15，30   D．10，30

13．资产评估报告的撰写应当遵循（　　）的原则。
   A．严谨、公正、实事求是　　　　B．公开、公平、公正
   C．公开、高效、经济　　　　　　D．客观、公正、实事求是

14．资产评估报告由委托单位的主管部门签署意见后，报送（　　）审核、验证、确认。
   A．中国证监会　　　　　　　　　B．证券交易所
   C．当地政府　　　　　　　　　　D．国家国有资产管理部门

15．投资者参与网上发行应当按价格区间（　　）进行申购。
   A．以外的范围　　　　　　　　　B．上限
   C．平均值　　　　　　　　　　　D．下限

16．首次公开发行股票时，战略投资都应当承诺本次配售的股票持有期限不少于（　　）个月。
   A．3　　　　　　　　　　　　　　B．6
   C．12　　　　　　　　　　　　　D．9

17．发行人首次公开发行股票前已发行的股份，自发行人股票上市之日起（　　）年内不得转让。
   A．1　　　　　　　　　　　　　　B．2
   C．3　　　　　　　　　　　　　　D．5

18．首次公开发行股票时，股票的定价包括估值、（　　）、沟通、协商、询价、投标等一系列定价活动。
   A．撰写投资价值研究报告　　　　B．撰写发行定价分析报告
   C．撰写股票上市公告书　　　　　D．撰写招股说明书

19．根据《证券法》及交易所上市规则的规定，股份有限公司申请其股票上市必须符合公司股本总额不少于人民币（　　）万元。
   A．3 000　　　　　　　　　　　B．5 000
   C．2 000　　　　　　　　　　　D．4 000

20．一般来说，首次公开发行股票的询价对象不包括（　　）。
   A．上市公司　　　　　　　　　　B．证券投资基金管理公司
   C．证券公司　　　　　　　　　　D．财务公司

21．首次公开发行股票时，招股说明书在"概览"中披露的信息不包括（　　）。
   A．承销费用　　　　　　　　　　B．发行人的主要财务数据

C．募股资金主要用途　　　　　D．发行人的股东

22．在首次公开发行股票招股说明书中，偶发性的关联交易的披露内容不包括（　　）。

A．占当期同类型交易的比重　　B．交易产生的利润

C．资金的结算情况　　　　　　D．交易内容

23．首次公开发行股票时，信息披露文件应当采用（　　）。

A．英文文本　　　　　　　　　B．按照具体发行方式不同而定

C．中文文本　　　　　　　　　D．双语文本

24．信息披露的完整性原则是指（　　）。

A．信息披露义务人必须把能够提供给投资者判断证券投资价值的情况全部公开

B．信息披露义务人所公开的情况不得有任何虚假成分，必须与自身的客观实际相符

C．信息披露义务人公开的信息必须尽可能详尽、具体、准确

D．信息披露义务人在依照法律、法规、规章及其他规定要求的时间内，以指定的方式披露

25．上市公司非公开发行新股是指（　　）。

A．向不特定对象发行新股　　　B．向特定对象发行新股

C．向不特定对象公开募集股份　D．向原股东配售股份

26．上市公司申请发行新股，要求最近3年以现金方式累计分配的利润不少于最近3年实现的年均可分配利润的（　　）。

A．20%　　　　　　　　　　　B．50%

C．60%　　　　　　　　　　　D．30%

27．上市公司最近（　　）个月内受到过证券交易所的公开谴责的，不得公开发行证券。

A．3　　　　　　　　　　　　 B．6

C．9　　　　　　　　　　　　 D．12

28．上市公司应建立募集资金（　　）制度，募集资金必须存放于公司董事会决定的专项账户。

A．专项存储　　　　　　　　　B．专项管理

C．专门管理　　　　　　　　　D．专门储备

29．上市公司超过（　　）个月未发行证券的，核准文件失效，须重新经中国证监会核准后方可发行。

A．3　　　　　　　　　　　　 B．6

C. 9　　　　　　　　　　　　D. 12

30．上市公司申请增发新股的可流通股份上市，应在股票上市前（　）个交易日向上海证券交易所提交申请文件。

A．1　　　　　　　　　　　　B．2
C．3　　　　　　　　　　　　D．5

31．上市公司公开发行股票时，网下网上同时定价发行方式是发行人和主承销商按照发行价格应不低于公告招股意向书前（　）个交易日公司股票均价或前1个交易日的均价的原则确定增发价格。

A．5　　　　　　　　　　　　B．10
C．15　　　　　　　　　　　 D．20

32．可转换公司债券的（　）是指债券持有人可按事先约定的条件和价格，将所持债券卖给发行人。

A．赎回　　　　　　　　　　 B．募集说明书
C．回售　　　　　　　　　　 D．价值

33．发行分离交易的可转换公司债券的上市公司，其最近3个会计年度经营活动产生的现金流量净额平均应（　）（若其最近3个会计年度加权平均净资产收益率平均不低于6%，则可不作此现金流量要求）。

A．不少于公司债券1年的利息　　B．不少于公司债券半年的利息
C．不少于公司债券2年的利息　　D．不少于公司债券发行额

34．分离交易的可转换公司债券的期限（　）。

A．最短为1年，无最长期限限制　　B．最短为2年，无最长期限限制
C．最短为1年，最长期限为6年　　D．最短为2年，最长期限为6年

35．上市公司应当在（　），办理完毕偿还债券余额本息的事项。

A．可转换公司债券期满后2个工作日内
B．可转换公司债券期满后3个工作日内
C．可转换公司债券期满后5个工作日内
D．可转换公司债券期满后7个工作日内

36．发行可转换公司债券的上市公司最近（　）个月内财务会计文件无虚假记载，且不存在重大违法行为。

A．6　　　　　　　　　　　　B．12

C. 24　　　　　　　　　　　　D. 36

37．公开发行可转换公司债券设定抵押或质押的，抵押或质押财产的估值应（　　）。

　　A．不低于担保金额

　　B．不低于最近1期末经审计的净资产

　　C．不高于最近1期末经审计的净资产

　　D．不高于担保金额

38．可转换公司债券的价值和转股期限之间的关系是（　　）。

　　A．正向关系　　　　　　　　B．反向关系

　　C．无关　　　　　　　　　　D．无法确定

39．赎回条款相当于债券持有人在购买可转换公司债券时（　　）。

　　A．无条件向发行人购买的1张美式买权

　　B．无条件出售给发行人的1张美式卖权

　　C．无条件出售给发行人的1张美式买权

　　D．无条件向发行人购买的1张美式卖权

40．变更募集资金投资项目的，上市公司应当在股东大会通过决议后20个交易日内赋予可转换公司债券持有人（　　）次回售的权利，有关回售公告至少发布（　　）次。

　　A．1，3　　　　　　　　　　B．2，2

　　C．2，3　　　　　　　　　　D．2，5

41．企业集团财务公司发行金融债券后，资本充足率不低于（　　）。

　　A．2%　　　　　　　　　　　B．5%

　　C．8%　　　　　　　　　　　D．10%

42．金融债券存续期间，发行人应于每年（　　）前披露债券跟踪信用评级报告。

　　A．4月31日　　　　　　　　B．7月31日

　　C．8月31日　　　　　　　　D．9月31日

43．（　　）不是政策性银行金融债券的发行人。

　　A．中信银行　　　　　　　　B．国家开发银行

　　C．中国进出口银行　　　　　D．中国农业发展银行

44．混合资本债券到期前，如果发行人核心资本充足率低于（　　），发行人可以延期支付利息。

　　A．1%　　　　　　　　　　　B．2%

C．3%   D．4%

45．下列选项中，关于公开发行企业债券的条件，说法错误的是（　）。

A．股份有限公司的净资产额不低于人民币3 000万元

B．有限责任公司和其他类型企业的净资产额不低于人民币5 000万元

C．最近3年平均可分配利润足以支付公司债券1年的利息

D．累计债券余额不超过公司净资产的40%

46．公开发行债券的发行人应当于本息支付日前（　）日内，就有关事宜在中国证监会指定的报刊上公告（　）次。

A．20，2   B．10，3
C．15，5   D．20，5

47．在中国境内申请发行人民币债券的国际开发机构应向（　）等窗口单位递交债券发行申请。

A．财政部   B．中国人民银行
C．中国证监会   D．国家发展和改革委员会

48．企业发行注册短期融资券时，（　）委员认为企业没有真实、准确、完整、及时披露信息，或中介机构没有勤勉尽责的，交易商协会不接受发行注册。

A．2名以上（不含2名）   B．2名以上（含2名）
C．4名以上（含4名）   D．4名以上（不含4名）

49．下列选项中，关于债券交易流通期间信息披露的说法错误的是（　）。

A．发行人应在每年3月30日前向市场投资者披露上一年度的年度报告和信用跟踪评级报告

B．中央结算公司在每季结束后的10个工作日内，向中国人民银行提交该季度公司债券托管结算情况的书面报告

C．发行人发生主体变更或经营、财务状况出现重大变化等重大事件时，应在第一时间向市场投资者公告，并向中国人民银行报告

D．公司债券发行人未按要求履行信息披露等相关义务的，由同业中心和中央结算公司通过中国货币网和中国债券信息网向市场投资者公告

50．以募集方式设立公司，申请发行境内上市外资股的，发起人的出资总额不少于（　）亿元人民币。

A．1.5   B．2

C. 3　　　　　　　　　　　　D. 5

51. 内地企业在香港创业板发行与上市时，对于那些拥有一类或以上证券的发行人，其上市时由公众人士持有的证券总数，必须占发行人已发行股本总额的至少（　　）。

A. 25%　　　　　　　　　　　B. 30%

C. 35%　　　　　　　　　　　D. 50%

52. 2011年政府债券期限分为3年和5年，期限结构为3年债券发行额和5年债券发行额分别占国务院批准的发债规模的（　　）。

A. 20%　　　　　　　　　　　B. 30%

C. 50%　　　　　　　　　　　D. 60%

53. 下列选项中，不属于境内上市外资股发行准备阶段法律顾问的职责的是（　　）。

A. 起草与发行有关的合同　　　B. 出具法律意见书

C. 提供法律咨询　　　　　　　D. 向投资者推介股票

54. H股公司上市后的公司治理要求是，公司上市后须至少有（　　）名执行董事常驻香港，须指定至少（　　）名独立非执行董事，其中1名独立非执行董事必须具备适当的专业资格，或具备适当的会计或相关财务管理专长。

A. 2, 3　　　　　　　　　　　B. 3, 2

C. 1, 2　　　　　　　　　　　D. 3, 3

55. 上市公司所属企业申请境外上市，应当符合的条件之一是上市公司最近1个会计年度合并报表中按权益享有的所属企业的净利润不得超过上市公司合并报表净利润的（　　）。

A. 10%　　　　　　　　　　　B. 20%

C. 30%　　　　　　　　　　　D. 50%

56. 上市公司收购时，通过协议转让方式，投资者及其一致行动人在一个上市公司中拥有权益的股份拟达到或者超过一个上市公司已发行股份的（　　）时，应当在该事实发生之日起（　　）日内编制权益变动报告书。

A. 3%, 5　　　　　　　　　　B. 5%, 7

C. 3%, 7　　　　　　　　　　D. 5%, 3

57. （　　）依法对上市公司重大资产重组行为进行监管。

A. 中国证券业协会　　　　　　B. 中国证监会

C. 股东大会　　　　　　　　　D. 监事会

58. 证券公司从事上市公司并购重组财务顾问业务，财务顾问主办人不少于（　　）人。

A．3 B．5
C．10 D．15

59．其他财务顾问机构从事上市公司并购重组财务顾问业务，实缴注册资本和净资产不低于人民币（　）万元。

A．100 B．300
C．500 D．1 000

60．从大量收购案例来看，防御性收购的最大受益者是（　）。

A．公司经营者 B．目标公司
C．收购方 D．股东

二、多项选择题（本大题共40小题，每小题1分，共40分。以下各小题所给出的4个选项中，至少有两项符合题目要求。）

1．根据《公司债券发行试点办法》第二十七条规定，存在以下（　）情况的，应当召开债券持有人会议。

A．拟变更债券募集说明书的约定

B．公司减资、合并、分立、解散或者申请破产

C．保证人或者担保物发生重大变化

D．拟变更债券受托管理人

2．拟设立的股份有限公司应当依照工商登记管理规定的要求确定公司名称，公司名称应当由（　）依次组成。

A．行政区划 B．字号
C．行业 D．组织形式

3．公司住所是确定（　）等法律事务的依据。

A．诉讼文书送达 B．公司登记注册级别管辖
C．债务履行地点 D．法院管辖及法律适用

4．应当由出席股东大会会议的股东所持表决权的2/3以上通过的事项有（　）。

A．公司在1年内担保金额超过公司最近1期经审计总资产20%的

B．公司在1年内购买、出售重大资产超过公司最近1期经审计总资产30%的

C．法律、行政法规或公司章程规定的，以及股东大会以普通决议认定会对公司产生重大影响的、需要以特别决议通过的其他事项

D. 股权激励计划

5. 发起人以非货币性资产出资,应将开展业务所必需的( )投入拟发行上市公司。

A. 固定资产　　　　　　　　B. 无形资产

C. 在建工程　　　　　　　　D. 其他资产

6. 发起人投入拟发行上市公司的业务和资产应独立完整,遵循( )原则。

A. 人员、机构、资产按照业务划分

B. 债务、收入、成本、费用等因素与业务划分相配比

C. 债务、收入与成本、费用相配比

D. 人员、机构、资产相结合

7. 组建股份有限公司,视投资主体和产权管理主体的不同情况,其所占用的国有资产分别构成( )。

A. 国有法人股　　　　　　　B. 国家法人股

C. 国有股　　　　　　　　　D. 国家股

8. 企业有下列( )行为之一的,应当对相关资产进行评估。

A. 整体或者部分改建为有限责任公司或者股份有限公司

B. 整体资产或者部分资产租赁给非国有单位

C. 合并、分立、破产、解散

D. 以非货币资产偿还债务

9. 下列选项中,关于股份有限公司经理的说法,正确的有( )。

A. 非董事经理在董事会有表决权

B. 经理应当根据董事会或监事会的要求,向董事会或监事会报告公司盈亏情况

C. 经理有权列席董事会会议

D. 公司章程可以对经理职权作出规定

10. 公司目标为公司价值最大化时,发行保荐书应由保荐机构( )签字,加盖保荐机构公章并注明签署日期。

A. 内核负责人　　　　　　　B. 法定代表人

C. 项目协办人　　　　　　　D. 保荐代表人

11. 保荐机构出具的发行保荐书、证券服务机构出具的有关文件应当作为招股说明书的备查文件,在中国证监会指定的网站上披露,并置备于( ),以备公众查阅。

A. 发行人住所　　　　　　　B. 保荐机构

C．拟上市证券交易所　　　　　　D．主承销商和其他承销机构的住所

12．首次公开发行股票时，询价对象应当符合的条件包括（　　）。

A．依法设立，最近12个月未因重大违法违规行为被相关监管部门给予行政处罚、采取监管措施或者受到刑事处罚

B．依法可以进行股票投资

C．信用记录良好，具有独立从事证券投资所必需的机构和人员

D．具有健全的内部风险评估和控制系统并能够有效执行，风险控制指标符合有关规定

13．首次公开发行股票的基本原则包括（　　）。

A．公开、公平、公正原则　　　　B．经济原则

C．高效原则　　　　　　　　　　D．资产重组原则

14．如果中小企业板上市公司及相关当事人发生以下（　　）事项的，深圳证券交易所除要求保荐代表人(如有)参加致歉活动外，鼓励上市公司及时重新聘请保荐机构进行持续督导。

A．上市公司的实际控制人、董事、监事、高级管理人员受到证监会公开批评或者交易所公开谴责

B．最近1年经深圳证券交易所考评信息披露不合格

C．最近2年经深圳证券交易所考评信息披露不合格

D．上市公司受到证监会公开批评

15．主承销商应当对询价对象和股票配售对象的登记备案情况进行核查，对有下列（　　）情形之一的询价对象不得配售股票。

A．询价对象或者股票配售对象的名称、账户资料与中国证券业协会登记的不一致

B．未参与初步询价

C．未在规定时间内报价或者足额划拨申购资金

D．有证据表明在询价过程中有违法违规或者违反诚信原则的情形

16．下列选项中，说法正确的是（　　）。

A．T日15：00为网下申购资金入账的截止时间

B．主承销商于T+2日7:00前将确定的配售结果数据，包括发行价格、获配股数、配售款、证券账户、获配股份限售期限、配售对象证件代码等通过PROP发送至登记结算平台

C．主承销商在确认累计投标询价申报结果数据后，于T日15：30前通过申购平台

发送至登记结算平台

D．结算银行于T+2日根据主承销商通过登记结算平台提供的电子退款明细数据，按照原留存的配售对象汇款凭证，办理配售对象的退款

17．首次公开发行股票招股说明书及其摘要时，发行人应披露（　　）的兼职情况及所兼职单位与发行人的关联关系。

A．董事　　　　　　　　　　B．监事

C．高级管理人员　　　　　　D．核心技术人员

18．上市公司公开发行新股包括（　　）。

A．向不特定对象公开募集股份　　B．向原股东公开募集股份

C．向原股东配售股份　　　　　　D．向特定对象发行股票

19．向原股东配售股份应当符合（　　）。

A．拟配售股份数量不少于本次配售股份前股本总额的35%

B．控股股东应当在股东大会召开前公开承诺认配股份的数量

C．拟配售股份数量不超过本次配售股份前股本总额的30%

D．采用《证券法》规定的代销方式发行

20．上市公司存在以下（　　）情形之一的，不得非公开发行股票。

A．上市公司的权益被控股股东或实际控制人严重损害且尚未消除

B．上市公司及其附属公司违规对外提供担保且尚未解除

C．严重损害投资者合法权益和社会公共利益的其他情形

D．最近1年及1期财务报表被注册会计师出具保留意见、否定意见或无法表示意见的审计报告

21．上市公司公开发行新股的推荐核准，包括（　　）。

A．保荐机构（主承销商）进行的内核

B．保荐机构（主承销商）出具发行保荐书

C．保荐机构（主承销商）对承销商备案材料的合规性审核

D．中国证监会进行的受理文件

22．根据《深圳证券交易所创业板股票上市规则》，上市公司向深圳证券交易所申请办理新股发行事宜时，应当提交的文件包括（　　）。

A．经中国证监会审核的全部发行申报材料

B．中国证监会的核准文件

C．相关招股意向书或者募集说明书

D．发行具体实施方案和发行公告

23．通常情况下，（　），赎回的期权价值就越大，越有利于发行人。

A．赎回期限越长　　　　　　　B．转换比率越低

C．赎回价格越低　　　　　　　D．转换比率越高

24．国内可转换公司债券的发行方式主要采取的类型包括（　）。

A．全部网上定价发行

B．网上定价发行与网下向机构投资者配售相结合

C．部分向原社会公众股股东优先配售，剩余部分网上定价发行

D．部分向原社会公众股股东优先配售，剩余部分采用网上定价发行和网下向机构投资者配售相结合的方式

25．下列选项中，说法正确的是（　）。

A．上市公司应当在可转换公司债券约定的付息日前3～5个交易日内披露付息公告

B．在可转换公司债券期满前3～5个交易日内披露本息兑付公告

C．上市公司应当在可转换公司债券开始转股前10个交易日内披露实施转股的公告

D．上市公司应当在每一季度结束后及时披露因可转换公司债券转换为股份所引起的股份变动情况

26．公司债券申请上市须向所在交易所提交的文件包括（　）。

A．债券上市申请书

B．公司章程

C．发行人最近3年是否存在违法违规行为的说明

D．具有证券从业资格的会计师事务所出具的发行人最近3个完整会计年度审计报告

27．为了实现境外募股与上市目标，企业股份制改组方案一般应当遵循的基本原则包括（　）。

A．突出主营业务

B．避免同业竞争，减少关联交易

C．保持较高的利润总额与资产利润率

D．避免出现可能影响境外募股与上市的法律障碍

28．外资股国际推介与询价包括（　）。

A．预路演　　　　　　　　　　B．路演推介

C．簿记定价 D．簿记竞价

29．下列选项中，关于上市公司召开股东大会审议重大资产重组事项的说法，正确的是（ ）。

A．上市公司就重大资产重组事项作出决议，必须经出席会议的股东所持表决权的1/2以上通过

B．交易对方已经与上市公司控股股东就受让上市公司股权或者向上市公司推荐董事达成协议或者默契，可能导致上市公司的实际控制权发生变化的，上市公司控股股东及其关联人应当回避表决

C．上市公司就重大资产重组事宜召开股东大会，应当以现场会议形式召开，并应当提供网络投票或者其他合法方式为股东参加股东大会提供便利

D．上市公司重大资产重组事宜与本公司股东或者其关联人存在关联关系的，股东大会就重大资产重组事项进行表决时，关联股东应当回避表决

30、上市公司收购时，出现以下（ ）情形之一的，当事人可以向中国证监会提出免于发出要约的申请。

A．经政府或者国有资产管理部门批准进行国有资产无偿划转、变更、合并，导致投资者在一个上市公司中拥有权益的股份占该公司已发行股份的比例超过30%

B．因上市公司按照股东大会批准的确定价格向特定股东回购股份而减少股本，导致当事人在该公司中拥有权益的股份超过该公司已发行股份的30%

C．证券公司、银行等金融机构在其经营范围内依法从事承销、贷款等业务导致其持有一个上市公司已发行股份超过30%，没有实际控制该公司的行为或者意图，并且提出在合理期限内向非关联方转让相关股份的解决方案

D．中国证监会为适应证券市场发展变化和保护投资者合法权益的需要而认定的其他情形

31．在创业板上市公司首次公开发行股票的基本条件包括（ ）。

A．最近两年连续盈利，最近两年净利润累计不少于1 000万元，且持续增长；或者最近1年盈利，且净利润不少于500万元，最近1年营业收入不少于5 000万元，最近两年营业收入增长率均不低于30%

B．发行人是依法设立且持续经营3年以上的股份有限公司

C．最近1期末净资产不少于2 000万元，且不存在未弥补亏损

D．发行后股本总额不少于3 000万元

32．网下发行方式的主要缺点是（　）。

A．吸收居民储蓄资金作用不如网上发行明显

B．发行环节多

C．认购成本高

D．社会工作量大、效率低

33．上市公司发行股份购买资产，应当符合的规定包括（　）。

A．有利于提高上市公司资产质量、改善公司财务状况和增强持续盈利能力

B．有利于上市公司减少关联交易和避免同业竞争，增强独立性

C．上市公司最近1年及1期财务会计报告被注册会计师出具无保留意见审计报告

D．上市公司发行股份所购买的资产，应当为权属清晰的经营性资产，并能在约定期限内办理完毕权属转移手续

34．企业股份制改组与股份有限公司设立的法律审查，具体包括（　）内容。

A．无形资产权利的有效性和处理的合法性

B．企业申请进行股份制改组的可行性和合法性

C．发起人投资行为和资产状况的合法性

D．原企业重大变更的合法性和有效性

35．一般来说，商业银行发行金融债券应具备的条件包括（　）。

A．最近三年没有重大违法、违规行为

B．贷款损失准备计提充足

C．核心资本充足率不低于40%

D．最近2年连续盈利

36．在主板上市公司首次公开发行股票，发行人不得有以下（　）情形。

A．最近36个月内未经法定机关核准，擅自公开或者变相公开发行过证券；或者有关违法行为虽然发生在36个月前，但目前仍处于持续状态

B．最近36个月内违反工商、税收、土地、环保、海关以及其他法律、行政法规，受到行政处罚，且情节严重

C．最近36个月内曾向中国证监会提出发行申请，但报送的发行申请文件有虚假记载、误导性陈述或重大遗漏

D．涉嫌犯罪被司法机关立案侦查，尚未有明确结论意见

37．上市公司信息披露事务管理制度应当包括（　）。

A．未公开信息的传递、审核、披露流程

B．明确上市公司应当披露的信息，确定披露标准

C．信息披露事务管理部门及其负责人在信息披露中的职责

D．董事、监事、高级管理人员履行职责的记录和保管制度

38．《上市公司证券发行管理办法》第八条规定，发行可转换公司债券的上市公司的财务状况应当良好，符合以下（　）要求。

A．最近3年及1期财务报表未被注册会计师出具保留意见、否定意见或无法表示意见的审计报告

B．经营成果真实，现金流量正常

C．资产质量良好，不良资产不足以对公司财务状况造成重大不利影响

D．最近3年以现金或股票方式累计分配的利润不少于最近3年实现的年均可分配利润的10%

39．证券交易所按照以下（　）规定，停止可转换公司债券的交易。

A．可转换公司债券流通面值少于3 000万元时，在上市公司发布相关公告3个交易日后停止其可转换公司债券的交易

B．可转换公司债券自转换期结束之前的第20个交易日起停止交易

C．可转换公司债券应当在出现中国证监会和证券交易所认为必须停止交易的其他情况时停止交易

D．可转换公司债券在赎回期间停止交易

40．上市公司及其控股或者控制的公司购买、出售资产，达到以下（　）标准之一的，构成重大资产重组。

A．购买、出售的资产总额占上市公司最近1个会计年度经审计的合并财务会计报告期末资产总额的比例达到50%以上

B．购买、出售的资产在最近1个会计年度所产生的营业收入占上市公司同期经审计的合并财务会计报告营业收入的比例达到50%以上

C．购买、出售的资产净额占上市公司最近1个会计年度经审计的合并财务会计报告期末净资产额的比例达到50%以上，且超过3 000万元人民币

D．购买、出售的资产净额占上市公司最近1个会计年度经审计的合并财务会计报告期末净资产额的比例达到50%以上，且超过5 000万元人民币

三、**判断题**（本大题共 60 小题，每小题 0.5 分，共 30 分。判断以下各小题的对错，正确的填 A，错误的填 B。）

1．1998 年以前，我国股票发行监管制度采取只控制发行规模的办法。（　）

2．1998 年通过的《证券法》对公司债券的发行和上市作了特别规定，规定公司债券的发行仍采用审批制。（　）

3．保荐机构、保荐业务负责人或者内核负责人在 1 个自然年度内被采取监管措施累计 3 次以上，中国证监会可暂停保荐机构的保荐资格 3 个月。（　）

4．财政部、中国人民银行、中国证监会于 2005 年 7 月 4 日审议通过了《国债承销团成员资格审批办法》。（　）

5．证券公司应建立以净资本为核心的风险控制指标体系，加强证券公司内部控制，防范风险，依据 2008 年 12 月 1 日起施行的修改后的《证券公司风险控制指标管理办法》的规定，计算净资本和风险资本准备，编制净资本计算表、风险资本准备计算表和风险控制指标监管报表。（　）

6．发起设立是指由发起人认购公司应发行股份的一部分，其余股份向社会公开募集或者向特定对象募集而设立公司。（　）

7．《公司法》规定，设立股份有限公司，应当有 2 人以上 100 人以下为发起人，其中必须有半数以上的发起人在中国境内有住所。（　）

8．股份有限公司股东大会的会议召集程序、表决方式违反法律、行政法规或者公司章程，或者决议内容违反公司章程的，股东可以自决议作出之日起 30 日内，请求人民法院撤销。（　）

9．资本不变原则是指除依法定程序外，股份有限公司的资本总额不得变动。（　）

10．在我国，担任独立董事应当符合的基本条件之一是具有 3 年以上法律、经济或者其他履行独立董事职责所必需的工作经验。（　）

11．股份有限公司的财务会计报告应当在召开股东大会年会的 20 日前置备于本公司，供股东查阅。（　）

12．股份有限公司的分立是指一个股份有限公司因生产经营需要或其他原因而分开设立为两个或两个以上公司。（　）

13．公开发行的股份达到公司股份总数的 25% 以上；公司股本总额超过人民币 4 亿元的，公开发行股份的比例为 10% 以上。（　）

14．发起人或股东将经营业务纳入拟发行上市公司的，该经营业务所必需的商标可

不进入公司。（ ）

15．拟发行上市公司应设立其自身的财务会计部门，建立独立的会计核算体系和财务管理制度，并符合有关会计制度的要求，独立进行财务决策。（ ）

16．我国国有公司改组为上市公司时，资产评估结果无需报国有资产管理部门审核确认。（ ）

17．在企业股份制改组过程中，企业的资产、业务及债权、债务不一定随之重组。（ ）

18．公司在改组为上市公司时，应当根据公司改组和资产重组的方案确定资产评估的范围。（ ）

19．损益认定是对企业账面价值和实际价值背离较大的主要固定资产和流动资产按照国家规定的方法、标准进行重新估价。（ ）

20．证券上市后，承销商只能通过证券交易所的交易系统，采用大宗交易方式卖出包销方式下的剩余证券。（ ）

21．上市公司在实施重大资产重组过程中应当建立严格有效的保密制度。（ ）

22．股票发行公告是承销商对公众投资人作出的事实通知。（ ）

23．股份有限公司监事的任期每届为3年，监事任期届满，连选可以连任。（ ）

24．若保荐机构因保荐业务涉嫌违法违规处于立案调查期间的，中国证监会将暂不受理该保荐机构的推荐。（ ）

25．公司外部筹资，无论采用股票、债券还是其他方式都需要支付大量的费用，而利用未分配利润则无需这些开支。（ ）

26．首次公开发行股票并在主板上市的，持续督导的期间为证券上市当年剩余时间及其后1个完整会计年度。（ ）

27．首次公开发行股票数量在3亿股以上的，可以向战略投资者配售股票。（ ）

28．根据《证券法》第二十一条的规定，发行人申请首次公开发行股票的，在提交申请文件后，应当按照国务院证券监督管理机构的规定预先披露有关申请文件。（ ）

29．企业债券上市申请经中国证监会核准后，证券交易所安排该债券上市交易。（ ）

30．股票的发行价格可以等于票面金额，也可以超过或低于票面金额。（ ）

31．证券交易所在收到发行人提交的全部上市申请文件后5个交易日内，作出是否同意上市的决定并通知发行人。（ ）

32．根据《上市公司证券发行管理办法》，上市公司发行的可转换公司债券在发行结束3个月后，方可转换为公司股票，转股期限由公司根据可转换公司债券的存续期限及

公司财务状况确定。（ ）

33．首次公开发行股票时，发行人应在招股说明书及其摘要披露后15日内，将正式印刷的招股说明书全文文本一式五份，分别报送中国证监会及其在发行人注册地的派出机构。（ ）

34．上市公司在履行信息披露义务时，应当指派董事会秘书、证券事务代表或者代行董事会秘书职责的人员负责与交易所联系，办理信息披露与股权管理事务。（ ）

35．上市公司公开发行股票，应当由证券公司承销；非公开发行股票，如发行对象均属于原前5名股东的，则可以由上市公司自行销售。（ ）

36．可转换公司债券的上市是指可转换公司债券经核准在证券交易所挂牌买卖。（ ）

37．上市公司在非公开发行新股后，应当将发行情况报告书刊登在至少一种中国证监会指定的报刊，同时将其刊登在中国证监会指定的互联网网站，置备于中国证监会指定的场所，供公众查阅。（ ）

38．上市公司在可转换公司债券转换期结束的20个交易日前，应当至少发布3次提示公告，提醒投资者有关在可转换公司债券转换期结束前的10个交易日停止交易的事项。（ ）

39．目前，凭证式国债发行完全采用承购包销方式，储蓄国债发行可采用包销或代销方式，记账式国债发行完全采用公开招标方式。（ ）

40．金融债券发行结束后10个工作日内，发行人应向中国证监会书面报告金融债券发行情况。（ ）

41．企业债券的利率不得高于银行相同期限居民储蓄定期存款利率的40%。（ ）

42．公司债券上市期间，凡发生可能导致债券信用评级有重大变化、对债券按期偿付产生任何影响等事件或者存在相关的市场传言，发行人应当在第一时间向证券交易所提交临时报告，并予以公告澄清。（ ）

43．根据《银行间债券市场非金融企业短期融资券业务指引》，企业发行短期融资券应遵守国家相关法律法规，短期融资券待偿还余额不得超过企业净资产的30%。（ ）

44．债券上市期间，发行人应当在每个会计年度结束之日后4个月内向中国证监会和证券交易所提交年度报告，在每个会计年度的上半年结束之日后2个月内向中国证监会和证券交易所提交中期报告，并在中国证监会指定报刊和互联网网站上披露。（ ）

45．资产支持证券的发行可采取一次性足额发行或限额内分期发行的方式。（ ）

46．我国股份有限公司发行境内上市外资股一般采取网上询价发行方式。（ ）

47．在中国境内申请发行人民币债券的国际开发机构应向财政部等窗口单位递交债

券发行申请，由窗口单位会同中国人民银行、国家发改委、中国证监会和国家外汇管理局等部门审核通过后，报国务院同意。（ ）

48．上市公司最近1个会计年度合并报表中按权益享有的所属企业净资产不得超过上市公司合并报表净资产的10%。（ ）

49．外资股发行的招股说明书可以采取严格的招股章程形式，也可以采取信息备忘录的形式。（ ）

50．一般情况下，在国际分销实施前，整个承销团及各国际分销地区的认购情况和认购率已经基本明确。（ ）

51．横向收购是指生产过程或经营环节紧密相关的公司之间的收购行为。（ ）

52．在公司收购活动中，收购公司和目标公司一般都要聘请证券公司等作为财务顾问。（ ）

53．上市公司的收购及相关股份权益变动活动中的信息披露义务人应当在至少一种中国证监会指定的媒体上依法披露信息。（ ）

54．财务顾问的工作档案和工作底稿应当真实、准确、完整，保存期不少于5年。（ ）

55．上市公司股东大会就重大资产重组事项作出决议，必须经出席会议的股东所持表决权的半数以上通过。（ ）

56．并购重组委员会会议对申请人的并购重组申请投票表决后，中国证监会在网站上公布表决结果。（ ）

57．外国投资者并购境内企业设立外商投资企业，如果外国投资者出资比例低于企业注册资本25%，投资者以现金出资的，应自外商投资企业营业执照颁发之日起6个月内缴清。（ ）

58．外国投资者主要通过上市公司定向发行和投资者通过协议转让这两种方式对上市公司进行战略投资，这两种方式在战略投资的程序上完全不同。（ ）

59．外国投资者减持股份使上市公司外资股比率低于10%，且该投资者非单一最大股东，上市公司应在10日内向审批机关备案并办理注销外商投资企业批准证书的相关手续。（ ）

60．外国投资者通过其在中国设立的外商投资企业合并或收购境内企业的，适用关于外商投资企业合并与分立的相关规定和关于外商投资企业境内投资的相关规定。（ ）

《证券发行与承销》模拟试卷(一)参考答案与解析

一、单项选择题

1.【答案】D

【解析】由于国债一级市场的特殊性,有关国债的管理制度主要集中在二级市场方面。1992年3月18日,国务院发布《中华人民共和国国库券条例》,自发布之日起施行。1994年5月,针对国债卖空的现象,财政部、中国人民银行和中国证监会联合发出《关于坚决制止国债卖空行为的通知》,要求国债的交易和托管都必须使用实物券,代保管单必须以全额实物券作为保证,国债经营机构代保管的国债券必须与自营的国债券分类保管、分账管理,并确保账券一致。其后,1996年发布《关于进行国债公开市场操作有关问题的通知》,1997年发布《中国人民银行关于银行间债券回购业务有关问题的通知》和《中国人民银行关于开办银行间国债现券交易的通知》等。后来为进一步规范发展国债回购市场,中国人民银行于1997年发布了《银行间债券回购业务暂行规定》,财政部、中国人民银行于1999年又发布了《凭证式国债质押贷款办法》等。因此,本题的正确答案为D。

2.【答案】B

【解析】在核准制下,要大力倡导诚实守信的原则,强化市场主体的诚信责任,大力推动市场参与主体的诚信责任建设,形成诚实守信的企业文化。证券发行监管要以强制性信息披露为中心,完善"事前问责、依法披露和事后追究"的监管制度,增强信息披露的准确性和完整性;同时,加大对证券发行和持续信息披露中违法、违规行为的打击力度。因此,本题的正确答案为B。

3.【答案】B

【解析】证券公司经营证券承销与保荐、证券自营、证券资产管理、其他证券业务中两项及两项以上的,其净资本不得低于人民币2亿元。因此,本题的正确答案为B。

4.【答案】B

【解析】证券公司从事证券发行上市保荐业务，应依照规定向中国证监会申请保荐机构资格。保荐机构履行保荐职责，应当指定依照《保荐办法》的规定取得保荐代表人资格的个人具体负责保荐工作。因此，本题的正确答案为B。

5.【答案】A

【解析】对于以募集方式设立的股份有限公司，发起人拟订的章程草案须经出席创立大会的认股人所持表决权的过半数通过。因此，本题的正确答案为A。

6.【答案】D

【解析】股份有限公司增加资本是指股份有限公司依照法定程序增加公司的股份总数。公司增资的方式有：向社会公众发行股份、向特定对象发行股份、向现有股东配售股份、向现有股东派送红股、以公积金转增股本、公司债转换为公司股份等。因此，本题的正确答案为D。

7.【答案】A

【解析】企业设立验资账户，各发起人按发起人协议规定的出资方式、出资比例出资，以实物资产出资的应办理完毕有关产权转移手续。资金到位后，由会计师事务所现场验资，并出具验资报告。因此，本题的正确答案为A。

8.【答案】D

【解析】无形资产是指得到法律认可和保护，不具有实物形态，并在较长时间内（超过1年）使企业在生产经营中受益的资产。无形资产实际上是企业拥有的一种特殊权利，给企业带来的收益具有较高的不确定性，主要包括商标权、专利权、著作权、专有技术、土地使用权、特许经营权、开采权等。因此，本题的正确答案为D。

9.【答案】A

【解析】我国公司改组为在境外募股的股份有限公司时，也需要进行资产评估。根据国有资产管理部门的规定，境内评估机构应当对投入股份有限公司的全部资产和负债进行资产评估，而境外评估机构根据上市地有关法律、上市规则的要求，通常仅对公司的物业和机器设备等固定资产进行评估。因此，本题的正确答案为A。

10.【答案】A

【解析】公司改组为上市公司时，对于省级以上人民政府批准实行授权经营或国家控股公司试点的企业，可采用授权经营方式配置土地。其中，经国务院批准改制的企业，土地资产处置方案应报国土资源部审批，其他企业的土地资产处置方案应报土地所在省级土地行政主管部门审批。因此，本题的正确答案为A。

11. 【答案】C

【解析】股份制改组在资产评估时，企业有下列行为之一的，可以不对相关国有资产进行评估：(1) 经各级人民政府或其国有资产监督管理机构批准，对企业整体或者部分资产实施无偿划转；(2) 国有独资企业与其下属独资企业（事业单位）之间或其下属独资企业（事业单位）之间的合并、资产（产权）置换和无偿划转。因此，本题的正确答案为C。

12. 【答案】A

【解析】根据《公司法》第一百七十八条的规定，股份有限公司需要减少注册资本时，必须编制资产负债表及财产清单。公司应当自作出减少注册资本决议之日起10日内通知债权人，并于30日内在报纸上公告。债权人自接到通知书之日起30日内，未接到通知书的自公告之日起45日内，有权要求公司清偿债务或者提供相应担保。因此，本题的正确答案为A。

13. 【答案】D

【解析】根据《关于资产评估报告书的规范意见》，评估报告应当符合的要求之一是资产评估报告书必须依照客观、公正、实事求是的原则撰写，正确反映评估工作的情况。因此，本题的正确答案为D。

14. 【答案】D

【解析】根据《关于资产评估报告书的规范意见》，评估报告应当符合的要求之一是资产评估报告由委托单位的主管部门签署意见后，报送国家国有资产管理部门审核、验证、确认。因此，本题的正确答案为D。

15. 【答案】B

【解析】向参与网上发行的投资者配售方式是指通过交易所交易系统公开发行股票。投资者参与网上发行应当遵守证券交易所和证券登记结算机构的相关规定。网上发行时发行价格尚未确定的，参与网上发行的投资者应当按价格区间上限申购，如最终确定的发行价格低于价格区间上限，差价部分应当退还给投资者。因此，本题的正确答案为B。

16. 【答案】C

【解析】根据《证券发行与承销管理办法》，首次公开发行股票数量在4亿股以上的，可以向战略投资者配售股票。战略投资者不得参与首次公开发行股票的初步询价和累计投标询价，并应当承诺获得本次配售的股票持有期限不少于12个月，持有期自本次公开发行的股票上市之日起计算。因此，本题的正确答案为C。

17.【答案】A

【解析】股票上市是指经核准同意股票在证券交易所挂牌交易。发行人首次公开发行股票前已发行的股份，自发行人股票上市之日起1年内不得转让。发行人向证券交易所申请其首次公开发行股票上市时，控股股东和实际控制人应当承诺：自发行人股票上市之日起36个月内，不转让或者委托他人管理其直接和间接持有的发行人首次公开发行股票前已发行股份，也不由发行人回购该部分股份。因此，本题的正确答案为A。

18.【答案】A

【解析】股票的发行价格可以等于票面金额，也可以超过票面金额，但不得低于票面金额。股票的定价不仅仅是估值及撰写投资价值研究报告，还包括发行期间的具体沟通、协商、询价、投标等一系列定价活动。因此，本题的正确答案为A。

19.【答案】B

【解析】股票上市是指经核准同意股票在证券交易所挂牌交易。根据《证券法》及交易所上市规则的规定，股份有限公司申请其股票上市必须符合以下条件：(1) 股票经中国证监会核准已公开发行；(2) 公司股本总额不少于人民币5 000万元；(3) 公开发行的股份达到公司股份总数的25%以上；公司股本总额超过人民币4亿元的，公开发行股份的比例为10%以上；(4) 公司最近3年无重大违法行为，财务会计报告无虚假记载；(5) 交易所要求的其他条件。因此，本题的正确答案为B。

20.【答案】A

【解析】首次公开发行股票的询价对象是指符合《证券发行与承销管理办法》规定条件的证券投资基金管理公司、证券公司、信托投资公司、财务公司、保险机构投资者、合格境外机构投资者，主承销商自主推荐的具有较高定价能力和长期投资取向的机构投资者，以及经中国证监会认可的其他机构投资者。因此，本题的正确答案为A。

21.【答案】A

【解析】首次公开发行股票时，发行人应设置招股说明书概览，并在本部分起首声明："本概览仅对招股说明书全文作扼要提示。投资者作出投资决策前，应认真阅读招股说明书全文。"此外，发行人应在招股说明书概览中披露发行人及其控股股东、实际控制人的简要情况，发行人的主要财务数据及主要财务指标，本次发行情况及募集资金用途等。因此，本题的正确答案为A。

22.【答案】A

【解析】在首次公开发行股票招股说明书中，偶发性的关联交易的披露内容包括：对于偶发性关联交易，应披露关联交易方名称、交易时间、交易内容、交易金额、交易价格的确定方法、资金的结算情况、交易产生的利润及对发行人当期经营成果的影响、交易对公司主营业务的影响等。因此，本题的正确答案为A。

23．【答案】C

【解析】首次公开发行股票时，信息披露文件应当采用中文文本。同时采用外文文本的，信息披露义务人应当保证两种文本的内容一致。两种文本发生歧义时，以中文文本为准。因此，本题的正确答案为C。

24．【答案】A

【解析】信息披露义务人应当真实、准确、完整、及时地披露信息，不得有虚假记载、误导性陈述或者重大遗漏。信息披露义务人应当同时向所有投资者公开披露信息。其中，完整性原则是指信息披露义务人必须把能够提供给投资者判断证券投资价值的情况全部公开。因此，本题的正确答案为A。

25．【答案】B

【解析】上市公司发行新股，可以公开发行，也可以非公开发行。其中上市公司公开发行新股是指上市公司向不特定对象发行新股，包括向原股东配售股份和向不特定对象公开募集股份；上市公司非公开发行新股是指向特定对象发行股票。《证券法》第十三条规定："上市公司非公开发行新股，应当符合经国务院批准的国务院证券监督管理机构规定的条件，并报国务院证券监督管理机构核准。"因此，本题的正确答案为B。

26．【答案】D

【解析】根据中国证监会2006年5月6日发布的《上市公司证券发行管理办法》，上市公司申请发行新股，应当符合的要求之一是上市公司的财务状况良好，并符合以下规定：(1)会计基础工作规范，严格遵循国家统一会计制度的规定；(2)最近3年及1期财务报表未被注册会计师出具保留意见、否定意见或无法表示意见的审计报告；被注册会计师出具带强调事项段的无保留意见审计报告的，所涉及的事项对发行人无重大不利影响或者在发行前重大不利影响已经消除；(3)资产质量良好，不良资产不足以对公司财务状况造成重大不利影响；(4)经营成果真实，现金流量正常，营业收入和成本费用的确认严格遵循国家有关企业会计准则的规定，最近3年资产减值准备计提充分合理，不存在操纵经营业绩的情形；(5)最近3年以现金方式累计分配的利润不少于最近3年实现的年均可分配利润的30%。因此，本题的正确答案为D。

27．【答案】D

【解析】根据中国证监会2006年5月6日发布的《上市公司证券发行管理办法》，上市公司申请发行新股时，存在以下情形之一的，不得公开发行证券：（1）本次发行申请文件有虚假记载、误导性陈述或重大遗漏；（2）擅自改变前次公开发行证券募集资金的用途而未作纠正；（3）上市公司最近12个月内受到过证券交易所的公开谴责；（4）上市公司及其控股股东或实际控制人最近12个月内存在未履行向投资者作出的公开承诺的行为；（5）上市公司或其现任董事、高级管理人员因涉嫌犯罪被司法机关立案侦查或涉嫌违法违规被中国证监会立案调查；（6）严重损害投资者的合法权益和社会公共利益的其他情形。因此，本题的正确答案为D。

28.【答案】A

【解析】根据中国证监会2006年5月6日发布的《上市公司证券发行管理办法》，上市公司申请发行新股时，募集资金的数额和使用应当符合以下规定：（1）募集资金数额不超过项目需要量；（2）募集资金用途符合国家产业政策和有关环境保护、土地管理等法律和行政法规的规定；（3）除金融类企业外，本次募集资金使用项目不得为持有交易性金融资产和可供出售的金融资产、借予他人、委托理财等财务性投资，不得直接或间接投资于以买卖有价证券为主要业务的公司；（4）投资项目实施后，不会与控股股东或实际控制人产生同业竞争或影响公司生产经营的独立性；（5）建立募集资金专项存储制度，募集资金必须存放于公司董事会决定的专项账户。因此，本题的正确答案为A。

29.【答案】B

【解析】中国证监会自受理申请文件到作出决定的期限为3个月，发行人根据要求补充、修改发行申请文件的时间不计算在内。自中国证监会核准发行之日起，上市公司应在6个月内发行证券；超过6个月未发行的，核准文件失效，须重新经中国证监会核准后方可发行。因此，本题的正确答案为B。

30.【答案】D

【解析】上市公司申请增发新股的可流通股份上市，应在股票上市前5个交易日向上海证券交易所提交以下申请文件：（1）上市报告书（申请书）；（2）申请上市的董事会和股东大会决议；（3）按照有关规定编制的上市公告书；（4）保荐协议和保荐人出具的上市保荐书；（5）发行结束后经具有执行证券、期货相关业务资格的会计师事务所出具的验资报告；（6）登记公司对新增股份登记托管的书面确认文件；（7）董事、监事和高级管理人员持股情况变动的报告；（8）股份变动报告书；（9）交易所要求的其他文件。因此，本题的正确答案为D。

31．【答案】D

【解析】上市公司公开发行股票时，网下网上同时定价发行方式是发行人和主承销商按照"发行价格应不低于公告招股意向书前 20 个交易日公司股票均价或前 1 个交易日的均价"的原则确定增发价格，网下对机构投资者与网上对公众投资者同时公开发行。这是目前通常的增发方式。在此种发行方式下，对于网上发行部分，既可以按统一配售比例对所有公众投资者进行配售，也可以按一定的中签率以摇号抽签方式确定获配对象。但发行人和主承销商必须在发行公告中预先说明。因此，本题的正确答案为 D。

32．【答案】C

【解析】可转换公司债券的赎回是指上市公司可按事先约定的条件和价格赎回尚未转股的可转换公司债券。可转换公司债券的回售是指债券持有人可按事先约定的条件和价格，将所持债券卖给发行人。按照《上市公司证券发行管理办法》，可转换公司债券募集说明书应当约定，上市公司改变公告的募集资金用途的，应赋予债券持有人一次回售的权利。因此，本题的正确答案为 C。

33．【答案】A

【解析】发行分离交易的可转换公司债券的上市公司，其最近 3 个会计年度经营活动产生的现金流量净额平均应不少于公司债券 1 年的利息（若其最近 3 个会计年度加权平均净资产收益率平均不低于 6%，则可不作此现金流量要求）；此加权平均净资产收益率，以扣除非经常性损益后的净利润与扣除前的净利润相比，低者作为其计算依据。因此，本题的正确答案为 A。

34．【答案】A

【解析】根据《上市公司证券发行管理办法》，可转换公司债券的最短期限为 1 年，最长期限为 6 年。分离交易的可转换公司债券的期限最短为 1 年，无最长期限限制；认股权证的存续期间不超过公司债券的期限，自发行结束之日起不少于 6 个月。募集说明书公告的权证存续期限不得调整。因此，本题的正确答案为 A。

35．【答案】C

【解析】根据《上市公司证券发行管理办法》，上市公司发行的可转换公司债券在发行结束 6 个月后，方可转换为公司股票，转股期限由公司根据可转换公司债券的存续期限及公司财务状况确定。可转换公司债券持有人对转换股票或不转换股票有选择权，并于转股完成后的次日成为发行公司的股东。上市公司应当在可转换公司债券期满后 5 个工作日内，办理完毕偿还债券余额本息的事项；分离交易的可转换公司债券的偿还事宜与此相同。因此，本题的正确答案为 C。

36．【答案】D

【解析】根据《上市公司证券发行管理办法》的规定，发行可转换公司债券的上市公司最近 36 个月内财务会计文件无虚假记载，且不存在下列重大违法行为：(1) 违反证券法律、行政法规或规章，受到中国证监会的行政处罚，或者受到刑事处罚；(2) 违反工商、税收、土地、环保、海关法律、行政法规或规章，受到行政处罚且情节严重，或者受到刑事处罚；(3) 违反国家其他法律、行政法规且情节严重的行为。因此，本题的正确答案为 D。

37．【答案】A

【解析】公开发行可转换公司债券应当提供担保，但最近 1 期末经审计的净资产不低于人民币 15 亿元的公司除外。提供担保的，应当为全额担保，担保范围包括债券的本金及利息、违约金、损害赔偿金和实现债权的费用。以保证方式提供担保的，应当为连带责任担保，且保证人最近 1 期经审计的净资产额应不低于其累计对外担保的金额。证券公司或上市公司不得作为发行可转债的担保人，但上市商业银行除外。设定抵押或质押的，抵押或质押财产的估值应不低于担保金额。估值应经有资格的资产评估机构评估。发行分离交易的可转换公司债券，可以不提供担保；发行公司提供担保的，其要求与此相同。因此，本题的正确答案为 A。

38．【答案】A

【解析】由于可转换公司债券的期权是一种美式期权，因此，转股期限越长，转股权价值就越大，可转换公司债券的价值越高；反之，转股期限越短，转股权价值就越小，可转换公司债券的价值越低。因此，本题的正确答案为 A。

39．【答案】C

【解析】可转换公司债券的价值可以近似地看做是普通债券与股票期权的组合体。首先，由于可转换公司债券的持有者可以按照债券上约定的转股价格在转股期内行使转股权利，这实际上相当于以转股价格为期权执行价格的美式买权，一旦市场价格高于期权执行价格，债券持有者就可以行使美式买权，从而获利。其次，由于发行人在可转换公司债券的赎回条款中规定，如果股票价格连续若干个交易日收盘价高于某一赎回启动价格（该赎回启动价要高于转股价格），发行人有权按一定金额予以赎回。所以，赎回条款相当于债券持有人在购买可转换公司债券时就无条件出售给发行人的 1 张美式买权。当然，发行人期权存在的前提是债券持有人的期权还未执行，如果债券持有人实施转股，发行人的赎回权对该投资者也归于无效。因此，本题的正确答案为C。

40．【答案】A

【解析】上市公司行使赎回权时，应当在每年首次满足赎回条件后的5个交易日内至少发布3次赎回公告。赎回公告应当载明赎回的程序、价格、付款方法、时间等内容。赎回期结束后，公司应当公告赎回结果及其影响。在可以行使回售权的年份内，上市公司应当在每年首次满足回售条件后的5个交易日内至少发布3次回售公告。回售公告应当载明回售的程序、价格、付款方法、时间等内容。回售期结束后，公司应当公告回售结果及其影响。变更募集资金投资项目的，上市公司应当在股东大会通过决议后20个交易日内赋予可转换公司债券持有人1次回售的权利，有关回售公告至少发布3次。其中，在回售实施前、股东大会决议公告后5个交易日内至少发布1次。在回售实施期间至少发布1次，余下1次回售公告的发布时间视需要而定。因此，本题的正确答案为A。

41．【答案】D

【解析】根据《全国银行间债券市场金融债券发行管理办法》（中国人民银行2005年4月27日发布）和《中国银监会关于企业集团财务公司发行金融债券有关问题的通知》（银监发[2007]58号），企业集团财务公司发行金融债券应具备以下条件：(1)具有良好的公司治理结构、完善的投资决策机制、健全有效的内部管理和风险控制制度及相应的管理信息系统。(2)具有从事金融债券发行的合格专业人员。(3)依法合规经营，符合中国银监会有关审慎监管的要求，风险监管指标符合监管机构的有关规定。(4)财务公司已发行、尚未兑付的金融债券总额不得超过其净资产总额的100%，发行金融债券后，资本充足率不低于10%。(5)财务公司设立1年以上，经营状况良好，申请前1年利润率不低于行业平均水平，且有稳定的盈利预期。(6)申请前1年，不良资产率低于行业平均水平，资产损失准备拨备充足。(7)申请前1年，注册资本金不低于3亿元人民币，净资产不低于行业平均水平。(8)近3年无重大违法违规记录。(9)无到期不能支付债务。(10)中国人民银行和中国银监会规定的其他条件。因此，本题的正确答案为D。

42．【答案】B

【解析】金融债券存续期间，发行人应于每年7月31日前披露债券跟踪信用评级报告。信息披露涉及的财务报告，应经注册会计师审计，并出具审计报告；信息披露涉及的法律意见书和信用评级报告，应分别由执业律师和具有债券评级能力的信用评级机构出具。因此，本题的正确答案为B。

43．【答案】A

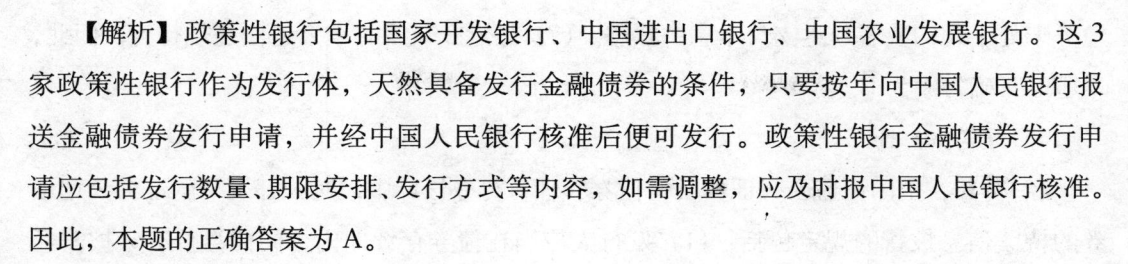

《证券发行与承销》模拟试卷（一）参考答案与解析

【解析】政策性银行包括国家开发银行、中国进出口银行、中国农业发展银行。这3家政策性银行作为发行体，天然具备发行金融债券的条件，只要按年向中国人民银行报送金融债券发行申请，并经中国人民银行核准后便可发行。政策性银行金融债券发行申请应包括发行数量、期限安排、发行方式等内容，如需调整，应及时报中国人民银行核准。因此，本题的正确答案为A。

44．【答案】D

【解析】按照现行规定，我国的混合资本债券具有4个基本特征：(1)期限在15年以上，发行之日起10年内不得赎回。发行之日起10年后发行人具有1次赎回权，若发行人未行使赎回权，可以适当提高混合资本债券的利率。(2) 混合资本债券到期前，如果发行人核心资本充足率低于4%，发行人可以延期支付利息；如果同时出现以下情况：最近一期经审计的资产负债表中盈余公积与未分配利润之和为负，且最近12个月内未向普通股股东支付现金红利，则发行人必须延期支付利息。在不满足延期支付利息的条件时，发行人应立即支付欠息及欠息产生的复利。(3) 当发行人清算时，混合资本债券本金和利息的清偿顺序列于一般债务和次级债务之后、先于股权资本。(4) 混合资本债券到期时，如果发行人无力支付清偿顺序在该债券之前的债务，或支付该债券将导致无力支付清偿顺序在混合资本债券之前的债务，发行人可以延期支付该债券的本金和利息。待上述情况好转后，发行人应继续履行其还本付息义务，延期支付的本金和利息将根据混合资本债券的票面利率计算利息。因此，本题的正确答案为D。

45．【答案】B

【解析】根据《证券法》第十六条和2008年1月4日发布的《国家发展改革委关于推进企业债券市场发展、简化发行核准程序有关事项的通知》（发改财金[2008]7号）规定，公开发行企业债券必须符合下列条件：(1) 股份有限公司的净资产额不低于人民币3 000万元，有限责任公司和其他类型企业的净资产额不低于人民币6 000万元。(2) 累计债券余额不超过发行人净资产（不包括少数股东权益）的40%。(3) 最近3年平均可分配利润（净利润）足以支付债券1年的利息。(4) 筹集的资金投向符合国家产业政策，所需相关手续齐全：用于固定资产投资项目的，应符合固定资产投资项目资本金制度的要求，原则上累计发行额不得超过该项目总投资的60%；用于收购产权（股权）的，比照该比例执行；用于调整债务结构的，不受该比例限制，但企业应提供银行同意以债还贷的证明；用于补充营运资金的，不超过发债总额的20%。(5) 债券的利率由企业根据市场情况确定，但不得超过国务院限定的利率水平。(6) 已发行的企业债券或者其他

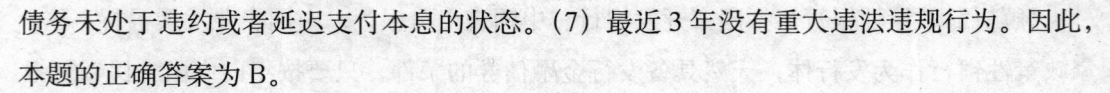

债务未处于违约或者延迟支付本息的状态。(7)最近3年没有重大违法违规行为。因此，本题的正确答案为B。

46．【答案】B

【解析】在中国证监会《证券公司债券管理暂行办法》中，对公开发行的证券公司债券的持续信息披露的规定包括：(1)发行人应当在债券存续期内，向债券持有人披露经具有证券从业资格的会计师事务所审计的年度财务会计报告。(2)公开发行债券的发行人应当于本息支付日前10日内，就有关事宜在中国证监会指定的报刊上公告3次。(3)债券上市期间，发行人应当在每个会计年度结束之日后4个月内向中国证监会和证券交易所提交年度报告，在每个会计年度的上半年结束之日后2个月内向中国证监会和证券交易所提交中期报告，并在中国证监会指定报刊和互联网网站上披露。因此，本题的正确答案为B。

47．【答案】A

【解析】在中国境内申请发行人民币债券的国际开发机构应向财政部等窗口单位递交债券发行申请，由窗口单位会同中国人民银行、国家发改委、中国证监会和国家外汇管理局等部门审核通过后，报国务院同意。国家发改委会同财政部，根据国家产业政策、外资外债情况、宏观经济和国际收支状况，对人民币债券的发行规模及所筹资金用途进行审核。中国人民银行对人民币债券发行利率进行管理。因此，本题的正确答案为A。

48．【答案】B

【解析】企业发行注册短期融资券时，注册会议原则上每周召开一次。注册会议由5名注册委员会委员参加。参会委员从注册委员会全体委员中抽取。注册会议召开前，办公室应至少提前两个工作日，将经过初审的企业注册文件和初审意见送达参会委员。参会委员应对是否接受短期融资券的发行注册作出独立判断。两名以上（含两名）委员认为企业没有真实、准确、完整、及时披露信息，或中介机构没有勤勉尽责的，交易商协会不接受发行注册。注册委员会委员担任企业及其关联方董事、监事、高级管理人员，或者存在其他情形足以影响其独立性的，该委员应回避。因此，本题的正确答案为B。

49．【答案】A

【解析】企业债券在交易流通期间，发行人应在每年6月30日前向市场投资者披露上一年度的年度报告和信用跟踪评级报告。发行人发生主体变更或经营、财务状况出现重大变化等重大事件时，应在第一时间向市场投资者公告，并向中国人民银行报告。发行人的信息披露应通过中国货币网、中国债券信息网或《金融时报》《中国证券报》进行，并保证其披露信息的真实、准确、完整,不得有虚假记载、误导性陈述或重大遗漏。国债登记结算公司应在安排公司债券交易流通后的5个工作日内,向中国人民银行书面报告公司债券交易流通审核情况。在每季度结束后的10个工作日内,向中国人民银行提交该季度公司债券托管结算情况的书面报告(书面报告应包括公司债券总体托管、跨市场转托管、结算、非交易过户以及交易流通核准情况等内容)。公司债券发行人未按要求履行信息披露等相关义务的,由同业拆借中心和国债登记结算公司通过中国货币网和中国债券信息网向市场投资者公告。因此,本题的正确答案为A。

50.【答案】A

【解析】根据《关于股份有限公司境内上市外资股的规定》第八条的规定,以募集方式设立公司,申请发行境内上市外资股的,应当符合的条件包括:(1)所筹资金用途符合国家产业政策。(2)符合国家有关固定资产投资立项的规定。(3)符合国家有关利用外资的规定。(4)发起人认购的股本总额不少于公司拟发行股本总额的35%。(5)发起人的出资总额不少于1.5亿元人民币。(6)拟向社会发行的股份达公司股份总数的25%以上;拟发行的股本总额超过4亿元人民币的,其拟向社会发行股份的比例达15%以上。(7)改组设立公司的原有企业或者作为公司主要发起人的国有企业,在最近3年内没有重大违法行为。(8)改组设立公司的原有企业或者作为公司主要发起人的国有企业,在最近3年内连续盈利。因此,本题的正确答案为A。

51.【答案】A

【解析】内地企业在香港创业板发行与上市时,对于那些拥有一类或以上证券(除了正申请上市的证券类别外也拥有其他类别的证券)的发行人,其上市时由公众人士持有(在所有受监管市场,包括香港联合交易所上市)的证券总数,必须占发行人已发行股本总额的至少25%。因此,本题的正确答案为A。

52.【答案】C

【解析】2011年政府债券期限分为3年和5年,期限结构为3年债券发行额和5年债券发行额分别占国务院批准的发债规模的50%。因此,本题的正确答案为C

53.【答案】D

【解析】境内上市外资股在发行准备阶段时,法律顾问的主要职责是:向公司提供有关企业重组、外资股发行等方面的法律咨询,协助企业完成股份制改组,起草与发行有关的重大合同;调查、收集企业的各方面资料。主承销商的法律顾问须协助其编制招股说明书(或信息备忘录),并准备有关的附录文件;出具外资股发行法律意见书,并根据承销和发行的需要出具单项法律意见书;准备招股说明书的验证备忘录,要求发行人、主承销商和有关中介机构确认和保证招股说明书中资料的准确性、真实性和完整性。因此,本题的正确答案为D。

54.【答案】A

【解析】H股在发行与上市时,公司治理要求包括:(1)公司上市后须至少有2名执行董事常驻香港。(2)需指定至少3名独立非执行董事,其中1名独立非执行董事必须具备适当的专业资格,或具备适当的会计或相关财务管理专长。(3)发行人董事会下须设有审核委员会、薪酬委员会和提名委员会。(4)审核委员会成员须有至少3名成员,并必须全部是非执行董事,其中至少1名是独立非执行董事且具有适当的专业资格,或具备适当的会计或相关财务管理专长;审核委员会的成员必须以独立非执行董事占大多数,出任主席者也必须是独立非执行董事。因此,本题的正确答案为A。

55.【答案】D

【解析】上市公司所属企业申请境外上市,应当符合的条件包括:(1)上市公司在最近3年连续盈利。(2)上市公司最近3个会计年度内发行股份及募集资金投向的业务和资产不得作为对所属企业的出资申请境外上市。(3)上市公司最近1个会计年度合并报表中按权益享有的所属企业的净利润不得超过上市公司合并报表净利润的50%。(4)上市公司最近1个会计年度合并报表中按权益享有的所属企业净资产不得超过上市公司合并报表净资产的30%。(5)上市公司与所属企业不存在同业竞争,且资产、财务独立,经理人员不存在交叉任职。(6)上市公司及所属企业董事、高级管理人员及其关联人员持有所属企业的股份,不得超过所属企业到境外上市前总股本的10%。(7)上市公司不存在资金、资产被具有实际控制权的个人、法人或其他组织及其关联人占用的情形或其他损害公司利益的重大关联交易。(8)上市公司最近3年无重大违法违规行为。因此,本题的正确答案为D。

56.【答案】D

【解析】上市公司收购时,通过协议转让方式,投资者及其一致行动人在一个上市公司中拥有权益的股份拟达到或者超过一个上市公司已发行股份的5%时,应当在该事实发生之日起3日内编制权益变动报告书,向中国证监会、证券交易所提交书面报告,抄报派出机构,通知该上市公司,并予公告。投资者及其一致行动人拥有权益的股份达到一个上市公司已发行股份的5%后,其拥有权益的股份占该上市公司已发行股份的比例每增加或者减少达到或者超过5%的,应当依照规定履行报告、公告义务。因此,本题的正确答案为D。

57.【答案】B

【解析】《重组管理办法》规定，中国证监会依法对上市公司重大资产重组行为进行监管。中国证监会在发行审核委员会中设立上市公司并购重组审核委员会，以投票方式对提交其审议的重大资产重组申请进行表决，提出审核意见。因此，本题的正确答案为B。

58.【答案】B

【解析】证券公司从事上市公司并购重组财务顾问业务，应当具备的条件包括：(1)公司净资本符合中国证监会的规定；(2)具有健全且运行良好的内部控制机制和管理制度，严格执行风险控制和内部隔离制度；(3)建立健全尽职调查制度，具备良好的项目风险评估和内核机制；(4)公司财务会计信息真实、准确、完整；(5)公司控股股东、实际控制人信誉良好且最近3年无重大违法违规记录；(6)财务顾问主办人不少于5人；(7)中国证监会规定的其他条件。因此，本题的正确答案为B。

59.【答案】C

【解析】其他财务顾问机构从事上市公司并购重组财务顾问业务，应当具备的条件包括：(1)具有3年以上从事公司并购重组财务顾问业务活动的执业经历，且最近3年每年财务顾问业务收入不低于100万元；(2)实缴注册资本和净资产不低于人民币500万元；(3)具有健全且运行良好的内部控制机制和管理制度，严格执行风险控制和内部隔离制度；(4)董事、高级管理人员应当正直诚实，品行良好，熟悉证券法律、行政法规，具有从事证券市场工作3年以上或者金融工作5年以上的经验，具备履行职责所需的经营管理能力；(5)公司财务会计信息真实、准确、完整；(6)控股股东、实际控制人信誉良好且最近3年无重大违法违规记录；(7)有证券从业资格的人员不少于20人，其中，具有从事证券业务经验3年以上的人员不少于10人，财务顾问主办人不少于5人；(8)中国证监会规定的其他条件。因此，本题的正确答案为C。

60.【答案】A

【解析】由于我国证券市场还处在发展初期阶段，各项法律法规还不完善，关于反收购策略，无论在法律上还是在实践中，都还不成熟，其中，白衣骑士策略属于公司反收购策略方法之一，当目标公司遇到敌意收购者收购时，可以寻找一个具有良好合作关系的公司，以比收购方所提要约更高的价格提出收购，这时，收购方若不以更高的价格来进行收购，则肯定不能取得成功。这种方法即使不能赶走收购方，也会使其付出较为高昂的代价。当然也有目标公司与白衣骑士假戏真做的时候，这种收购一般称为防御性收购。从大量收购案例来看，防御性收购的最大受益者是公司经营者，而不是股东。因此，本题的正确答案为 A。

二、多项选择题

1.【答案】ABCD

【解析】根据《公司债券发行试点办法》第二十七条规定，存在以下情况的，应当召开债券持有人会议：(1) 拟变更债券募集说明书的约定；(2) 拟变更债券受托管理人；(3) 公司不能按期支付本息；(4) 公司减资、合并、分立、解散或者申请破产；(5) 保证人或者担保物发生重大变化；(6) 发生对债券持有人权益有重大影响的事项。因此，本题的正确答案为 ABCD。

2.【答案】ABCD

【解析】拟设立的股份有限公司应当依照工商登记管理规定的要求确定公司名称。公司名称应当由行政区划、字号、行业、组织形式依次组成，法律、法规另有规定的除外。公司只能使用一个名称。经公司登记机关核准登记的公司名称受法律保护。因此，本题的正确答案为 ABCD。

3.【答案】ABCD

【解析】公司住所是确定公司登记注册级别管辖、诉讼文书送达、债务履行地点、法院管辖及法律适用等法律事项的依据。经公司登记机关登记的公司住所只能有一个，公司的住所应当在其公司登记机关辖区内。公司住所变更的，须到公司登记机关办理变更登记。因此，本题的正确答案为 ABCD。

4.【答案】BCD

【解析】根据《公司法》第一百二十二条、《上市公司章程指引》第四十条、第四十一条的规定，上市公司股东大会除拥有股东大会的职权外，还拥有其他职权。其中，公司在 1 年内购买、出售重大资产或者担保金额超过公司最近 1 期经审计总资产 30% 的；股权激励计划和法律、行政法规或《上市公司章程指引》规定的，以及股东大会以普通决议认定会对公司产生重大影响的、需要以特别决议通过的其他事项，应当由出席股东大会会议的股东所持表决权的 2/3 以上通过。股东大会审议有关关联交易事项时，关联股东不应当参与投票表决，其所代表的有表决权的股份数不计入有效表决总数；股东大会决议的公告应当充分披露非关联股东的表决情况。股东大会的职权不得通过授权的形式由董事会或其他机构和个人代为行使。因此，本题的正确答案为 BCD。

5.【答案】ABCD

【解析】拟发行上市的公司原则上应采取整体改制方式，即剥离非经营性资产后，企业经营性资产整体进入股份有限公司。企业不应将整体业务的一个环节或一个部分组建为拟发行上市公司。改组后的公司主业应突出，具有独立完整的生产经营系统。具体要求包括：(1) 发起人以非货币性资产出资，应将开展业务所必需的固定资产、在建工程、无形资产以及其他资产完整投入拟发行上市公司。(2) 两个以上的发起人以经营性的业务和资产出资组建拟发行上市公司，业务和资产应完整投入拟发行上市公司；并且，所投入的业务应相同，或者存在生产经营的上下游纵向联系或横向联系。(3) 发起人以其持有的股权出资设立拟发行上市公司的，股权应不存在争议及潜在纠纷，发起人能够控制；且作为出资的股权所对应企业的业务应与所组建拟发行上市公司的业务基本一致。(4) 发起人以与经营性业务有关的资产出资，应同时投入与该经营性业务密切关联的商标、特许经营权、专利技术等无形资产。(5) 拟发行上市公司在改制重组工作中，应按国家有关规定安置好分流人员并妥善安置学校、医院、公安、消防、公共服务、社会保障等社会职能机构。对剥离后的社会职能以及非经营性资产，要制订完备的处置方案。因此，本题的正确答案为ABCD。

6.【答案】AB

【解析】拟发行上市公司的发起人应符合《公司法》等有关法律、法规规定的条件，发起人投入拟发行上市公司的业务和资产应独立完整，遵循人员、机构、资产按照业务划分以及债务、收入、成本、费用等因素与业务划分相配比的原则。拟发行上市公司应在改制重组和持续经营过程中，确保公司按照《上市公司治理准则》的有关要求，在组织形式、公司治理结构、公司决策与运作等方面规范运作。因此，本题的正确答案为AB。

7.【答案】AD

【解析】组建股份有限公司，视投资主体和产权管理主体的不同情况，其所占用的国有资产分别构成国家股和国有法人股。国家股和国有法人股的性质均属国家所有，统称为国有股。国家股是指有权代表国家投资的机构或部门向股份公司投资形成或依法定程序取得的股份。国有法人股是指具有法人资格的国有企业、事业及其他单位，以其依法占用的法人资产，向独立于自己的股份公司出资形成或依法定程序取得的股份。国有企业改建为股份公司时，可整体改组，也可根据实际情况对企业资产进行重组。因此，本题的正确答案为AD。

8．【答案】ABCD

【解析】企业有下列行为之一的，应当对相关资产进行评估：(1)整体或者部分改建为有限责任公司或者股份有限公司；(2)以非货币资产对外投资；(3)合并、分立、破产、解散；(4)非上市公司国有股东股权比例变动；(5)产权转让；(6)资产转让、置换；(7)整体资产或者部分资产租赁给非国有单位；(8)以非货币资产偿还债务；(9)资产涉讼；(10)收购非国有单位的资产；(11)接受非国有单位以非货币资产出资；(12)接受非国有单位以非货币资产抵债；(13)法律、行政法规规定的其他需要进行资产评估的事项。因此，本题的正确答案为ABCD。

9．【答案】BCD

【解析】经理的职权包括：经理有权列席董事会会议，非董事经理在董事会上没有表决权；经理应当根据董事会或者监事会的要求，向董事会或者监事会报告公司重大合同的签订及执行情况、资金运用情况和盈亏情况；经理必须保证该报告的真实性；如果公司章程对经理职权另有规定的，从其规定。因此，本题的正确答案为BCD。

10．【答案】ABCD

【解析】发行保荐书的必备内容包括：本次证券发行基本情况、保荐机构承诺事项、对本次证券发行的推荐意见。其中，本次证券发行的基本情况需要简述本次具体负责推荐的保荐代表人、本次证券发行项目协办人及其他项目组成员、发行人情况、内部审核程序和内核意见，详细说明发行人与保荐机构是否存在关联关系。在保荐机构承诺事项部分，保荐机构应承诺已按照法律、行政法规和中国证监会的规定，对发行人及其控股股东、实际控制人进行了尽职调查、审慎核查，同意推荐发行人证券发行上市，并据此出具本发行保荐书；保荐机构应就《证券发行上市保荐业务管理办法》第三十三条所列事项作出承诺。对本次证券发行的推荐意见部分，保荐机构应逐项说明发行人是否已就本次证券发行履行了《公司法》、《证券法》及中国证监会规定的决策程序，保荐机构应逐项说明本次证券发行是否符合《证券法》规定的发行条件；保荐机构应逐项说明本次证券发行是否符合《首次公开发行股票并上市管理办法》规定的发行条件，并载明得出每项结论的查证过程及事实依据；保荐机构应结合发行人行业地位、经营模式、产品结构、经营环境、主要客户、重要资产以及技术等影响持续盈利能力的因素，详细说明发行人存在的主要风险，并对发行人的发展前景进行简要评价；发行保荐书应由保荐机构法定代表人、保荐业务负责人、内核负责人、保荐代表人和项目协办人签字，加盖保荐机构公章并注明签署日期。因此，本题的正确答案为ABCD。

11.【答案】ABCD

【解析】保荐机构出具的发行保荐书、证券服务机构出具的有关文件应当作为招股说明书的备查文件,在中国证监会指定的网站上披露,并置备于发行人住所、拟上市证券交易所、保荐机构、主承销商和其他承销机构的住所,以备公众查阅。招股说明书及其摘要引用保荐机构、证券服务机构的专业意见或者报告的,相关内容应当与保荐机构、证券服务机构出具的文件内容一致,确保引用保荐机构、证券服务机构的意见不会产生误导。因此,本题的正确答案为ABCD。

12.【答案】ABCD

【解析】首次公开发行股票时,询价对象应当符合下列条件:(1)依法设立,最近12个月未因重大违法违规行为被相关监管部门给予行政处罚、采取监管措施或者受到刑事处罚;(2)依法可以进行股票投资;(3)信用记录良好,具有独立从事证券投资所必需的机构和人员;(4)具有健全的内部风险评估和控制系统并能够有效执行,风险控制指标符合有关规定;(5)按照《证券发行与承销管理办法》的规定被中国证券业协会从询价对象名单中去除的,自去除之日起已满12个月。因此,本题的正确答案为ABCD。

13.【答案】ABC

【解析】首次公开发行股票时,为确保股票的顺利发行,发行人和主承销商应遵循以下基本原则:(1)公开、公平、公正原则。(2)高效原则。(3)经济原则。因此,本题的正确答案为ABC。

14.【答案】ACD

【解析】根据《关于中小企业板上市公司实行公开致歉并试行弹性保荐制度的通知》,中小企业板上市公司试行弹性保荐制度。如果上市公司及相关当事人发生以下事项:上市公司或其实际控制人、董事、监事、高级管理人员受到证监会公开批评或者交易所公开谴责的;或最近2年经深圳证券交易所考评信息披露不合格的;或深圳证券交易所认定的其他情形,深圳证券交易所除要求保荐代表人(如有)参加致歉活动外,鼓励上市公司及时重新聘请保荐机构进行持续督导,持续督导时间直至相关违规行为已经得到纠正、重大风险已经消除,且不少于相关情形发生当年剩余时间及其后1个完整的会计年度;若上市公司出现上述情形时仍处于持续督导期,但持续督导剩余时间少于前款所要求时间的,深圳证券交易所鼓励上市公司顺延现有持续督导期。因此,本题的正确答案为ACD。

15.【答案】ABCD

【解析】首次公开发行股票时，主承销商应当对询价对象和股票配售对象的登记备案情况进行核查。对有下列情形之一的询价对象不得配售股票：未参与初步询价；询价对象或者股票配售对象的名称、账户资料与中国证券业协会登记的不一致；未在规定时间内报价或者足额划拨申购资金；有证据表明在询价过程中有违法违规或者违反诚信原则的情形。因此，本题的正确答案为ABCD。

16.【答案】BCD

【解析】根据《证券发行与承销管理办法》，首次公开发行股票可以根据实际情况，采取向战略投资者配售、向参与网下配售的询价对象配售以及向参与网上发行的投资者配售等方式。其中，向参与网下配售的询价对象配售时，主承销商确认累计投标询价申报结果数据，并将确认后的数据于T日15：30前通过申购平台发送至登记结算平台。主承销商于T日17：30后通过其PROP信箱获取各配售对象截至T日16：00的申购资金到账情况。主承销商根据其获取的T日16：00资金到账情况以及结算银行提供的网下申购资金专户截止T日16：00的资金余额，按照中国证监会相关规定组织验资。主承销商于T＋2日7：00前将确定的配售结果数据，包括发行价格、获配股数、配售款、证券账户、获配股份限售期限、配售对象证件代码等通过PROP发送至登记结算平台。结算银行于T＋2日根据主承销商通过登记结算平台提供的电子退款明细数据，按照原留存的配售对象汇款凭证办理配售对象的退款；根据主承销商于初步询价截止日前通过登记结算平台提供的主承销商网下发行募集款收款银行账户办理募集款的划付。因此，本题的正确答案为BCD。

17.【答案】ABCD

【解析】首次公开发行股票招股说明书及其摘要时，发行人应披露董事、监事、高级管理人员及核心技术人员的兼职情况及所兼职单位与发行人的关联关系。没有兼职的，应予以声明。因此，本题的正确答案为ABCD。

18.【答案】AC

【解析】上市公司发行新股，可以公开发行，也可以非公开发行。其中上市公司公开发行新股是指上市公司向不特定对象发行新股，包括向原股东配售股份和向不特定对象公开募集股份。因此，本题的正确答案为AC。

19.【答案】BCD

【解析】上市公司发行新股时，向原股东配股，除符合一般规定外，还应当符合的规定包括：（1）拟配股数量不超过本次配股前股本总额的30%。（2）控股股东应当在股东

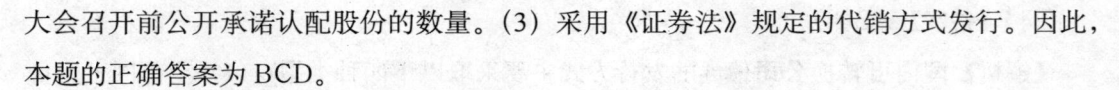

大会召开前公开承诺认配股份的数量。(3) 采用《证券法》规定的代销方式发行。因此，本题的正确答案为 BCD。

20．【答案】ABCD

【解析】上市公司存在以下情形之一的，不得非公开发行股票：(1) 本次发行申请文件有虚假记载、误导性陈述或重大遗漏。(2) 上市公司的权益被控股股东或实际控制人严重损害且尚未消除。(3) 上市公司及其附属公司违规对外提供担保且尚未解除。(4) 现任董事、高级管理人员最近 36 个月内受到过中国证监会的行政处罚，或者最近 12 个月内受到过证券交易所的公开谴责。(5) 上市公司或其现任董事、高级管理人员因涉嫌犯罪正被司法机关立案侦查，或涉嫌违法违规正被中国证监会立案调查。(6) 最近 1 年及 1 期财务报表被注册会计师出具保留意见、否定意见或无法表示意见的审计报告。保留意见、否定意见或无法表示意见所涉及事项的重大影响已经消除或者本次发行涉及重大重组的除外。(7) 严重损害投资者合法权益和社会公共利益的其他情形。因此，本题的正确答案为 ABCD。

21．【答案】ABCD

【解析】上市公司公开发行新股的推荐核准，包括由保荐机构（主承销商）进行的内核、出具发行保荐书、对承销商备案材料的合规性审核，以及由中国证监会进行的受理文件、初审、发行审核委员会审核、核准发行等。因此，本题的正确答案为 ABCD。

22．【答案】ABCD

【解析】根据《深圳证券交易所创业板股票上市规则》，上市公司向深圳证券交易所申请办理新股发行事宜时，应当提交的文件包括：(1) 中国证监会的核准文件；(2) 经中国证监会审核的全部发行申报材料；(3) 发行的预计时间安排；(4) 发行具体实施方案和发行公告；(5) 相关招股意向书或者募集说明书；(6) 深圳证券交易所要求的其他文件。因此，本题的正确答案为 ABCD。

23．【答案】ABC

【解析】影响可转换公司债券价值的因素之一赎回条款，在通常情况下，赎回期限越长、转换比率越低、赎回价格越低，赎回的期权价值就越大，越有利于发行人；相反，赎回期限越短、转换比率越高、赎回价格越高，赎回的期权价值就越小，越有利于转债持有人。在股价走势向好时，赎回条款实际上起到强制转股的作用。也就是说，当公司股票增长到一定幅度，转债持有人若不进行转股，那么，他从转债赎回得到的收益将远低于从转股中获得的收益。因此，本题的正确答案为 ABC。

24．【答案】ABCD

【解析】国内可转换公司债券的发行方式主要采取以下四种类型：（1）全部网上定价发行。（2）网上定价发行与网下向机构投资者配售相结合。（3）部分向原社会公众股股东优先配售，剩余部分网上定价发行。（4）部分向原社会公众股股东优先配售，剩余部分采用网上定价发行和网下向机构投资者配售相结合的方式。经中国证监会核准后，可转换公司债券的发行人和主承销商可向上海证券交易所、深圳证券交易所申请上网发行。因此，本题的正确答案为ABCD。

25．【答案】ABD

【解析】上市公司应当在可转换公司债券约定的付息日前3～5个交易日内披露付息公告，在可转换公司债券期满前3～5个交易日内披露本息兑付公告。上市公司应当在可转换公司债券开始转股前3个交易日内披露实施转股的公告。上市公司应当在每一季度结束后及时披露因可转换公司债券转换为股份所引起的股份变动情况。因此，本题的正确答案为ABD。

26．【答案】ABCD

【解析】公司债券申请上市须向所在交易所提交下列文件：（1）债券上市申请书；（2）有权部门批准债券发行的文件；（3）同意债券上市的决议；（4）债券上市推荐书；（5）公司章程；（6）公司营业执照；（7）债券募集办法、发行公告及发行情况报告；（8）债券资信评级报告及跟踪评级安排说明；（9）债券实际募集数额的证明文件；（10）上市公告书；（11）具有证券从业资格的会计师事务所出具的发行人最近3个完整会计年度审计报告；（12）担保人资信情况说明与担保协议（如有）；（13）发行人最近3年是否存在违法违规行为的说明；（14）债券持有人名册及债券托管情况说明；（15）证券交易所要求的其他文件。因此，本题的正确答案为ABCD。

27．【答案】ABCD

【解析】为了实现境外募股与上市目标，企业股份制改组方案一般应当遵循以下基本原则：（1）突出主营业务。（2）避免同业竞争，减少关联交易。（3）保持较高的利润总额与资产利润率。（4）避免出现可能影响境外募股与上市的法律障碍。（5）明确股份有限公司与各关联企业的经济关系。因此，本题的正确答案为ABCD。

28．【答案】ABC

【解析】在发行准备工作已经基本完成，并且发行审查已经原则通过（有时可能是取得附加条件通过的承诺）的情况下，主承销商（或全球协调人）将安排承销前的国际推介与询价,此阶段的工作对于发行、承销成功具有重要的意义。这一阶段的工作主要包括以下几个环节:(1)预路演。(2)路演推介。(3)簿记定价。因此,本题的正确答案为 ABC。

29.【答案】BCD

【解析】上市公司股东大会就重大资产重组事项作出决议,必须经出席会议的股东所持表决权的 2/3 以上通过。上市公司重大资产重组事宜与本公司股东或者其关联人存在关联关系的,股东大会就重大资产重组事项进行表决时,关联股东应当回避表决。交易对方已经与上市公司控股股东就受让上市公司股权或者向上市公司推荐董事达成协议或者默契,可能导致上市公司的实际控制权发生变化的,上市公司控股股东及其关联人应当回避表决。上市公司就重大资产重组事宜召开股东大会,应当以现场会议形式召开,并应当提供网络投票或者其他合法方式为股东参加股东大会提供便利。因此,本题的正确答案为 BCD。

30.【答案】ABCD

【解析】上市公司收购时,有下列情形之一的,当事人可以向中国证监会提出免于发出要约的申请:(1)经政府或者国有资产管理部门批准进行国有资产无偿划转、变更、合并,导致投资者在一个上市公司中拥有权益的股份占该公司已发行股份的比例超过 30%;(2)因上市公司按照股东大会批准的确定价格向特定股东回购股份而减少股本,导致当事人在该公司中拥有权益的股份超过该公司已发行股份的 30%;(3)证券公司、银行等金融机构在其经营范围内依法从事承销、贷款等业务导致其持有一个上市公司已发行股份超过 30%,没有实际控制该公司的行为或者意图,并且提出在合理期限内向非关联方转让相关股份的解决方案;(4)中国证监会为适应证券市场发展变化和保护投资者合法权益的需要而认定的其他情形。因此,本题的正确答案为 ABCD。

31.【答案】ABCD

【解析】在创业板上市公司首次公开发行股票的基本条件包括:(1)发行人是依法设立且持续经营 3 年以上的股份有限公司。有限责任公司按原账面净资产值折股整体变更为股份有限公司的,持续经营时间可以从有限责任公司成立之日起计算。(2)最近两年连续盈利,最近两年净利润累计不少于 1 000 万元,且持续增长;或者最近 1 年盈利,且净利润不少于 500 万元,最近 1 年营业收入不少于 5 000 万元,最近两年营业收入增长率均不低于 30%。净利润以扣除非经常性损益前后孰低者为计算依据。(3)最近 1 期末净资产不少于 2 000 万元,且不存在未弥补亏损。(4)发行后股本总额不少于 3 000 万元。因此，本题的正确答案为ABCD。

32．【答案】BCD

【解析】网下发行方式都存在发行环节多、认购成本高、社会工作量大、效率低的缺点。随着电子交易技术的发展，这类方式逐步被淘汰。因此，本题的正确答案为BCD。

33．【答案】ABCD

【解析】上市公司发行股份购买资产，应当符合以下规定：(1)有利于提高上市公司资产质量、改善公司财务状况和增强持续盈利能力；有利于上市公司减少关联交易和避免同业竞争，增强独立性。(2)上市公司最近1年及1期财务会计报告被注册会计师出具无保留意见审计报告；被出具保留意见、否定意见或者无法表示意见的审计报告的，须经注册会计师专项核查确认，该保留意见、否定意见或者无法表示意见所涉及事项的重大影响已经消除或者将通过本次交易予以消除。(3)上市公司发行股份所购买的资产，应当为权属清晰的经营性资产，并能在约定期限内办理完毕权属转移手续。(4)中国证监会规定的其他条件。特定对象以现金或者资产认购上市公司非公开发行的股份后，上市公司用同一次非公开发行所募集的资金向该特定对象购买资产的，视同上市公司发行股份购买资产。因此，本题的正确答案为ABCD。

34．【答案】ABCD

【解析】企业股份制改组与股份有限公司设立的法律审查，是指需由律师对企业改组与公司设立的文件及其相关事项的合法性进行审查。律师一般从以下几个方面进行审查，并出具法律意见书：(1)企业申请进行股份制改组的可行性和合法性。(2)发起人资格及发起协议的合法性。(3)发起人投资行为和资产状况的合法性。(4)无形资产权利的有效性和处理的合法性。(5)原企业重大变更的合法性和有效性。(6)原企业重大合同及其他债权、债务的合法性。(7)诉讼、仲裁或其他争议的解决。(8)其他应当审查的事项。因此，本题的正确答案为ABCD。

35．【答案】AB

【解析】商业银行发行金融债券应具备的条件包括：具有良好的公司治理机制；核心资本充足率不低于4%；最近3年连续盈利；贷款损失准备计提充足；风险监管指标符合监管机构的有关规定；最近3年没有重大违法、违规行为；中国人民银行要求的其他条件。因此，本题的正确答案为AB。

36．【答案】ABCD

【解析】在主板上市公司首次公开发行股票时，发行人不得有以下情形：(1)最近

36个月内未经法定机关核准,擅自公开或者变相公开发行过证券;或者有关违法行为虽然发生在36个月前,但目前仍处于持续状态。(2)最近36个月内违反工商、税收、土地、环保、海关以及其他法律、行政法规,受到行政处罚,且情节严重。(3)最近36个月内曾向中国证监会提出发行申请,但报送的发行申请文件有虚假记载、误导性陈述或重大遗漏;或者不符合发行条件以欺骗手段骗取发行核准;或者以不正当手段干扰中国证监会及其发行审核委员会的审核工作;或者伪造、变造发行人或其董事、监事、高级管理人员的签字、盖章。(4)本次报送的发行申请文件有虚假记载、误导性陈述或者重大遗漏。(5)涉嫌犯罪被司法机关立案侦查,尚未有明确结论意见。(6)严重损害投资者合法权益和社会公共利益的其他情形。因此,本题的正确答案为ABCD。

37. 【答案】ABCD

【解析】上市公司应当制定信息披露事务管理制度。信息披露事务管理制度应当包括:明确上市公司应当披露的信息,确定披露标准;未公开信息的传递、审核、披露流程;信息披露事务管理部门及其负责人在信息披露中的职责;董事和董事会、监事和监事会、高级管理人员等的报告、审议和披露的职责;董事、监事、高级管理人员履行职责的记录和保管制度;未公开信息的保密措施,内幕信息知情人的范围和保密责任;财务管理和会计核算的内部控制及监督机制;对外发布信息的申请、审核、发布流程;与投资者、证券服务机构、媒体等的信息沟通与制度;信息披露相关文件、资料的档案管理;涉及子公司的信息披露事务管理和报告制度;未按规定披露信息的责任追究机制,对违反规定人员的处理措施。因此,本题的正确答案为ABCD。

38. 【答案】ABC

【解析】《上市公司证券发行管理办法》第八条规定,发行可转换公司债券的上市公司的财务状况应当良好,符合下列要求:(1)会计基础工作规范,严格遵循国家统一会计制度的规定;(2)最近3年及1期财务报表未被注册会计师出具保留意见、否定意见或无法表示意见的审计报告;被注册会计师出具带强调事项段的无保留意见审计报告的,所涉及的事项对发行人无重大不利影响或者在发行前重大不利影响已经消除;(3)资产质量良好,不良资产不足以对公司财务状况造成重大不利影响;(4)经营成果真实,现金流量正常,营业收入和成本费用的确认严格遵循国家有关企业会计准则的规定,最近3年资产减值准备计提充分合理,不存在操纵经营业绩的情形;(5)最近3年以现金或股票方式累计分配的利润不少于最近3年实现的年均可分配利润的20%。因此,本题的正确答案为ABC。

39. 【答案】ACD

【解析】证券交易所按照下列规定停止可转换公司债券的交易：(1) 可转换公司债券流通面值少于3 000万元时，在上市公司发布相关公告3个交易日后停止其可转换公司债券的交易。(2) 可转换公司债券自转换期结束之前的第10个交易日起停止交易。(3) 可转换公司债券在赎回期间停止交易。除此之外，可转换公司债券还应当在出现中国证监会和证券交易所认为必须停止交易的其他情况时停止交易。因此，本题的正确答案为ACD。

40. 【答案】ABD

【解析】上市公司及其控股或者控制的公司购买、出售资产，达到下列标准之一的，构成重大资产重组：(1) 购买、出售的资产总额占上市公司最近1个会计年度经审计的合并财务会计报告期末资产总额的比例达到50%以上。(2) 购买、出售的资产在最近1个会计年度所产生的营业收入占上市公司同期经审计的合并财务会计报告营业收入的比例达到50%以上。(3) 购买、出售的资产净额占上市公司最近1个会计年度经审计的合并财务会计报告期末净资产额的比例达到50%以上，且超过5 000万元人民币。因此，本题的正确答案为ABD。

三、判断题

1. 【答案】B

【解析】1998年之前，我国股票发行监管制度采取发行规模和发行企业数量双重控制的办法，即每年先由证券主管部门下达公开发行股票的数量总规模，并在此限额内，各地方和部委切分额度，再由地方或部委确定预选企业，上报中国证券监督管理委员会批准。因此，本题的正确答案为B。

2. 【答案】A

【解析】1998年通过的《证券法》对公司债券的发行和上市作了特别规定，规定公司债券的发行仍采用审批制，但上市交易则采用核准制，同时对公司债券暂停上市交易、终止上市交易的情形及处理办法作了规定，进一步完善了对公司债券的管理。因此，本题的正确答案为A。

3. 【答案】B

【解析】保荐机构、保荐业务负责人或者内核负责人在1个自然年度内被采取监管措施累计5次以上，中国证监会可暂停保荐机构的保荐机构资格3个月，责令保荐机构更换保荐业务负责人、内核负责人。因此，本题的正确答案为 B。

4.【答案】B

【解析】财政部、中国人民银行、中国证监会于 2006 年 7 月 4 日审议通过了《国债承销团成员资格审批办法》，该办法规定国债承销团按照国债品种组建，包括凭证式国债承销团、记账式国债承销团和其他国债承销团。因此，本题的正确答案为 B。

5.【答案】A

【解析】证券公司应建立以净资本为核心的风险控制指标体系，加强证券公司内部控制，防范风险，依据 2008 年 12 月 1 日起施行的修改后的《证券公司风险控制指标管理办法》的规定，计算净资本和风险资本准备，编制净资本计算表、风险资本准备计算表和风险控制指标监管报表。证券公司应当根据自身资产负债状况和业务发展情况，建立动态的风险控制指标监控和补足机制，确保净资本等各项风险控制指标在任一时点都符合规定标准。因此，本题的正确答案为 A。

6.【答案】B

【解析】根据《公司法》第七十八条的规定，股份有限公司的设立可以采取发起设立或者募集设立两种方式。发起设立是指由发起人认购公司发行的全部股份而设立公司。在发起设立股份有限公司的方式中，发起人必须认足公司发行的全部股份，社会公众不参加股份认购。募集设立是指由发起人认购公司应发行股份的一部分，其余股份向社会公开募集或者向特定对象募集而设立公司。因此，本题的正确答案为 B。

7.【答案】B

【解析】根据《公司法》第七十九条的规定，设立股份有限公司，应当有 2 人以上 200 人以下为发起人，其中必须有半数以上的发起人在中国境内有住所。因此，本题的正确答案为 B。

8.【答案】B

【解析】股份有限公司股东大会的决议内容违反法律、行政法规的无效。股东大会的会议召集程序、表决方式违反法律、行政法规或者公司章程，或者决议内容违反公司章程的，股东可以自决议作出之日起 60 日内，请求人民法院撤销。人民法院可以应公司的请求，要求提起诉讼的股东提供相应担保。公司根据股东大会决议已办理变更登记的，人民法院宣告该决议无效或者撤销该决议后，公司应当向公司登记机关申请撤销变更登记。因此，本题的正确答案为 B。

9.【答案】A

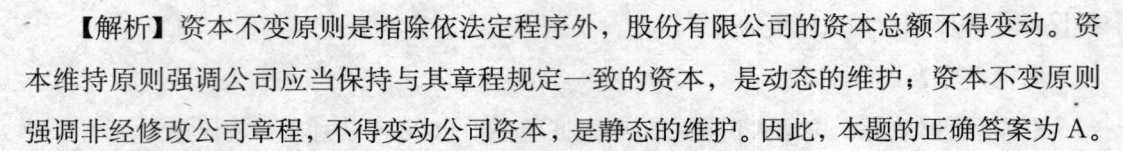

【解析】资本不变原则是指除依法定程序外，股份有限公司的资本总额不得变动。资本维持原则强调公司应当保持与其章程规定一致的资本，是动态的维护；资本不变原则强调非经修改公司章程，不得变动公司资本，是静态的维护。因此，本题的正确答案为 A。

10.【答案】B

【解析】在我国，担任独立董事应当符合的基本条件包括：(1) 根据法律、行政法规及其他有关规定，具备担任上市公司董事的资格；(2) 具有《关于在上市公司建立独立董事制度的指导意见》所要求的独立性；(3) 具备上市公司运作的基本知识，熟悉相关法律、行政法规、规章及规则；(4) 具有 5 年以上法律、经济或者其他履行独立董事职责所必需的工作经验；(5) 公司章程规定的其他条件。因此，本题的正确答案为 B。

11.【答案】A

【解析】根据《公司法》第一百六十六条的规定，股份有限公司的财务会计报告应当在召开股东大会年会的 20 日前置备于本公司，供股东查阅；公开发行股票的股份有限公司必须公告其财务会计报告。因此，本题的正确答案为 A。

12.【答案】A

【解析】股份有限公司的分立是指一个股份有限公司因生产经营需要或其他原因而分开设立为两个或两个以上公司。股份有限公司的分立可以分为新设分立和派生分立。新设分立是指股份有限公司将其全部财产分割为两个部分以上，另外设立两个公司，原公司的法人地位消失。派生分立是指原公司将其财产或业务的一部分分离出去设立一个或数个公司，原公司继续存在。因此，本题的正确答案为 A。

13.【答案】A

【解析】《证券法》对股份有限公司申请股票上市的要求。(1) 股票经国务院证券监督管理机构核准已公开发行；(2) 公司股本总额不少于人民币 3 000 万元；(3) 公开发行的股份达到公司股份总数的 25% 以上；公司股本总额超过人民币 4 亿元的，公开发行股份的比例为 10% 以上；(4) 公司最近 3 年无重大违法行为，财务会计报告无虚假记载。因此，本题的正确答案为 A。

14.【答案】B

【解析】拟发行上市公司的资产应做到独立完整。(1) 发起人或股东与拟发行上市公司的资产产权要明确界定和划清。发起人或股东投入公司的资产应足额到位，并办理相关资产、股权等权属变更手续。(2) 发起人或股东将经营业务纳入拟发行上市公司的，该经营业务所必需的商标应进入公司。由拟发行上市公司拥有的商标使用权，需要许可其他关

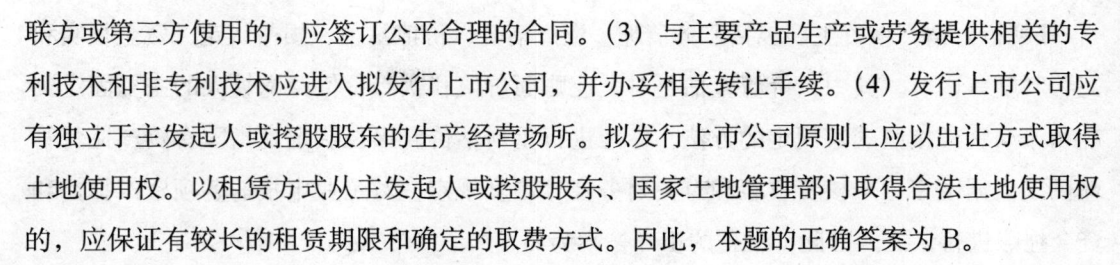

联方或第三方使用的，应签订公平合理的合同。(3) 与主要产品生产或劳务提供相关的专利技术和非专利技术应进入拟发行上市公司，并办妥相关转让手续。(4) 发行上市公司应有独立于主发起人或控股股东的生产经营场所。拟发行上市公司原则上应以出让方式取得土地使用权。以租赁方式从主发起人或控股股东、国家土地管理部门取得合法土地使用权的，应保证有较长的租赁期限和确定的取费方式。因此，本题的正确答案为B。

15.【答案】A

【解析】拟发行上市公司应做到财务独立。(1) 拟发行上市公司应设立其自身的财务会计部门，建立独立的会计核算体系和财务管理制度，并符合有关会计制度的要求，独立进行财务决策。(2) 拟发行上市公司应拥有其自身的银行账户，不得与其股东单位、其他任何单位或人士共用银行账户。(3) 股东单位或其他关联方不得以任何形式占用拟发行上市公司的货币资金或其他资产。(4) 拟发行上市公司应依法独立进行纳税申报和履行缴纳义务。(5) 拟发行上市公司应独立对外签订合同。(6) 拟发行上市公司不得为控股股东及其下属单位、其他关联企业提供担保，或将以拟发行上市公司名义的借款转借给股东单位使用。因此，本题的正确答案为A。

16.【答案】B

【解析】我国国有公司改组为上市公司时，资产评估结果需要报国有资产管理部门审核确认；改组为境外募股公司时，如果有境外的会计师查验账目，结果与国有资产管理部门确认的资产评估结果不一致，需要调整时，也要由原资产评估结果确认的国有资产管理部门审核同意。因此，本题的正确答案为B。

17.【答案】B

【解析】在企业股份制改组过程中，企业的资产、业务及债权、债务必然随之重组。由于原企业与新设公司属于两个主体，任何业务、资产、债权、债务的变更均有进一步完善法律手续的问题，因此，律师应当对这些变更的合法性和有效性进行法律审查。因此，本题的正确答案为B。

18.【答案】A

【解析】公司在改组为上市公司时，应当根据公司改组和资产重组的方案确定资产评估的范围。基本原则是：进入股份有限公司的资产都必须进行评估。拟改组上市的公司在进行资产评估时，必须由取得证券业从业资格的资产评估机构进行评估。因此，本题的正确答案为A。

19.【答案】B

【解析】清产核资主要包括账务清理、资产清查、价值重估、损益认定、资金核实和完善制度等内容。其中，价值重估是对企业账面价值和实际价值背离较大的主要固定资产和流动资产按照国家规定的方法、标准进行重新估价。损益认定是指国有资产监督管理机构依据国家清产核资政策和有关财务会计制度规定，对企业申报的各项资产损益和资金挂账进行认证。因此，本题的正确答案为B。

20．【答案】B

【解析】证券经营机构采用包销方式，难免会有承销团不能全部售出证券的情况，这时，全体承销商不得不在承销期结束时自行购入售后剩余的证券。通常情况下，承销商可以在证券上市后，通过证券交易所的交易系统逐步卖出自行购入的剩余证券。证券交易所推出大宗交易制度后，承销商可以通过大宗交易的方式卖出剩余证券，拥有了一个快速、大量处理剩余证券的新途径。因此，本题的正确答案为B。

21．【答案】A

【解析】上市公司与交易对方就重大资产重组事宜进行初步磋商时，应当立即采取必要且充分的保密措施，制定严格有效的保密制度，限定相关敏感信息的知悉范围。上市公司及交易对方聘请证券服务机构的，应当立即与所聘请的证券服务机构签署保密协议。因此，本题的正确答案为A。

22．【答案】A

【解析】股票发行公告是承销商对公众投资人作出的事实通知。因此，本题的正确答案为A。

23．【答案】A

【解析】股份有限公司监事的任期每届为3年，监事任期届满，连选可以连任。监事任期届满未及时改选，或者监事在任期内辞职导致监事会成员低于法定人数的，在改选出的监事就任前，原监事仍应当依照法律、行政法规和公司章程的规定，履行监事职务。因此，本题的正确答案为A。

24．【答案】A

【解析】《证券发行上市保荐业务管理办法》规定，保荐机构、保荐代表人因保荐业务涉嫌违法违规处于立案调查期间的，中国证监会暂不受理该保荐机构的推荐；暂不受理相关保荐代表人具体负责的推荐。因此，本题的正确答案为A。

25．【答案】A

【解析】公司外部筹资，无论采用股票、债券还是其他方式都需要支付大量的费用，而利用未分配利润则无需这些开支。所以，在筹资费用相当高的今天，利用未分配利润筹资对公司非常有益。因此，本题的正确答案为A。

26．【答案】B

【解析】首次公开发行股票并在主板上市的，持续督导的期间为证券上市当年剩余时间及其后2个完整会计年度；在主板上市公司发行新股、可转换公司债券的，持续督导的期间为证券上市当年剩余时间及其后1个完整会计年度。因此，本题的正确答案为B。

27．【答案】B

【解析】首次公开发行股票数量在4亿股以上的，可以向战略投资者配售股票。因此，本题的正确答案为B。

28．【答案】A

【解析】根据《证券法》第二十一条的规定，发行人申请首次公开发行股票的，在提交申请文件后，应当按照国务院证券监督管理机构的规定预先披露有关申请文件。因此，发行人申请文件受理后、发审委审核前，发行人应当将招股说明书（申报稿）在中国证监会网站预先披露。因此，本题的正确答案为A。

29．【答案】B

【解析】企业债券得到国家发改委批准并经中国人民银行和中国证监会会签后，即可进行具体的发行工作。因此，本题的正确答案为B。

30．【答案】B

【解析】股票的发行价格可以等于票面金额，也可以超过票面金额，但不得低于票面金额。股票的定价不仅仅是估值及撰写投资价值研究报告，还包括发行期间的具体沟通、协商、询价、投标等一系列定价活动。因此，本题的正确答案为B。

31．【答案】B

【解析】证券交易所在收到发行人提交的全部上市申请文件后7个交易日内，作出是否同意上市的决定并通知发行人。出现特殊情况时，证券交易所可以暂缓作出是否同意上市的决定。因此，本题的正确答案为B。

32．【答案】B

【解析】根据《上市公司证券发行管理办法》，上市公司发行的可转换公司债券在发行结束6个月后，方可转换为公司股票，转股期限由公司根据可转换公司债券的存续期限及公司财务状况确定。可转换公司债券持有人对转换股票或不转换股票有选择权，并于转股完成后的次日成为发行公司的股东。上市公司应当在可转换公司债券期满后5个工作日内，办理完毕偿还债券余额本息的事项；分离交易的可转换公司债券的偿还事宜与此相同。因此，本题的正确答案为B。

33．【答案】B

【解析】首次公开发行股票时，发行人应在招股说明书及其摘要披露后10日内，将正式印刷的招股说明书全文文本一式五份，分别报送中国证监会及其在发行人注册地的派出机构。因此，本题的正确答案为B。

34．【答案】A

【解析】上市公司在履行信息披露义务时，应当指派董事会秘书、证券事务代表或者代行董事会秘书职责的人员负责与交易所联系，办理信息披露与股权管理事务。董事会秘书为上市公司高级管理人员，对公司和董事会负责，董事会秘书负责组织和协调公司信息披露事务，汇集上市公司应予披露的信息并报告董事会，持续关注媒体对公司的报道并主动求证报道的真实情况。因此，本题的正确答案为A。

35．【答案】B

【解析】上市公司公开发行股票，应当由证券公司承销；非公开发行股票，如发行对象均属于原前10名股东的，则可以由上市公司自行销售。上市公司申请公开发行证券或者非公开发行新股，应当由保荐人保荐，并向中国证监会申报。因此，本题的正确答案为B。

36．【答案】A

【解析】可转换公司债券的上市是指可转换公司债券经核准在证券交易所挂牌买卖。可转换公司债券发行人在发行结束后，可向证券交易所申请将可转换公司债券上市。可转换公司债券在发行人股票上市的证券交易所上市。因此，本题的正确答案为A。

37．【答案】A

【解析】上市公司在非公开发行新股后，应当将发行情况报告书刊登在至少一种中国证监会指定的报刊，同时将其刊登在中国证监会指定的互联网网站，置备于中国证监会指定的场所，供公众查阅。上市公司可以将公开募集证券说明书全文或摘要、发行情况公告书刊登于其他网站和报刊，但不得早于法定披露信息的时间。因此，本题的正确答案为A。

38．【答案】A

【解析】上市公司在可转换公司债券转换期结束的20个交易日前，应当至少发布3次提示公告，提醒投资者有关在可转换公司债券转换期结束前的10个交易日停止交易的事项。公司出现可转换公司债券按规定须停止交易的其他情形时，应当在获悉有关情形后及时发布其可转换公司债券将停止交易的公告。因此，本题的正确答案为A。

39．【答案】A

【解析】1988年以前，我国国债发行采用行政分配方式；1988年，财政部首次通过商业银行和邮政储蓄柜台销售了一定数量的国债；1991年，开始以承购包销方式发行国债；1996年起，公开招标方式被广泛采用。目前，凭证式国债发行完全采用承购包销方式，储蓄国债发行可采用包销或代销方式，记账式国债发行完全采用公开招标方式。因此，本题的正确答案为A。

40．【答案】B

【解析】金融债券发行结束后10个工作日内，发行人应向中国人民银行书面报告金融债券发行情况。金融债券定向发行的，经认购人同意，可免于信用评级。定向发行的金融债券只能在认购人之间进行转让。因此，本题的正确答案为B。

41．【答案】A

【解析】企业债券的利率由发行人与其主承销商根据信用等级、风险程度、市场供求状况等因素协商确定，但必须符合企业债券利率管理的有关规定。《企业债券管理条例》第十八条规定，企业债券的利率不得高于银行相同期限居民储蓄定期存款利率的40%。因此，本题的正确答案为A。

42．【答案】A

【解析】公司债券上市期间，凡发生可能导致债券信用评级有重大变化、对债券按期偿付产生任何影响等事件或者存在相关的市场传言，发行人应当在第一时间向证券交易所提交临时报告，并予以公告澄清。发行人于交易日公布上述信息时，证券交易所将视情况对相关债券进行停牌处理。发行人按规定要求披露后进行复牌。因此，本题的正确答案为A。

43．【答案】B

【解析】根据《银行间债券市场非金融企业短期融资券业务指引》，企业发行短期融资券应遵守国家相关法律法规，短期融资券待偿还余额不得超过企业净资产的40%。在资金使用上，企业发行短期融资券所募集的资金应用于企业生产经营活动，并在发行文件中明确披露具体资金用途。企业在短期融资券存续期内变更募集资金用途应提前披露。因此，本题的正确答案为B。

44．【答案】A

【解析】在中国证监会《证券公司债券管理暂行办法》中，对公开发行的证券公司债券的持续信息披露的规定之一是债券上市期间，发行人应当在每个会计年度结束之日后4个月内向中国证监会和证券交易所提交年度报告，在每个会计年度的上半年结束之日后2个月内向中国证监会和证券交易所提交中期报告，并在中国证监会指定报刊和互联网网站上披露。因此，本题的正确答案为A。

45．【答案】A

【解析】资产支持证券的发行可采取一次性足额发行或限额内分期发行的方式。分期发行资产支持证券的，在每期资产支持证券发行前5个工作日，受托机构应将最终的发行说明书、评级报告及所有最终的相关法律文件报中国人民银行备案，并按中国人民银行的要求披露有关信息。因此，本题的正确答案为A。

46．【答案】B

【解析】我国股份有限公司发行境内上市外资股一般采取配售方式。按照国际金融市场的通常做法，采取配售方式，承销商可以将所承销的股份以议购方式向特定的投资者配售。主承销商在承销前的较早阶段即已通过向其网络内客户的推介或路演，初步确定了认购量和投资者可以接受的发行价格，正式承销前的市场预测和承销协议签署仅具备有限的商业和法律意义。因此，本题的正确答案为B。

47．【答案】A

【解析】在中国境内申请发行人民币债券的国际开发机构应向财政部等窗口单位递交债券发行申请，由窗口单位会同中国人民银行、国家发改委、中国证监会和国家外汇管理局等部门审核通过后，报国务院同意。国家发改委会同财政部，根据国家产业政策、外资外债情况、宏观经济和国际收支状况，对人民币债券的发行规模及所筹资金用途进行审核。因此，本题的正确答案为A。

48．【答案】B

【解析】上市公司所属企业申请境外上市，应当符合的条件之一是上市公司最近1个会计年度合并报表中按权益享有的所属企业净资产不得超过上市公司合并报表净资产的30%。因此，本题的正确答案为B。

49．【答案】A

【解析】外资股发行的招股说明书可以采取严格的招股章程形式，也可以采取信息备忘录的形式。二者在合同法上具有相同的法律意义，它们均是发行人向投资者发出的募股要约邀请。但是，在证券法上二者却有不尽相同的法律意义。原则上，招股章程的编制应当严格符合外资股上市地有关招股章程必要条款和信息披露规则的要求。因此，本题的正确答案为 A。

50．【答案】A

【解析】在确定国际分销方案时，一般选择当地法律对配售没有限制和严格审查要求的地区作为配售地，以简化发行准备工作。对于募股规模较大的项目来说，每个国际配售地区通常要安排一家主要经办人。国际分销地区、各地区的配售额在国际推介之后确定，在承销过程中可以调整。一般情况下，在国际分销实施前，整个承销团及各国际分销地区的认购情况和认购率已经基本明确。按照承销协议、承销团协议和收款银行协议，涉及承销各方利益的收款转款事项、承销费用事项和募股截止时的程序性工作均已得到安排，这是承销顺利进行的必要前提。因此，本题的正确答案为 A。

51．【答案】B

【解析】收购一般是指一个公司通过产权交易取得其他公司一定程度的控制权，以实现一定经济目标的经济行为。从不同的角度，公司收购可以划分为不同的形式。其中，纵向收购是指生产过程或经营环节紧密相关的公司之间的收购行为。实质上，纵向收购是处于生产同一产品、不同生产阶段的公司间的收购，收购双方往往是原材料供应者或产成品购买者，所以，对彼此的生产状况比较熟悉，有利于收购后的相互融合。因此，本题的正确答案为 B。

52．【答案】A

【解析】在公司收购活动中，收购公司和目标公司一般都要聘请证券公司等作为财务顾问。一家财务顾问既可以为收购公司服务，也可以为目标公司服务，但不能同时为收购公司和目标公司服务。因此，本题的正确答案为 A。

53．【答案】A

【解析】上市公司的收购及相关股份权益变动活动中的信息披露义务人应当在至少一种中国证监会指定的媒体上依法披露信息；在其他媒体上进行披露的，披露内容应当一致，披露时间不得早于指定媒体的披露时间。因此，本题的正确答案为 A。

54．【答案】B

【解析】上市公司并购重组时，财务顾问应当建立并购重组工作档案和工作底稿制度，为每一项目建立独立的工作档案。财务顾问的工作档案和工作底稿应当真实、准确、完整，保存期不少于 10 年。因此，本题的正确答案为 B。

55．【答案】B

【解析】上市公司股东大会就重大资产重组事项作出决议，必须经出席会议的股东所持表决权的 2/3 以上通过。上市公司重大资产重组事宜与本公司股东或者其关联人存在关联关系的，股东大会就重大资产重组事项进行表决时，关联股东应当回避表决。因此，本题的正确答案为 B。

56．【答案】A

【解析】并购重组委员会会议对申请人的并购重组申请投票表决后，中国证监会在网站上公布表决结果。并购重组委员会会议对并购重组申请作出的表决结果及提出的审核意见，中国证监会有关职能部门应当向并购重组申请人及其聘请的财务顾问进行书面反馈。因此，本题的正确答案为 A。

57．【答案】B

【解析】外国投资者并购境内企业设立外商投资企业，如果外国投资者出资比例低于企业注册资本 25%，投资者以现金出资的，应自外商投资企业营业执照颁发之日起 3 个月内缴清；投资者以实物、工业产权等出资的，应自外商投资企业营业执照颁发之日起 6 个月内缴清。因此，本题的正确答案为 B。

58．【答案】B

【解析】外国投资者对上市公司进行战略投资，应按《证券法》和中国证监会的相关规定履行报告、公告及其他法定义务。外国投资者对其已持有股份的上市公司继续进行战略投资的，需按《外国投资者对上市公司战略投资管理办法》规定的方式和程序办理。外国投资者主要通过上市公司定向发行和投资者通过协议转让这两种方式对上市公司进行战略投资，这两种方式在战略投资的程序上有所不同。因此，本题的正确答案为 B。

59．【答案】A

【解析】外国投资者减持股份使上市公司外资股比率低于 10%，且该投资者非单一最大股东，上市公司应在 10 日内向审批机关备案并办理注销外商投资企业批准证书的相关手续。上市公司自外商投资企业批准证书注销之日起 30 日内到工商行政管理机关办理变更登记，企业类型变更为股份有限公司。上市公司应自营业执照变更之日起 30 日内，到外汇管理部门办理外汇登记注销手续。因此，本题的正确答案为 A。

60．【答案】A

【解析】外国投资者通过其在中国设立的外商投资企业合并或收购境内企业的，适用关于外商投资企业合并与分立的相关规定和关于外商投资企业境内投资的相关规定。其中没有规定的，再参照《关于外国投资者并购境内企业的规定》办理。因此，本题的正确答案为 A。

《证券发行与承销》模拟试卷（二）

一、单项选择题（本大题共 60 小题，每小题 0.5 分，共 30 分。以下各小题所给出的 4 个选项中，只有一项最符合题目要求。）

1. （ ）依法对证券公司债券的发行和转让行为进行监督管理。
   A．中国证监会　　　　　　B．中国银监会
   C．证券交易所　　　　　　D．财政部

2. 股份有限公司公开发行股份前已发行的股份，自公司股票在证券交易所上市交易之日起（ ）内不得转让。
   A．1 年　　　　　　　　　　B．2 年
   C．3 年　　　　　　　　　　D．5 年

3. 股份有限公司召开股东大会会议，公司应当将会议召开的时间、地点和审议的事项于会议召开（ ）日前通知各股东。
   A．5　　　　　　　　　　　B．10
   C．15　　　　　　　　　　 D．20

4. 单独或者合计持有公司（ ）以上股份的股东，可以在股东大会召开（ ）日前提出临时提案并书面提交董事会。
   A．3%，10　　　　　　　　B．3%，15
   C．5%，10　　　　　　　　D．5%，20

5. 股份有限公司未弥补的亏损达实收股本总额（ ）时，应当在两个月内召开临时股东大会。
   A．2/5　　　　　　　　　　B．1/4
   C．2/3　　　　　　　　　　D．1/3

6. 下列选项中，须由股东大会以特别决议通过的是（ ）。
   A．公司年度预算方案、决算方案

B．公司增加或者减少注册资本

C．董事会和监事会成员的任免及其报酬和支付方法

D．公司年度报告

7．上市公司股东大会可审议批准为资产负债率超过（　）的担保对象提供的担保。

A．20%　　　　　　　　　　　B．30%

C．50%　　　　　　　　　　　D．70%

8．对企业的各种银行账户、会计核算科目、各类库存现金和有价证券等基本财务情况进行全面核对和清理，称为（　）。

A．资产清查　　　　　　　　　B．损益认定

C．账务清理　　　　　　　　　D．价值重估

9．国有资产的产权界定应当依据（　）的原则进行。

A．谁经营、谁拥有产权　　　　B．谁授权、谁拥有产权

C．谁投资、谁拥有产权　　　　D．谁管理、谁拥有产权

10．我国发行企业债券开始于（　）。

A．1983年　　　　　　　　　　B．1984年

C．1985年　　　　　　　　　　D．1986年

11．在公司收购过程中，财务顾问为收购公司提供的服务不包括（　）。

A．寻找目标公司　　　　　　　B．提出收购建议

C．商议收购条款　　　　　　　D．编制文件和公告

12．创业板上市公司发行新股、可转换公司债券的，持续督导的期间为证券上市当年剩余时间及其后（　）个完整会计年度。

A．1　　　　　　　　　　　　　B．2

C．3　　　　　　　　　　　　　D．5

13．企业收到资产评估机构出具的评估报告后，将备案材料逐级报送给国有资产监督管理机构或其所出资企业，自评估基准日起（　）内提出备案申请。

A．3个月　　　　　　　　　　　B．5个月

C．8个月　　　　　　　　　　　D．9个月

14．证券公司公开发行的债券，每份面值为（　），定向发行的债券，每份面值为（　）。

A．50元，50万元　　　　　　　B．50元，100万元

C．100元，50万元　　　　　　 D．100元，100万元

15．股东大会就发行分离交易的可转换公司债券作出决定，不包括下列（　）事项。

A．本次发行的种类和数量

B．转股价格的确定和修正

C．还本付息的期限和方式

D．发行方式、发行对象及向原股东配售的安排

16．保荐业务工作底稿应当至少保存（　）年。

A．3　　　　　　　　　　　B．5

C．10　　　　　　　　　　　D．15

17．股份制改组及发行上市的总体方案不包括（　）。

A．发起人企业的概况　　　　B．资产重组方案

C．拟上市公司的筹资计划　　D．具体工作实施方案

18．在主板上市公司首次公开发行股票申请未获核准的，自中国证监会作出不予核准决定之日起（　）个月后，发行人可再次提出股票发行申请。

A．3　　　　　　　　　　　B．6

C．12　　　　　　　　　　　D．24

19．自中国证监会核准发行之日起，发行人应在（　）个月内发行股票。

A．1　　　　　　　　　　　B．3

C．6　　　　　　　　　　　D．12

20．普通程序的发审委会议每次参加的发审委委员为（　）名。

A．3　　　　　　　　　　　B．5

C．7　　　　　　　　　　　D．10

21．询价对象应当在年度结束后（　）个月内对上年度参与询价的情况进行总结。

A．1　　　　　　　　　　　B．2

C．3　　　　　　　　　　　D．5

22．（　）方式是指在规定期限内无限量发售专项定期定额存单，根据存单发售数量、批准发行股票数量及每张中签存单可认购股份数量的多少确定中签率，通过公开摇号抽签方式决定中签者，中签者按规定的要求办理缴款手续的新股发行方式。

A．全额预缴款、比例配售、余款转存

B．全额预缴款、比例配售、余款即退

C．与储蓄存款挂钩

D．上网竞价方式

23．首次公开发行股票时，若曾存在工会持股、职工持股会持股、信托持股、委托持股或股东数量超过（　）人的情况，发行人应详细披露有关股份的形成原因及演变情况。

A．50　　　　　　　　　　　　B．100
C．200　　　　　　　　　　　　D．300

24．在有限责任公司中，公司治理结构相对简化，人数较少和规模较小的，可以设（　）名执行董事，不设董事会。

A．1　　　　　　　　　　　　　B．2
C．3　　　　　　　　　　　　　D．5

25．在超额配售选择权行使完成后的（　）个工作日内，主承销商应当在中国证监会指定报刊披露有关超额配售选择权的行使情况。

A．2　　　　　　　　　　　　　B．3
C．5　　　　　　　　　　　　　D．10

26．公开发行证券的，主承销商应当在证券上市后（　）日内向中国证监会报备承销总结报告。

A．3　　　　　　　　　　　　　B．5
C．10　　　　　　　　　　　　 D．15

27．首次公开发行股票时，主承销商于（　）日7:00前将确定的配售结果数据，包括发行价格、获配股数、配售款、证券账户、获配股份限售期限、配售对象证件代码等通过PROP发送至登记结算平台。

A．T　　　　　　　　　　　　　B．T+1
C．T+2　　　　　　　　　　　　D．T+4

28．发行人向单个客户的销售比例（　），应披露其名称及销售比例。

A．超过总额的10%的

B．占总额的20%或严重依赖于少数客户的

C．占总额的40%或严重依赖于少数客户的

D．超过总额的50%或严重依赖于少数客户的

29．发行人董事、监事、高级管理人员在近（　）年内曾发生变动的，应披露变动情况和原因。

A．1　　　　　　　　　　　　　B．2

C. 3 D. 5

30. 1998年之前，我国股票发行监管制度采取（　）双重控制的办法。
   A．发行速度和发行企业规模　　B．发行规模和发行企业数量
   C．发行种类和发行企业数量　　D．发行种类和发行规模

31. （　）是指具有法人资格的非金融企业在银行间债券市场按照计划分期发行的、约定在一定期限还本付息的债务融资工具。
   A．中期票据　　B．银行票据
   C．短期票据　　D．商业票据

32. 下列选项中，关于证券公司必须持续符合风险控制指标标准的说法，错误的是（　）。
   A．净资本与各项风险资本准备之和的比例不得低于100%
   B．流动资产与流动负债的比例不得低于80%
   C．净资本与净资产的比例不得低于40%
   D．净资产与负债的比例不得低于20%

33. 股份有限公司注册资本的最低限额为人民币（　）万元。
   A．300　　B．500
   C．1 000　　D．2 000

34. 保荐人尽职调查的绝大部分工作集中于（　）。
   A．发审会后重大事项的调查　　B．提交发行申请文件前的尽职调查
   C．发审会前重大事项的调查　　D．上市前重大事项的调查

35. 上市公司发行新股时，保荐机构（主承销商）应当在（　），并对招股说明书或招股意向书作出修改或进行补充披露并发表专业意见，同时督促相关专业中介机构对该等重大事项发表专业意见。
   A．3个工作日内向证券交易所书面说明
   B．3个工作日内向中国证监会书面说明
   C．2个工作日内向证券交易所书面说明
   D．2个工作日内向中国证监会书面说明

36. 上市公司向独立董事提供的资料，上市公司及独立董事本人应当至少保存（　）年。
   A．1　　B．2
   C．3　　D．5

37.《配股说明书》刊登后，配股缴款首日需刊登配股提示性公告，缴款期内上市公

司须就配股事项至少再作（　）次提示性公告。

A．1　　　　　　　　　　　　B．2

C．3　　　　　　　　　　　　D．5

38．新股东增发代码为（　）。

A．731×××　　　　　　　　B．700×××

C．730×××　　　　　　　　D．710×××

39．上市公司应当在可转换公司债券期满后（　）内，办理完毕偿还债券余额本息的事项。

A．2个工作日　　　　　　　　B．3个工作日

C．5个工作日　　　　　　　　D．10个工作日

40．可转换公司债券发行后，累计公司债券余额不超过（　）。

A．最近1期期末净资产额的30%　B．最近1期末总资产额的40%

C．最近1期期末净资产额的40%　D．最近1期期末净资产额的50%

41．下列选项中，对于分离交易的可转换公司债券，发行后（　）。

A．累计公司债券余额不超过最近1期期末公司净资产额的20%，预计所附认股权全部行权后募集的资金总量不超过拟发行公司债券金额

B．累计公司债券余额不超过最近1期期末公司总资产额的30%，预计所附认股权全部行权后募集的资金总量不超过拟发行公司债券金额

C．累计公司债券余额不超过最近1期期末公司净资产额的40%，预计所附认股权全部行权后募集的资金总量不超过拟发行公司债券金额

D．累计公司债券余额不超过最近1期期末公司净资产额的50%，预计所附认股权全部行权后募集的资金总量不超过拟发行公司债券金额

42．认股权证的存续期间（　）。

A．超过公司债券的期限，自发行结束之日起不少于2个月

B．超过公司债券的期限，自发行结束之日起不少于3年

C．不超过公司债券的期限，自发行结束之日起不少于6个月

D．不超过公司债券的期限，自发行结束之日起不少于12个月

43．认股权证的行权价格应不低于公告募集说明书日前（　）个交易日公司股票均价和前1个交易日的均价。

A．5　　　　　　　　　　　　B．10

C．15 D．20

44．上市公司应当在可转换公司债券期满后（ ）个工作日内，办理完毕偿还债券余额本息的事项。

A．3 B．5
C．10 D．15

45．可交换公司债券面值为每张人民币（ ）元，发行价格则由上市公司股东和保荐机构通过市场询价确定。

A．1 B．10
C．100 D．1 000

46．混合资本债券的期限在（ ）年以上，发行之日起10年内不得赎回。

A．5 B．10
C．15 D．20

47．公开发行企业债券，若募集资金用于固定资产投资项目的，累计发行额不得超过该项目总投资的（ ）；若募集资金用于补充营运资金的，不超过发债总额的（ ）。

A．20%，30% B．20%，60%
C．60%，20% D．60%，30%

48．资产支持证券存续期内，受托机构应在每期资产支持证券本息兑付日的（ ）个工作日前公布受托机构报告，反映当期资产支持证券对应的资产池状况和各档次资产支持证券对应的本息兑付信息。

A．2 B．3
C．5 D．10

49．外部信用增级包括但不限于（ ）。

A．超额抵押 B．备用信用证
C．现金抵押账户 D．资产支持证券分层结构

50．公开发行的债券，在销售期内售出的债券面值总额占拟发行债券面值总额的比例不足（ ）的，或未能满足债券上市条件的，视为发行失败。

A．10% B．20%
C．30% D．50%

51．保险公司募集的定期次级债务应当在到期日前按照一定比例折算确认为认可负债，以折算后的账面余额作为其认可价值。剩余年限在1年以内的，折算比例为（ ）；

剩余年限在1年以上（含1年）2年以内的，折算比例为（　）。

A. 60%，80%　　　　　　　　　B. 70%，60%

C. 80%，70%　　　　　　　　　D. 80%，60%

52．下列选项中，关于短期融资券发行操作要求的说法，正确的是（　）。

A. 企业发行注册时信用级别低于主体信用级别的，短期融资券发行注册自动失效

B. 中国银行间市场交易商协会为企业指定主承销商

C. 短期融资券的发行利率、发行价格和所涉费率以市场化方式确定

D. 短期融资券在债权、债务登记日即可以在全国银行间债券市场机构投资人之间流通转让

53．企业债券进入银行间债券市场交易流通的条件是，实际发行额不少于人民币（　），单个投资人持有量不超过该期公司债券发行量的（　）。

A. 5亿元，20%　　　　　　　　B. 5亿元，30%

C. 10亿元，20%　　　　　　　 D. 10亿元，30%

54．以募集方式设立公司，申请发行境内上市外资股的，应当符合拟发行的股本总额超过（　）亿元人民币的，其拟向社会发行股份的比例达（　）以上。

A. 3，10%　　　　　　　　　　B. 4，15%

C. 4，25%　　　　　　　　　　D. 5，35%

55．我国股份有限公司发行境内上市外资股一般采取（　）。

A. 部分向原社会公众股股东优先配售，剩余部分网上定价发行

B. 网上定价发行与网下向机构投资者配售相结合

C. 全部网上定价发行方式

D. 配售方式

56．内地企业在中国香港发行股票并上市的股份有限公司，预期上市时的市值不低于（　）亿港元。

A. 1　　　　　　　　　　　　　B. 2

C. 3　　　　　　　　　　　　　D. 5

57．内地企业在香港创业板发行与上市时，新申请人预期在上市时的市值不得低于（　）亿港元。

A. 1　　　　　　　　　　　　　B. 2

C. 3　　　　　　　　　　　　　D. 5

58. 内地企业在中国香港创业板发行与上市时，预计市值不少于（ ）亿港元。
   A．1　　　　　　　　　　　　B．2
   C．3　　　　　　　　　　　　D．5

59. 收购人以要约方式收购一个上市公司股份的，其预定收购的股份比例均不得低于该上市公司已发行股份的（ ）。
   A．3%　　　　　　　　　　　B．5%
   C．8%　　　　　　　　　　　D．10%

60. 收购期限届满后（ ）日内，收购人应当向中国证监会报送关于收购情况的书面报告，同时抄报派出机构，抄送证券交易所，通知被收购公司。
   A．3　　　　　　　　　　　　B．5
   C．10　　　　　　　　　　　D．15

二、**多项选择题**（本大题共40小题，每小题1分，共40分。以下各小题所给出的4个选项中，至少有两项符合题目要求。）

1. 投资银行业的狭义含义只限于某些资本市场活动，着重指一级市场上的（ ）的财务顾问。
   A．基金管理　　　　　　　　B．承销业务
   C．并购　　　　　　　　　　D．融资业务

2. 证券公司申请保荐机构资格应当具备的条件包括（ ）。
   A．注册资本不低于人民币1亿元，净资本不低于人民币5 000万元
   B．具有完善的公司治理和内部控制制度，风险控制指标符合相关规定
   C．保荐业务部门具有健全的业务规程、内部风险评估和控制系统，内部机构设置合理，具备相应的研究能力、销售能力等后台支持
   D．符合保荐代表人资格条件的从业人员不少于4人

3. 发行人出现以下（ ）情形之一的，中国证监会自确认之日起暂停保荐机构的保荐资格3个月，撤销相关人员的保荐代表人资格。
   A．通过从事保荐业务谋取不正当利益
   B．证券发行募集文件等申请文件存在虚假记载、误导性陈述或者重大遗漏
   C．持续督导期间信息披露文件存在虚假记载、误导性陈述或者重大遗漏
   D．公开发行证券上市当年即亏损

4．公司改组为上市公司时，对上市公司占用的国有土地主要采取（　　）方式处置。

　　A．以土地使用权作价入股　　　　B．缴纳土地租金

　　C．授权经营　　　　　　　　　　D．缴纳土地出让金，取得土地使用权

5．我国采用资产评估的方法主要有（　　）。

　　A．收益现值法　　　　　　　　　B．重置成本法

　　C．现行市价法　　　　　　　　　D．清算价格法

6．下列选项中，关于股东大会会议召开前，通知会议召开时间、地点和审议事项的说法，正确的有（　　）。

　　A．召开年度股东大会会议，公司应当于会议召开20日前通知各股东

　　B．召开临时股东大会，公司应当于会议召开15日前通知各股东

　　C．发行无记名股票的，公司应当于会议召开30日前公告

　　D．发行记名股票的，公司应当于会议召开30日前公告

7．在公司收购的融资方式中，通过发行股票筹集资金具有的特点有（　　）。

　　A．无固定到期日　　　　　　　　B．不用偿还

　　C．风险相对较小　　　　　　　　D．筹资成本低

8．资产评估报告正文包括（　　）。

　　A．评估目的与评估范围　　　　　B．评估方法说明和计算过程

　　C．评估基准日期　　　　　　　　D．资产状况与产权归属

9．每个会计年度结束后，保荐机构应当对上市公司年度募集资金存放与使用情况出具专项核查报告，并于上市公司披露年度报告时向交易所提交，核查报告应当包括的内容有（　　）。

　　A．募集资金的存放、使用及专户余额情况

　　B．闲置募集资金补充流动资金的情况和效果（如适用）

　　C．募集资金项目的进展情况，包括与募集资金投资计划进度的差异

　　D．上市公司募集资金存放与使用情况是否合规的结论性意见

10．股份有限公司申请其股票上市必须符合的条件包括（　　）。

　　A．股票经中国证监会核准已公开发行

　　B．公司股本总额不少于人民币5 000万元

　　C．公司股本总额不少于人民币3 000万元

　　D．公开发行的股份达到公司股份总数的25%以上；公司股本总额超过人民币4亿

元的，公开发行股份的比例为 10% 以上

11．股票配售对象限于以下（　）类别。

　　A．全国社会保障基金　　　　B．经批准募集的证券投资基金

　　C．财务公司证券自营账户　　D．证券公司证券自营账户

12．首次公开发行股票时，询价对象应当为其管理的股票配售对象分别指定资金账户和证券账户，专门用于累计投标询价和网下配售。指定账户应当在（　）登记备案。

　　A．证券登记结算机构　　　　B．中国证券业协会

　　C．中国证监会　　　　　　　D．证券交易所

13．信息披露的原则包括（　）。

　　A．真实性原则　　　　　　　B．准确性原则

　　C．完整性原则　　　　　　　D．及时性原则

14．深圳证券交易所资金申购上网实施办法与上海证券交易所不同之处是（　）。

　　A．申购单位

　　B．放宽投资者申购上限

　　C．深圳证券交易所规定申购单位为 500 股，每一证券账户申购数量不少于 500 股

　　D．申购数量

15．首次公开发行股票时，发行人应披露（　）作出的重要承诺及其履行情况。

　　A．持有 5% 以上股份的主要股东　　B．作为股东的监事

　　C．作为股东的董事　　　　　　　　D．作为股东的高级管理人员

16．首次公开发行股票时，发行人最近 1 期末持有金额较大的（　）等财务性投资的，应分析其投资目的、对发行人资金安排的影响、投资期限、发行人对投资的监管方案、投资的可回收性及减值准备的计提是否充足。

　　A．可供出售的金融资产　　　B．交易性金融资产

　　C．委托理财　　　　　　　　D．借与他人款项

17．上市公司发行新股在持续督导期间，保荐人应（　）。

　　A．督导发行人有效执行并完善防止大股东、其他关联方违规占用发行人资源的制度

　　B．督导发行人有效执行并完善保障关联交易公允性和合规性的制度，并对关联交易发表意见

　　C．督导发行人有效执行并完善防止高管人员利用职务之便损害发行人利益的内控

制度

D．持续关注发行人募集资金的使用、投资项目的实施等承诺事项

18．上市公司募集资金运用的数额和使用应当符合的规定是（　　）。

A．募集资金用途符合国家产业政策和有关环境保护、土地管理等法律和行政法规的规定

B．建立募集资金专项存储制度，募集资金必须存放于公司董事会决定的专项账户

C．募集资金数额可超过项目需要量

D．投资项目实施后，不会与控股股东或实际控制人产生同业竞争或影响公司生产经营的独立性

19．上市公司发行可转换公司债券，主承销商可以对（　　）。

A．同一类别的机构投资者应当按相同的比例进行配售

B．不同类别的机构投资者设定不同的配售比例

C．同一类别的机构投资者按不同的比例进行配售

D．参与网下配售的机构投资者进行分类

20．资产支持证券受托机构的信息披露应通过（　　）进行。

A．中国债券信息网　　　　　　　B．中国货币网

C．中国人民银行规定的其他方式　　D．中国经济信息网

21．信贷资产证券化发起机构拟证券化的信贷资产应当符合的条件包括（　　）。

A．符合法律、行政法规以及中国银监会等监督管理机构的有关规定

B．具有较高的同质性

C．年收益率达到10%以上

D．能够产生可预测的现金流收入

22．银行业金融机构作为信贷资产证券化发起机构，通过设立特定目的信托转让信贷资产，应当具备的条件是（　　）。

A．具有良好的社会信誉和经营业绩，最近3年内没有重大违法、违规行为

B．注册资本不低于5亿元人民币，并且最近3年末的净资产不低于3亿元人民币

C．对开办信贷资产证券化业务具有合理的目标定位和明确的战略规划，并且符合其总体经营目标和发展战略

D．具有开办信贷资产证券化业务所需要的专业人员、业务处理系统、会计核算系统、管理信息系统以及风险管理和内部控制制度

23．中国证监会依照以下（　　）程序审核发行公司债券的申请。

　　A．中国证监会作出核准或者不予核准的决定

　　B．收到申请文件后，3个工作日内决定是否受理

　　C．发行审核委员会按照《中国证券监督管理委员会发行审核委员会办法》规定的特别程序审核申请文件

　　D．中国证监会受理后，对申请文件进行初审

24．国有企业、集体企业及其他所有制形式的企业经重组改制为股份有限公司后，凡符合境外上市条件的，均可向中国证监会提出境外上市申请，具体申请条件包括（　　）。

　　A．净资产不少于4亿元人民币

　　B．过去1年税后利润不少于6 000万元人民币

　　C．筹资用途符合国家产业政策、利用外资政策及国家有关固定资产投资立项的规定

　　D．按合理预期市盈率计算，筹资额不少于5 000万美元

25．外国投资者对上市公司进行战略投资应符合的要求包括（　　）。

　　A．属法律法规禁止外商投资的领域，投资者不得对上述领域的上市公司进行投资

　　B．投资可分期进行，首次投资完成后取得的股份比例不低于该公司已发行股份的30%，但特殊行业有特别规定或经相关主管部门批准的除外

　　C．以协议转让、上市公司定向发行新股方式以及国家法律法规规定的其他方式取得上市公司A股股份

　　D．取得的上市公司A股股份1年内不得转让

26．进行战略投资的外国投资者必须具有的条件包括（　　）。

　　A．依法设立、经营的外国法人或其他组织，财务稳健、资信良好且具有成熟的管理经验

　　B．境外实有资产总额不低于1亿美元或管理的境外实有资产总额不低于5亿美元；或其母公司境外实有资产总额不低于1亿美元或管理的境外实有资产总额不低于5亿美元

　　C．有健全的治理结构和良好的内控制度，经营行为规范

　　D．近2年内未受到境内外监管机构的重大处罚（不包括其母公司）

27．在主板上市公司首次公开发行股票的核准程序有（　　）。

　　A．申报　　　　　　　　　　　B．受理

C．初审   D．发审委审核

28．股份有限公司的经理行使以下（ ）职权。

A．组织实施公司年度经营计划和投资方案

B．主持公司的生产经营管理工作，组织实施董事会决议

C．拟订公司内部管理机构设置方案

D．决定聘任或者解聘除应由董事会决定聘任或者解聘以外的负责管理人员

29．股份有限公司的资本"三原则"是指（ ）。

A．资本确定原则   B．资本法定原则

C．资本维持原则   D．资本不变原则

30．协议收购上市公司时，被收购公司董事会在收到收购人通知后，应当一并公告的有（ ）。

A．独立财务顾问等专业机构意见   B．独立董事会

C．监事会意见   D．董事会报告书

31．股份有限公司的董事的职权包括（ ）。

A．出席董事会   B．行使表决权

C．报酬请求权   D．签名权

32．股份有限公司的清算义务和责任包括（ ）。

A．在清算期间，即使公司存续，也不得开展与清算无关的经营活动

B．公司财产在未依照规定清偿前，不得分配给股东

C．清算组成员不得利用职权收受贿赂或者其他非法收入，不得侵占公司财产

D．清算组成员因故意或者重大过失给公司或者债权人造成损失的，应当承担赔偿责任

33．会计师事务所的主任会计师进行的原则性复核，应当包括（ ）。

A．所采用的审计程序的恰当性

B．获取审计工作底稿的充分性

C．审计过程中是否存在重大遗漏

D．审计工作是否符合会计师事务所的质量要求

34．根据《首次公开发行股票并上市管理办法》，发行人最近一期根据无形资产在扣除（ ）后占净资产的比例不高于20%。

A．土地使用权   B．水面养殖权

C．采矿权　　　　　　　　　　D．工业产权

35．首次公开发行股票的信息披露文件主要包括（　　）。

A．招股说明书及其附录和备查文件　　B．招股说明书摘要

C．发行公告　　　　　　　　　D．上市公告书

36．根据《中国证监会现行规章、规范性文件目录》，公开发行证券的公司信息披露规范包括（　　）。

A．案例分析　　　　　　　　　B．内容与格式准则

C．编报规则　　　　　　　　　D．规范问答

37．保险公司次级定期债务的特点有（　　）。

A．期限5年以上

B．本金和利息的清偿顺序列于保单责任和其他负债之后

C．保险公司经批准定向募集的

D．本金和利息的清偿顺序先于保险公司股权资本

38．董事会秘书空缺期间，上市公司应当及时指定（　　）代行董事会秘书的职责，并报交易所备案。

A．一名董事　　　　　　　　　B．董事长

C．一名高级管理人员　　　　　D．一名监事

39．中国证监会对并购重组委员会的监督措施有（　　）。

A．刑事处罚　　　　　　　　　B．举报监督机制

C．违规处罚　　　　　　　　　D．问责制度

40．上市公司应自外商投资企业批准证书签发之日起30日内，向工商行政管理机关申请办理公司类型变更登记，并提交（　　）等文件。

A．公司法定代表人签署的申请变更申请书

B．外商投资企业批准证书

C．证券登记结算机构出具的股份持有证明

D．经公证、认证的投资者的合法开业证明

三、判断题（本大题共60小题，每小题0.5分，共30分。判断以下各小题的对错，正确的填A，错误的填B。）

1．根据中国证监会于2003年8月30日发布（2004年10月15日修订）的《证

公司债券管理暂行办法》的规定，证券公司债券是指证券公司依法发行的、约定在一定期限内还本付息的有价证券。（　）

2．2008年3月，在首发上市中首次尝试采用网下发行电子化方式，标志着我国证券发行中网下发行电子化的启动。（　）

3．证券发行的主承销商可以由其发行保荐和上市保荐机构担任，也可以由其他具有保荐机构资格的证券公司与该保荐机构共同担任。（　）

4．对保荐机构和保荐代表人的资格申请，中国证监会自受理之日起20个工作日内作出核准或者不予核准的书面决定。（　）

5．证券公司投资银行业务风险（质量）控制与投资银行业务运作应适当分离。（　）

6．中国证监会及其派出机构对从事投资银行业务过程中涉嫌违反政府有关法规、规章的证券经营机构，可以进行调查，并可要求提供、复制或封存有关业务文件、资料、账册、报表、凭证和其他必要的材料。（　）

7．证券发行监管要以强制性信息披露为中心，完善"事前问责、依法披露和事后追究"的监管制度，增强信息披露的权威性和完整性。（　）

8．股份有限公司的监事会是由监事组成的、对公司业务和财务活动进行合法性监督的机构。（　）

9．股份设质应当订立书面合同，并在证券登记机构办理出质登记，质押合同自合同订立之日起生效。（　）

10．股东大会的职权可以通过授权的形式由董事会或其他机构和个人代为行使。（　）

11．发起人向社会公开募集股份，应当同银行签订代收股款协议。（　）

12．上市公司董事与董事会会议决议事项所涉及的企业有关联关系的，不得对该项决议行使表决权，也不得代理其他董事行使表决权。（　）

13．上市公司在每一会计年度结束之日起4个月内向中国证监会和证券交易所报送年度财务会计报告，在每一会计年度前6个月结束之日起2个月内向中国证监会派出机构和证券交易所报送半年度财务会计报告。（　）

14．股份有限公司应当自作出合并决议之日起10日内通知债权人，并于20日内在报纸上公告。（　）

15．股东大会对有关关联交易进行表决时，关联股东或有关联关系的董事应当参加投票表决。（　）

16．国家股是指具有法人资格的国有企业、事业及其他单位，以其依法占用的法人资产，向独立于自己的股份公司出资形成或依法定程序取得的股份。（ ）

17．转股价格越高，期权价值越低，可转换公司债券的价值越高。（ ）

18．上市公告书应当加盖保荐人公章。（ ）

19．保荐机构应在累计投标询价时向询价对象提供投资价值研究报告。（ ）

20．对上市公司及企业改组上市的审计，应由两名具有证券相关业务资格的注册会计师签名并盖章。（ ）

21．在发审会程序中，中国证监会均应将发审委会议审核的发行人名单、会议时间、发行人承诺函和参会发审委委员名单在其网站上公布。（ ）

22．中国证监会收到申请文件后，在10个工作日内作出是否受理的决定。（ ）

23．发行人及其主承销商应当在刊登首次公开发行股票招股意向书和发行公告后向询价对象进行推介和询价，并通过互联网向公众投资者进行推介。（ ）

24．首次公开发行的股票上市申请获得深圳证券交易所审核同意后，发行人应当于其股票上市前5个交易日内，在指定网站上披露上市公告书。（ ）

25．中国证监会对保荐机构和证券服务机构出具的文件的真实性、准确性、完整性有疑义的，可以要求相关机构作出解释、补充，并调阅其工作底稿。（ ）

26．招股说明书的有效期为6个月，自中国证监会下发核准通知书之日起计算。（ ）

27．首次公开发行股票招股说明书摘要包括招股说明书全文的各部分内容。（ ）

28．首次公开发行股票并在创业板上市的发行人应当在招股说明书的显要位置作风险提示。（ ）

29．在首次公开发行股票的招股说明书中，发行人应披露是否存在与控股股东、实际控制人及其控制的其他企业从事相同、相似业务的情况。对存在相同、相似业务的，发行人应对是否存在同业竞争作出合理解释。（ ）

30．首次公开发行股票向战略投资者配售股票的，发行人及其主承销商可以不披露战略投资者的名称、认购数量及承诺持有期等情况。（ ）

31．上市公告书引用保荐机构、证券服务机构的专业意见或者报告的，相关内容可以与保荐机构、证券服务机构出具的文件内容不一致，确保引用保荐机构、证券服务机构的意见不会产生误导。（ ）

32．上市公司申请公开发行证券或者非公开发行新股，应当由保荐机构保荐，并向

中国证监会申报。（　　）

33．超额配售选择权的行使限额，即主承销商从集中竞价交易市场购买的发行人股票与要求发行人增发的股票之和，应当不超过本次包销数额的20%。（　　）

34．上市公司计划公开发行新股前，保荐机构和上市公司必须首先判断发行主体是否符合公开发行新股的法定条件，这是上市公司成功公开发行新股的基本前提。（　　）

35．上市公司发行证券前发生重大事项的，应暂缓发行，并及时报告中国证监会。（　　）

36．可转换公司债券在转换股份前，其持有人不具有股东的权利和义务。（　　）

37．可转换公司债券是一种含权债券，兼有公司债券和股票的双重特征。（　　）

38．可转换公司债券发行后，累计公司债券余额不得超过最近1期期末净资产额的30%。（　　）

39．公司出现可转换公司债券按规定须停止交易的其他情形时，应当在获悉有关情形后及时发布其可转换公司债券将停止交易的公告。（　　）

40．可转换公司债券流通面值少于3 000万元时，在上市公司发布相关公告5个交易日后停止其可转换公司债券的交易。（　　）

41．在可交换公司债券发行前，证券登记结算机构应当与上市公司股东就预备用于交换的股票签订担保合同。（　　）

42．可交换公司债券的募集说明书可以约定赎回条款，规定上市公司股东可以按事先约定的条件和价格赎回尚未换股的可交换公司债券。（　　）

43．记账式国债分销是指在规定的分销期内，国债承销团成员将中标的全部或部分国债债权额度销售给非国债承销团成员的行为。（　　）

44．2005年4月27日，国家开发银行发布了《全国银行间债券市场金融债券发行管理办法》，对金融债券的发行行为进行了规范，发行体也在原来单一的政策性银行的基础上，增加了商业银行、企业集团财务公司及其他金融机构。（　　）

45．我国混合资本债券的期限在10年以上，并且在此期间不得赎回。（　　）

46．国家发改委受理企业发债申请后，依据法律法规及有关文件规定，对申请材料进行审核。符合发债条件、申请材料齐全的，直接予以核准。（　　）

47．短期融资券是指企业依照规定的条件和程序在银行间债券市场发行和交易，约定在一定期限内还本付息，最长期限不超过2年的有价证券。（　　）

48．公司债券每张面值1 000元。（　　）

49．中期票据投资者可就特定投资需求向主承销商进行逆向询价，主承销商可与企业协商发行符合特定需求的中期票据。（　　）

50．中小非金融企业发行集合票据应制定偿债保障措施，并在发行文件中进行披露。（　　）

51．证券公司债券是指证券公司依法发行的、约定在一定期限内还本付息的有价证券。（　　）

52．信贷资产证券化发起机构和贷款服务机构可以担任同一交易的资金保管机构。（　　）

53．证券公司债券只能由中国证券登记结算有限责任公司负责登记、托管和结算。（　　）

54．商业银行为信贷资产证券化交易提供信用增级，不计提资本。（　　）

55．境内上市外资股发行准备中，对股份有限公司占用的土地进行评估时，要向国家土地管理部门申请办理土地评估立项与确认。（　　）

56．杠杆收购是利用股票所融资本购买目标公司的股份，从而改变公司出资人结构、相应的控制权格局以及公司资产结构的金融工具。（　　）

57．国际开发机构是指进行开发性贷款和投资的多边、双边以及地区国际开发性金融机构。（　　）

58．证券登记结算机构临时保管的预受要约的股票，在要约收购期间可以转让。（　　）

59．外国投资者进行上市公司的收购及相关股份权益变动活动的，应当取得国家相关部门的批准，适用中国法律，服从中国的司法、仲裁管辖。（　　）

60．上市公司的收购及相关股份权益变动活动中的信息披露义务人，应当充分披露其在上市公司中的权益及变动情况，依法严格履行报告、公告和其他法定义务。（　　）

《证券发行与承销》模拟试卷（二）参考答案与解析

一、单项选择题

1. 【答案】A

【解析】根据中国证监会于 2003 年 8 月 30 日发布（2004 年 10 月 15 日修订）的《证券公司债券管理暂行办法》的规定，证券公司债券是指证券公司依法发行的、约定在一定期限内还本付息的有价证券。该办法特别强调，其所指的证券公司债券，不包括证券公司发行的可转换债券和次级债券。中国证监会依法对证券公司债券的发行和转让行为进行监督管理。证券公司发行债券须报经中国证监会批准，未经批准不得擅自发行或变相发行债券。因此，本题的正确答案为 A。

2. 【答案】A

【解析】股份有限公司发起人持有的本公司股份，自公司成立之日起 1 年内不得转让。公司公开发行股份前已发行的股份，自公司股票在证券交易所上市交易之日起 1 年内不得转让。因此，本题的正确答案为 A。

3. 【答案】D

【解析】股份有限公司召开股东大会会议，公司应当将会议召开的时间、地点和审议的事项于会议召开 20 日前通知各股东；临时股东大会应当于会议召开 15 日前通知各股东；发行无记名股票的，应当于会议召开 30 日前公告会议召开的时间、地点和审议事项。公司在计算会议通知的起始期限时，不应当包括会议召开当日。股东大会不得对股东大会（包括临时股东大会）会议通知中未列明的事项作出决议。因此，本题的正确答案为 D。

4. 【答案】A

【解析】《公司法》第一百零三条赋予持有一定股份的股东临时提案权：单独或者合计持有公司 3% 以上股份的股东，可以在股东大会召开 10 日前提出临时提案并书面提交董事会；董事会应当在收到提案后 2 日内通知其他股东，并将该临时提案提交股东大会审议。当然，临时提案的内容应当属于股东大会职权范围，并有明确议题和具体决议事项。

因此，本题的正确答案为 A。

5.【答案】D

【解析】股份有限公司出现以下情形之一的，应当在两个月内召开临时股东大会：(1) 董事人数不足《公司法》规定人数或者公司章程所定人数的 2/3 时；(2) 公司未弥补的亏损达实收股本总额 1/3 时；(3) 单独或者合计持有公司 10% 以上股份的股东请求时；(4) 董事会认为必要时；(5) 监事会提议召开时；(6) 公司章程规定的其他情形。因此，本题的正确答案为 D。

6.【答案】B

【解析】股份有限公司的股东大会作出特别决议，应当由出席股东大会的股东（包括股东代理人）所持表决权的 2/3 以上通过。下列事项须由股东大会以特别决议通过：(1) 公司章程的修改；(2) 公司增加或者减少注册资本；(3) 公司的合并、分立和解散；(4) 变更公司形式；(5) 公司章程规定和股东大会以特别决议认定会对公司产生重大影响的、需要以特别决议通过的其他事项。因此，本题的正确答案为 B。

7.【答案】D

【解析】上市公司股东大会可审议批准如下担保事项：(1) 本公司及本公司控股子公司的对外担保总额达到或超过最近 1 期经审计净资产的 50% 以后提供的任何担保；(2) 公司的对外担保总额达到或超过最近 1 期经审计总资产的 30% 以后提供的任何担保；(3) 为资产负债率超过 70% 的担保对象提供的担保；(4) 单笔担保额超过最近 1 期经审计净资产 10% 的担保；(5) 对股东、实际控制人及其关联方提供的担保。因此，本题的正确答案为 D。

8.【答案】C

【解析】账务清理是指对企业的各种银行账户、会计核算科目、各类库存现金和有价证券等基本财务情况进行全面核对和清理，以及对企业的各项内部资金往来进行全面核对和清理，以保证企业账账相符，账证相符，促进企业账务的全面、准确和真实。因此，本题的正确答案为 C。

9.【答案】C

【解析】国有资产产权界定是指国家依法划分财产所有权和经营权等产权归属，明确各类产权形式的财产范围和管理权限的一种法律行为。产权界定应当依据"谁投资、谁拥有产权"的原则进行。因此，本题的正确答案为 C。

10.【答案】A

【解析】我国的企业债券泛指各种所有制企业发行的债券等。我国发行企业债券开始于1983年。因此，本题的正确答案为A。

11. 【答案】D

【解析】在收购活动中，财务顾问为收购公司提供的服务有：(1) 寻找目标公司；(2) 提出收购建议；(3) 商议收购条款；(4) 其他服务。财务顾问为目标公司提供的服务有：(1) 预警服务；(2) 制定反收购策略；(3) 评价服务；(4) 利润预测；(5) 编制文件和公告。因此，本题的正确答案为D。

12. 【答案】B

【解析】首次公开发行股票并在创业板上市的，持续督导的期间为证券上市当年剩余时间及其后3个完整会计年度；创业板上市公司发行新股、可转换公司债券的，持续督导的期间为证券上市当年剩余时间及其后2个完整会计年度。持续督导的期间至证券上市之日起计算。因此，本题的正确答案为B。

13. 【答案】D

【解析】股份制改组的资产评估项目的备案程序是：(1) 企业收到资产评估机构出具的评估报告后，将备案材料逐级报送给国有资产监督管理机构或其所出资企业，自评估基准日起9个月内提出备案申请；(2) 国有资产监督管理机构或者所出资企业收到备案材料后，对材料齐全的，在20个工作日内办理备案手续，必要时可组织有关专家参与备案评审。因此，本题的正确答案为D。

14. 【答案】C

【解析】《证券法》规定，公开发行的债券每份面值为100元。定向发行的债券应当采用记账方式向合格投资者发行，每份面值为50万元，每一合格投资者认购的债券不得低于面值100万元。因此，本题的正确答案为C。

15. 【答案】B

【解析】股东大会就发行分离交易的可转换公司债券作出的决定，至少应当包括下列事项：(1) 本次发行的种类和数量；(2) 发行方式、发行对象及向原股东配售的安排；(3) 定价方式或价格区间；(4) 募集资金用途；(5) 决议的有效期；(6) 对董事会办理本次发行具体事宜的授权；(7) 债券利率；(8) 债券期限；(9) 担保事项；(10) 回售条款；(11) 还本付息的期限和方式；(12) 认股权证的行权价格；(13) 认股权证的存续期限；(14) 认股权证的行权期间或行权日；(15) 其他必须明确的事项。因此，本题的正确答案为B。

16. 【答案】C

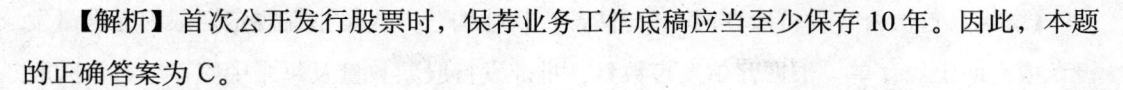

【解析】首次公开发行股票时，保荐业务工作底稿应当至少保存10年。因此，本题的正确答案为C。

17．【答案】D

【解析】股份制改组及发行上市的总体方案一般包括下列事项：(1) 发起人企业概况，包括历史沿革（含控股、参股企业概况）、经营范围、资产规模、经营业绩和组织结构；(2) 资产重组方案，包括重组目的及原则、重组的具体方案（包括业务、资产、人员、机构、财务等方面的重组安排）；(3) 改制后企业的管理与运作；(4) 拟上市公司的筹资计划；(5) 其他需说明的事项。选项D属于清产核资程序。因此，本题的正确答案为D。

18．【答案】B

【解析】在主板上市公司首次公开发行股票时，股票发行申请未获核准的，自中国证监会作出不予核准决定之日起6个月后，发行人可再次提出股票发行申请。因此，本题的正确答案为B。

19．【答案】C

【解析】在主板上市公司首次公开发行股票时，中国证监会依照法定条件对发行人的发行申请作出予以核准或者不予核准的决定，并出具相关文件。自中国证监会核准发行之日起，发行人应在6个月内发行股票；超过6个月未发行的，核准文件失效，须重新经中国证监会核准后方可发行。因此，本题的正确答案为C。

20．【答案】C

【解析】发审委会议审核发行人股票发行申请，适用普通程序规定。中国证监会有关职能部门应当在发审委会议召开5日前，将会议通知、股票发行申请文件及中国证监会有关职能部门的初审报告送达参会发审委委员，并将发审委会议审核的发行人名单、会议时间、发行人承诺函和参会发审委委员名单在中国证监会网站上公布。每次参加发审委会议的发审委委员为7名。表决投票时同意票数达到5票为通过，同意票数未达到5票为未通过。因此，本题的正确答案为C。

21．【答案】A

【解析】首次公开发行股票时，询价对象应当在年度结束后1个月内对上年度参与询价的情况进行总结，并就其是否持续符合规定的条件以及是否遵守《证券发行与承销管理办法》对询价对象的监管要求进行说明。总结报告应当报中国证券业协会备案。因此，本题的正确答案为A。

22．【答案】C

【解析】首次公开发行股票时,"与储蓄存款挂钩"方式是指在规定期限内无限量发售专项定期定额存单,根据存单发售数量、批准发行股票数量及每张中签存单可认购股份数量的多少确定中签率,通过公开摇号抽签方式决定中签者,中签者按规定的要求办理缴款手续的新股发行方式。"与储蓄存款挂钩"方式按具体做法不同,可分为专项存单方式和全额存款方式两种。因此,本题的正确答案为C。

23.【答案】C

【解析】首次公开发行股票时,若曾存在工会持股、职工持股会持股、信托持股、委托持股或股东数量超过200人的情况,发行人应详细披露有关股份的形成原因及演变情况;进行过清理的,应当说明是否存在潜在问题和风险隐患,以及有关责任的承担主体等。因此,本题的正确答案为C。

24.【答案】A

【解析】在有限责任公司中,公司治理结构相对简化,人数较少和规模较小的,可以设1名执行董事,不设董事会;可以设1~2名监事,不设监事会。由于它召开股东会比较方便,所以,立法上赋予股东会的权限较大。因此,本题的正确答案为A。

25.【答案】B

【解析】首次公开发行股票时,在超额配售选择权行使完成后的3个工作日内,主承销商应当在中国证监会指定报刊披露以下有关超额配售选择权的行使情况:因行使超额配售选择权而发行的新股数,如未行使,应当说明原因;从集中竞价交易市场购买发行人股票的数量及所支付的总金额、平均价格、最高与最低价格;发行人本次发行股份总量;发行人本次筹资总金额。因此,本题的正确答案为B。

26.【答案】C

【解析】公开发行证券的,主承销商应当在证券上市后10日内向中国证监会报备承销总结报告,总结说明发行期间的基本情况及新股上市后的表现,并提供下列文件:(1)募集说明书单行本;(2)承销协议及承销团协议;(3)律师鉴证意见(限于首次公开发行);(4)会计师事务所验资报告;(5)中国证监会要求的其他文件。因此,本题的正确答案为C。

27.【答案】C

【解析】首次公开发行股票时,主承销商根据其获取的T日16:00资金到账情况以及结算银行提供的网下申购资金专户截止T日16:00的资金余额,按照中国证监会相关规定组织验资。主承销商于T+2日7:00前将确定的配售结果数据,包括发行价格、获配股数、配售款、证券账户、获配股份限售期限、配售对象证件代码等通过PROP发送至登记结算平台。登记结算平台根据主承销商提供的上述配售结果数据，将各配售对象的应缴款金额和应退款金额，以及主承销商承销证券网下发行募集款总金额，于T+2日9：00前以各配售对象申购款缴款银行为单位，形成相应的配售对象退款金额数据及主承销商承销证券网下发行募集款金额数据，通过PROP提供给相关结算银行。主承销商未能在规定时间前通过登记结算平台提供上述配售结果数据的，登记结算公司的退款时间将顺延，由此给配售对象造成的损失由主承销商承担。因此，本题的正确答案为C。

28．【答案】D

【解析】首次公开发行股票时，发行人应根据重要性原则披露主营业务的具体情况，列表披露报告期内各期主要产品（或服务）的产能、产量、销量、销售收入，产品或服务的主要消费群体、销售价格的变动情况；报告期内各期向前5名客户合计的销售额占当期销售总额的百分比，如向单个客户的销售比例超过总额的50%或严重依赖少数客户的，应披露其名称及销售比例；如该客户为发行人的关联方，则应披露产品最终实现销售的情况；受同一实际控制人控制的销售客户，应合并计算销售额。因此，本题的正确答案为D。

29．【答案】C

【解析】首次公开发行股票时，发行人应披露董事、监事、高级管理人员是否符合法律法规规定的任职资格；发行人董事、监事、高级管理人员在近3年内曾发生变动的，应披露变动情况和原因。因此，本题的正确答案为C。

30．【答案】B

【解析】1998年之前，我国股票发行监管制度采取发行规模和发行企业数量双重控制的办法，即每年先由证券主管部门下达公开发行股票的数量总规模，并在此限额内，各地方和部委切分额度，再由地方或部委确定预选企业，上报中国证券监督管理委员会批准。因此，本题的正确答案为B。

31．【答案】A

【解析】根据中国银行间市场交易商协会于2008年4月16日发布的《银行间债券市场非金融企业中期票据业务指引》，中期票据是指具有法人资格的非金融企业在银行间债券市场按照计划分期发行的、约定在一定期限还本付息的债务融资工具。企业发行中期票据应制订发行计划，在计划内可灵活设计各期票据的利率形式、期限结构等要素。因此，本题的正确答案为A。

32．【答案】B

【解析】根据《证券公司风险控制指标管理办法》的规定，证券公司必须持续符合风险控制指标标准：(1)净资本与各项风险资本准备之和的比例不得低于100%。(2)净资本与净资产的比例不得低于40%。(3)净资本与负债的比例不得低于8%。(4)净资产与负债的比例不得低于20%。因此，本题的正确答案为B。

33．【答案】B

【解析】股份有限公司注册资本的最低限额为人民币500万元。法律、行政法规对股份有限公司注册资本的最低限额有较高规定的，从其规定。因此，本题的正确答案为B。

34．【答案】B

【解析】上市公司发行新股时，尽职调查的绝大部分工作集中于提交发行申请文件前的尽职调查。因此，本题的正确答案为B。

35．【答案】D

【解析】上市公司发行新股时，在发行申请提交发审会前，如果发生对发行人发行新股法定条件产生重大影响，或对发行人股票价格可能产生重大影响，以及对投资者作出投资决策可能产生重大影响的重大事项，保荐机构（主承销商）应当在两个工作日内向中国证监会书面说明，并对招股说明书或招股意向书作出修改或进行补充披露并发表专业意见，同时督促相关专业中介机构对该等重大事项发表专业意见。因此，本题的正确答案为D。

36．【答案】D

【解析】凡须经董事会决策的事项，上市公司必须按法定的时间提前通知独立董事，并同时提供足够的资料。独立董事认为资料不充分的，可以要求补充。当两名或两名以上独立董事认为资料不充分或论证不明确时，可联名书面向董事会提出延期召开董事会会议或延期审议该事项，董事会应予以采纳。上市公司向独立董事提供的资料，上市公司及独立董事本人应当至少保存5年。因此，本题的正确答案为D。

37．【答案】C

【解析】上市公司发行新股时，T+1日～T+5日为配股缴款期间。《配股说明书》刊登后，配股缴款首日需刊登配股提示性公告，缴款期内上市公司须就配股事项至少再作3次提示性公告。因此，本题的正确答案为C。

38．【答案】C

【解析】新股发行上市操作流程的注意事项：(1)刊登的招股意向书、网下发行公告中应注明本次增发具体日程安排表及停牌日期。(2)上市公司增发新股，可以全部或者

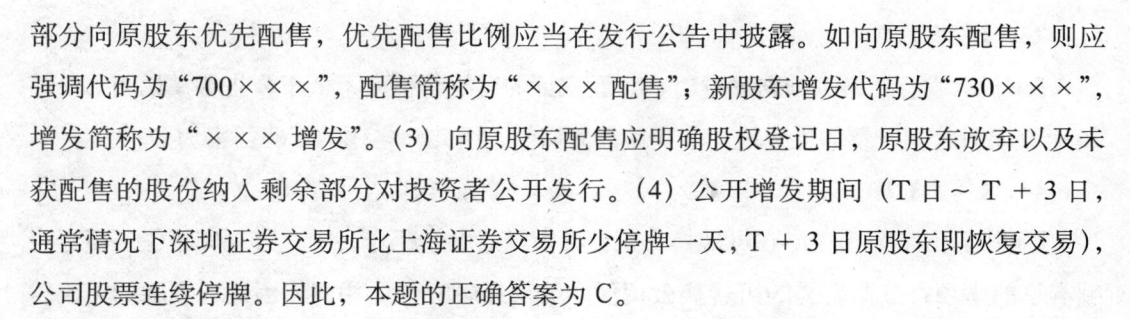

部分向原股东优先配售，优先配售比例应当在发行公告中披露。如向原股东配售，则应强调代码为"700×××"，配售简称为"×××配售"；新股东增发代码为"730×××"，增发简称为"×××增发"。(3)向原股东配售应明确股权登记日，原股东放弃以及未获配售的股份纳入剩余部分对投资者公开发行。(4)公开增发期间（T日~T+3日，通常情况下深圳证券交易所比上海证券交易所少停牌一天，T+3日原股东即恢复交易），公司股票连续停牌。因此，本题的正确答案为C。

39.【答案】C

【解析】根据《上市公司证券发行管理办法》，上市公司发行的可转换公司债券在发行结束6个月后，方可转换为公司股票，转股期限由公司根据可转换公司债券的存续期限及公司财务状况确定。可转换公司债券持有人对转换股票或不转换股票有选择权，并于转股完成后的次日成为发行公司的股东。上市公司应当在可转换公司债券期满后5个工作日内，办理完毕偿还债券余额本息的事项；分离交易的可转换公司债券的偿还事宜与此相同。因此，本题的正确答案为C。

40.【答案】C

【解析】可转换公司债券的发行规模由发行人根据其投资计划和财务状况确定。可转换公司债券发行后，累计公司债券余额不得超过最近1期末净资产额的40%。对于分离交易的可转换公司债券，发行后累计公司债券余额不得高于最近1期末公司净资产额的40%；预计所附认股权全部行权后募集的资金总量不超过拟发行公司债券金额。因此，本题的正确答案为C。

41.【答案】C

【解析】可转换公司债券的发行规模由发行人根据其投资计划和财务状况确定。可转换公司债券发行后，累计公司债券余额不得超过最近1期末净资产额的40%。对于分离交易的可转换公司债券，发行后累计公司债券余额不超过最近1期末净资产额的40%；预计所附认股权全部行权后募集的资金总量不超过拟发行公司债券金额。因此，本题的正确答案为C。

42.【答案】C

【解析】可转换公司债券的最短期限为1年，最长期限为6年。分离交易的可转换公司债券的期限最短为1年，无最长期限限制；认股权证的存续期间不超过公司债券的期限，自发行结束之日起不少于6个月。募集说明书公告的权证存续期限不得调整。因此，本题的正确答案为C。

43．【答案】D

【解析】发行可转换公司债券时，认股权证的行权价格应不低于公告募集说明书日前20个交易日公司股票均价和前1个交易日的均价。因此，本题的正确答案为D。

44．【答案】B

【解析】上市公司应当在可转换公司债券期满后5个工作日内，办理完毕偿还债券余额本息的事项；分离交易的可转换公司债券的偿还事宜与此相同。因此，本题的正确答案为B。

45．【答案】C

【解析】可交换公司债券面值为每张人民币100元，发行价格则由上市公司股东和保荐机构通过市场询价确定。因此，本题的正确答案为C。

46．【答案】C

【解析】按照现行规定，我国的混合资本债券具有4个基本特征：（1）期限在15年以上，发行之日起10年内不得赎回。发行之日起10年后发行人具有1次赎回权，若发行人未行使赎回权，可以适当提高混合资本债券的利率。（2）混合资本债券到期前，如果发行人核心资本充足率低于4%，发行人可以延期支付利息；如果同时出现以下情况：最近1期经审计的资产负债表中盈余公积与未分配利润之和为负，且最近12个月内未向普通股股东支付现金红利，则发行人必须延期支付利息。在不满足延期支付利息的条件时，发行人应立即支付欠息及欠息产生的复利。（3）当发行人清算时，混合资本债券本金和利息的清偿顺序列于一般债务和次级债务之后、先于股权资本。（4）混合资本债券到期时，如果发行人无力支付清偿顺序在该债券之前的债务，或支付该债券将导致无力支付清偿顺序在混合资本债券之前的债务，发行人可以延期支付该债券的本金和利息。待上述情况好转后，发行人应继续履行其还本付息义务，延期支付的本金和利息将根据混合资本债券的票面利率计算利息。因此，本题的正确答案为C。

47．【答案】C

【解析】根据《证券法》第十六条和2008年1月4日发布的《国家发展改革委关于推进企业债券市场发展、简化发行核准程序有关事项的通知》（发改财金[2008]7号）规定，公开发行企业债券必须符合下列条件：（1）股份有限公司的净资产额不低于人民币3 000万元，有限责任公司和其他类型企业的净资产额不低于人民币6 000万元。（2）累计债券余额不超过发行人净资产（不包括少数股东权益）的40%。（3）最近3年平均可分配利润（净利润）足以支付债券1年的利息。（4）筹集的资金投向符合国家产业政策，所需相关手续齐全；用于固定资产投资项目的，应符合固定资产投资项目资本金制度的要求，原则上累计发行额不得超过该项目总投资的60%；用于收购产权（股权）的，比照该比例执行；用于调整债务结构的，不受该比例限制，但企业应提供银行同意以债还贷的证明；用于补充营运资金的，不超过发债总额的20%。(5) 债券的利率由企业根据市场情况确定，但不得超过国务院限定的利率水平。(6) 已发行的企业债券或者其他债务未处于违约或者延迟支付本息的状态。(7) 最近3年没有重大违法违规行为。因此，本题的正确答案为C。

48．【答案】B

【解析】资产支持证券存续期内，受托机构应在每期资产支持证券本息兑付日的3个工作日前公布受托机构报告，反映当期资产支持证券对应的资产池状况和各档次资产支持证券对应的本息兑付信息；每年4月30日前公布经注册会计师审计的上年度受托机构报告。因此，本题的正确答案为B。

49．【答案】B

【解析】资产支持证券的内部信用增级包括但不限于超额抵押、资产支持证券分层结构、现金抵押账户和利差账户等方式。资产支持证券的外部信用增级包括但不限于备用信用证、担保和保险等方式。因此，本题的正确答案为B。

50．【答案】D

【解析】公开发行的债券，在销售期内售出的债券面值总额占拟发行债券面值总额的比例不足50%的，或未能满足债券上市条件的，视为发行失败。若发行失败，发行人应当按发行价并加算银行同期存款利息返还认购人。因此，本题的正确答案为D。

51．【答案】D

【解析】根据《保险公司偿付能力报告编报规则第6号：认可负债》的相关规定，保险公司募集的定期次级债务应当在到期日前按照一定比例折算确认为认可负债，以折算后的账面余额作为其认可价值。剩余年限在1年以内的，折算比例为80%；剩余年限在1年以上（含1年）2年以内的，折算比例为60%；剩余年限在2年以上（含2年）3年以内的，折算比例为40%；剩余年限在3年以上（含3年）4年以内的，折算比例为20%；剩余年限在4年以上（含4年）的，折算比例为0。如果保险公司与债权人协议改变所募集次级债务的偿还时间，则应当按照双方重新约定的到期日计算该部分次级债务的剩余年限，按上述比例折算确认为认可负债。因此，本题的正确答案为D。

52．【答案】C

【解析】企业发行短期融资券应披露企业主体信用评级和当期融资券的债项评级。企业的主体信用级别低于发行注册时信用级别的，短期融资券发行注册自动失效，交易商协会将有关情况进行公告，所以，选项A错误；企业发行短期融资券应由已在中国人民银行备案的金融机构承销，企业可自主选择主承销商，所以，选项B错误；短期融资券在债权、债务登记日的次一工作日，即可以在全国银行间债券市场机构投资人之间流通转让，所以，选项D错误。因此，本题的正确答案为C。

53．【答案】B

【解析】符合以下条件的公司债券可以进入银行间债券市场交易流通，但公司债券募集办法或发行章程约定不交易流通的债券除外：（1）依法公开发行。（2）债权债务关系确立并登记完毕。（3）发行人具有较完善的治理结构和机制，近两年没有违法和重大违规行为。（4）实际发行额不少于人民币5亿元。（5）单个投资人持有量不超过该期公司债券发行量的30%。因此，本题的正确答案为B。

54．【答案】B

【解析】根据《关于股份有限公司境内上市外资股的规定》第八条的规定，以募集方式设立公司，申请发行境内上市外资股的，应当符合以下条件：（1）所筹资金用途符合国家产业政策。（2）符合国家有关固定资产投资立项的规定。（3）符合国家有关利用外资的规定。（4）发起人认购的股本总额不少于公司拟发行股本总额的35%。（5）发起人的出资总额不少于1.5亿元人民币。（6）拟向社会发行的股份达公司股份总数的25%以上；拟发行的股本总额超过4亿元人民币的，其拟向社会发行股份的比例达15%以上。（7）改组设立公司的原有企业或者作为公司主要发起人的国有企业，在最近3年内没有重大违法行为。（8）改组设立公司的原有企业或者作为公司主要发起人的国有企业，在最近3年内连续盈利。因此，本题的正确答案为B。

55．【答案】D

【解析】我国股份有限公司发行境内上市外资股一般采取配售方式。按照国际金融市场的通常做法，采取配售方式，承销商可以将所承销的股份以议购方式向特定的投资者配售。主承销商在承销前的较早阶段即已通过向其网络内客户的推介或路演，初步确定了认购量和投资者可以接受的发行价格，正式承销前的市场预测和承销协议签署仅具备有限的商业和法律意义。因此，本题的正确答案为D。

56．【答案】B

【解析】根据香港联交所的有关规定，内地在中国香港发行股票并上市的股份有限公

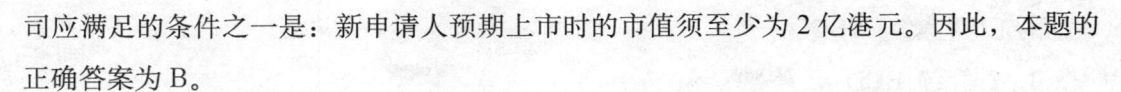

司应满足的条件之一是：新申请人预期上市时的市值须至少为2亿港元。因此，本题的正确答案为B。

57．【答案】A

【解析】内地企业在香港创业板发行与上市时，新申请人预期在上市时的市值不得低于1亿港元，而在计算是否符合此项市值要求时，以新申请人上市时的所有已发行股本——包括正申请上市的证券类别以及其他（如有）非上市或在其他受监管市场上市的证券类别作计算基准。因此，本题的正确答案为A。

58．【答案】D

【解析】内地企业在香港创业板发行与上市时，预计市值不少于5亿港元。但须注意的是，在创业板不设立盈利要求。因此，本题的正确答案为D。

59．【答案】B

【解析】收购人以要约方式收购一个上市公司股份的，其预定收购的股份比例均不得低于该上市公司已发行股份的5%。因此，本题的正确答案为B。

60．【答案】D

【解析】上市公司收购时，收购期限届满后15日内，收购人应当向中国证监会报送关于收购情况的书面报告，同时抄报派出机构，抄送证券交易所，通知被收购公司。因此，本题的正确答案为D。

二、多项选择题

1．【答案】BCD

【解析】投资银行业的狭义含义只限于某些资本市场活动，着重指一级市场上的承销业务、并购和融资业务的财务顾问。因此，本题的正确答案为BCD。

2．【答案】ABCD

【解析】证券公司申请保荐机构资格应当具备的条件包括：(1)注册资本不低于人民币1亿元，净资本不低于人民币5 000万元。(2)具有完善的公司治理和内部控制制度，风险控制指标符合相关规定。(3)保荐业务部门具有健全的业务规程、内部风险评估和控制系统，内部机构设置合理，具备相应的研究能力、销售能力等后台支持。(4)具有良好的保荐业务团队且专业结构合理，从业人员不少于35人，其中最近3年从事保荐相关业务的人员不少于20人。(5)符合保荐代表人资格条件的从业人员不少于4人。(6)最近3年内未因重大违法违规行为受到行政处罚。(7)中国证监会规定的其他条件。因此，本题的正确答案为 ABCD。

3. 【答案】BCD

【解析】发行人出现下列情形之一的，中国证监会自确认之日起暂停保荐机构的保荐资格 3 个月，撤销相关人员的保荐代表人资格：(1) 证券发行募集文件等申请文件存在虚假记载、误导性陈述或者重大遗漏。(2) 公开发行证券上市当年即亏损。(3) 持续督导期间信息披露文件存在虚假记载、误导性陈述或者重大遗漏。因此，本题的正确答案为 BCD。

4. 【答案】ABCD

【解析】从我国目前的实践看，公司改组为上市公司时，对上市公司占用的国有土地主要采取 4 种方式处置：(1) 以土地使用权作价入股。(2) 缴纳土地出让金，取得土地使用权。(3) 缴纳土地租金。(4) 授权经营。因此，本题的正确答案为 ABCD。

5. 【答案】ABCD

【解析】我国采用资产评估的方法主要有收益现值法、重置成本法、现行市价法和清算价格法。因此，本题的正确答案为 ABCD。

6. 【答案】ABC

【解析】召开股东大会会议，公司应当将会议召开的时间、地点和审议的事项于会议召开 20 日前通知各股东；召开临时股东大会应当于会议召开 15 日前通知各股东；发行无记名股票的，应当于会议召开 30 日前公告会议召开的时间、地点和审议事项。公司在计算会议通知的起始期限时，不应当包括会议召开当日。因此，本题的正确答案为 ABC。

7. 【答案】ABC

【解析】发行股票、债券及其他有价证券筹集收购所需的资金，是公司适应市场经济要求、适应社会化大生产需要而发展起来的一种筹集资金的有效途径。通过发行股票筹资，可以获得一笔无固定到期日、不用偿还且风险相对较小的资金。但是，由于发行股票费用较高，股息不能在税前扣除，因此，筹资成本较高，并且还有分散公司控制权的弊端。因此，本题的正确答案为 ABC。

8. 【答案】ACD

【解析】资产评估报告正文包括以下内容：(1) 评估机构与委托单位的名称。(2) 评估目的与评估范围。(3) 资产状况与产权归属。(4) 评估基准日期。(5) 评估原则。(6) 评估依据。(7) 评估方法和计价标准。(8) 资产评估说明。(9) 资产评估结论。(10) 评估附件名称。(11) 评估日期。(12) 评估人员签章。因此，本题的正确答案为 ACD。

9. 【答案】ABCD

【解析】每个会计年度结束后，保荐机构应当对上市公司年度募集资金存放与使用情况出具专项核查报告，并于上市公司披露年度报告时向交易所提交。核查报告应当包括以下内容：(1) 募集资金的存放、使用及专户余额情况。(2) 募集资金项目的进展情况，包括与募集资金投资计划进度的差异。(3) 用募集资金置换预先已投入募集资金投资项目的自筹资金情况（如适用）。(4) 闲置募集资金补充流动资金的情况和效果（如适用）。(5) 募集资金投向变更的情况（如适用）。(6) 上市公司募集资金存放与使用情况是否合规的结论性意见。(7) 交易所要求的其他内容。因此，本题的正确答案为 ABCD。

10. 【答案】ABD

【解析】股票上市是指经核准同意股票在证券交易所挂牌交易。根据《证券法》及交易所上市规则的规定，股份有限公司申请其股票上市必须符合下列条件：(1) 股票经中国证监会核准已公开发行。(2) 公司股本总额不少于人民币 5 000 万元。(3) 公开发行的股份达到公司股份总数的 25% 以上；公司股本总额超过人民币 4 亿元的，公开发行股份的比例为 10% 以上。(4) 公司最近 3 年无重大违法行为，财务会计报告无虚假记载。(5) 交易所要求的其他条件。因此，本题的正确答案为 ABD。

11. 【答案】ABCD

【解析】首次公开发行股票时，股票配售对象限于下列类别：经批准募集的证券投资基金，全国社会保障基金，证券公司证券自营账户，经批准设立的证券公司集合资产管理计划，信托投资公司证券自营账户，信托投资公司设立并已向相关监管部门履行报告程序的集合信托计划，财务公司证券自营账户，经批准的保险公司或者保险资产管理公司证券投资账户，合格境外机构投资者管理的证券投资账户，在相关监管部门备案的企业年金基金，主承销商自主推荐机构投资者管理的证券投资账户，经中国证监会认可的其他证券投资产品。因此，本题的正确答案为 ABCD。

12. 【答案】ABC

【解析】首次公开发行股票时，询价对象应当为其管理的股票配售对象分别指定资金账户和证券账户，专门用于累计投标询价和网下配售。指定账户应当在中国证监会、中国证券业协会和证券登记结算机构登记备案。因此，本题的正确答案为 ABC。

13. 【答案】ABCD

【解析】首次公开发行股票的信息披露时，信息披露义务人应当真实、准确、完整、

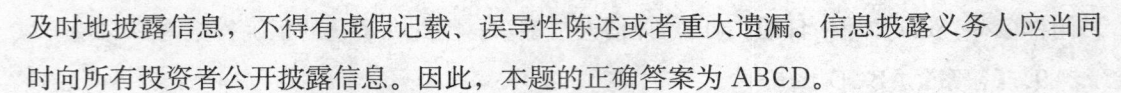

及时地披露信息,不得有虚假记载、误导性陈述或者重大遗漏。信息披露义务人应当同时向所有投资者公开披露信息。因此,本题的正确答案为 ABCD。

14.【答案】ABC

【解析】深圳证券交易所资金申购上网实施办法与上海证券交易所略有不同,除了放宽投资者申购上限外,在申购单位上,上海证券交易所规定每一申购单位为 1 000 股,申购数量不少于 1 000 股,超过 1 000 股的必须是 1 000 股的整数倍;而深圳证券交易所则规定申购单位为 500 股,每一证券账户申购数量不少于 500 股,超过 500 股的必须是 500 股的整数倍。因此,本题的正确答案为 ABC。

15.【答案】ABCD

【解析】首次公开发行股票时,发行人应披露持有 5% 以上股份的主要股东以及作为股东的董事、监事、高级管理人员作出的重要承诺及其履行情况。因此,本题的正确答案为 ABCD。

16.【答案】ABCD

【解析】首次公开发行股票时,财务状况分析一般应包括以下内容:(1) 发行人应披露公司资产、负债的主要构成,分析说明主要资产的减值准备提取情况是否与资产质量实际状况相符;最近 3 年及 1 期资产结构、负债结构发生重大变化的,发行人还应分析说明导致变化的主要因素。(2) 发行人应分析披露最近 3 年及 1 期流动比率、速动比率、资产负债率、息税折旧摊销前利润及利息保障倍数的变动趋势,并结合公司的现金流量状况、在银行的资信状况、可利用的融资渠道及授信额度、表内负债、表外融资情况及或有负债等情况,分析说明公司的偿债能力;发行人最近 3 年及 1 期经营活动产生的现金流量净额为负数或者远低于当期净利润的,应分析披露原因。(3) 发行人应披露最近 3 年及 1 期应收账款周转率、存货周转率等反映资产周转能力的财务指标的变动趋势,并结合市场发展、行业竞争状况、公司生产模式及物流管理、销售模式及赊销政策等情况,分析说明公司的资产周转能力。(4) 发行人最近 1 期末持有金额较大的交易性金融资产、可供出售的金融资产、借与他人款项、委托理财等财务性投资的,应分析其投资目的、对发行人资金安排的影响、投资期限、发行人对投资的监管方案、投资的可回收性及减值准备的计提是否充足。因此,本题的正确答案为 ABCD。

17.【答案】ABCD

【解析】上市公司发行新股在持续督导期间,保荐人应督导发行人有效执行并完善防止大股东、其他关联方违规占用发行人资源的制度;督导发行人有效执行并完善防止高

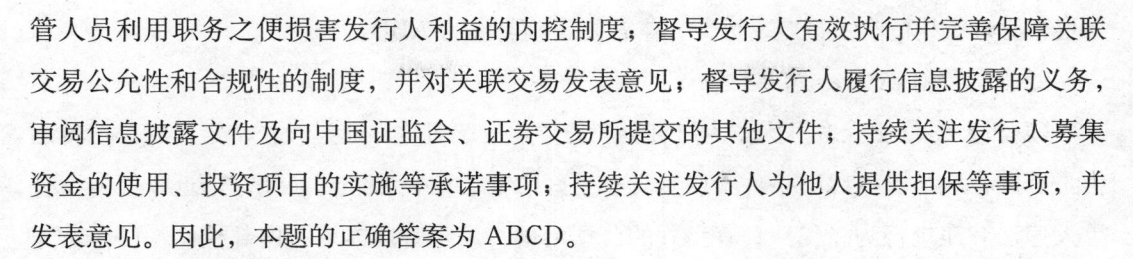

管人员利用职务之便损害发行人利益的内控制度；督导发行人有效执行并完善保障关联交易公允性和合规性的制度，并对关联交易发表意见；督导发行人履行信息披露的义务，审阅信息披露文件及向中国证监会、证券交易所提交的其他文件；持续关注发行人募集资金的使用、投资项目的实施等承诺事项；持续关注发行人为他人提供担保等事项，并发表意见。因此，本题的正确答案为ABCD。

18.【答案】ABD

【解析】上市公司募集资金运用的数额和使用应当符合下列规定：(1)募集资金数额不超过项目需要量；(2)募集资金用途符合国家产业政策和有关环境保护、土地管理等法律和行政法规的规定；(3)除金融类企业外，本次募集资金使用项目不得为持有交易性金融资产和可供出售的金融资产、借予他人、委托理财等财务性投资，不得直接或间接投资于以买卖有价证券为主要业务的公司；(4)投资项目实施后，不会与控股股东或实际控制人产生同业竞争或影响公司生产经营的独立性；(5)建立募集资金专项存储制度，募集资金必须存放于公司董事会决定的专项账户。因此，本题的正确答案为ABD。

19.【答案】ABD

【解析】根据中国证监会《证券发行与承销管理办法》第三十五条和第三十六条的规定，上市公司发行可转换公司债券，主承销商可以对参与网下配售的机构投资者进行分类，对不同类别的机构投资者设定不同的配售比例，对同一类别的机构投资者应当按相同的比例进行配售。主承销商应当在发行公告中明确机构投资者的分类标准。主承销商未对机构投资者进行分类的，应当在网下配售和网上发行之间建立回拨机制，回拨后两者的获配比例应当一致。上市公司发行可转换公司债券，可以全部或者部分向原股东优先配售，优先配售比例应当在发行公告中披露。因此，本题的正确答案为ABD。

20.【答案】ABC

【解析】中国人民银行于2005年6月13日发布了《资产支持证券信息披露规则》，对资产支持证券的信息披露行为作了详细规定。其中，资产支持证券受托机构的信息披露应通过中国货币网、中国债券信息网以及中国人民银行规定的其他方式进行。因此，本题的正确答案为ABC。

21.【答案】ABD

【解析】信贷资产证券化发起机构是指通过设立特定目的信托转让信贷资产的金融机构。信贷资产证券化发起机构拟证券化的信贷资产应当符合以下条件：(1)具有较高的同质性；(2)能够产生可预测的现金流收入；(3)符合法律、行政法规以及中国银监会等监督管理机构的有关规定。因此，本题的正确答案为 ABD。

22．【答案】ACD

【解析】银行业金融机构作为信贷资产证券化发起机构，通过设立特定目的信托转让信贷资产，应当具备以下条件：(1) 具有良好的社会信誉和经营业绩，最近 3 年内没有重大违法、违规行为。(2) 具有良好的公司治理、风险管理体系和内部控制。(3) 对开办信贷资产证券化业务具有合理的目标定位和明确的战略规划，并且符合其总体经营目标和发展战略。(4) 具有适当的特定目的信托受托机构选任标准和程序。(5) 具有开办信贷资产证券化业务所需要的专业人员、业务处理系统、会计核算系统、管理信息系统以及风险管理和内部控制制度。(6) 最近 3 年内没有从事信贷资产证券化业务的不良记录。(7) 中国银监会规定的其他审慎性条件。因此，本题的正确答案为 ACD。

23．【答案】ACD

【解析】中国证监会依照下列程序审核发行公司债券的申请：(1) 收到申请文件后，5 个工作日内决定是否受理。(2) 中国证监会受理后，对申请文件进行初审。(3) 发行审核委员会按照《中国证券监督管理委员会发行审核委员会办法》规定的特别程序审核申请文件。(4) 中国证监会作出核准或者不予核准的决定。发行公司债券，可以申请一次核准，分期发行。因此，本题的正确答案为 ACD。

24．【答案】BCD

【解析】1999 年 7 月 14 日，中国证监会发布《关于企业申请境外上市有关问题的通知》，明确提出国有企业、集体企业及其他所有制形式的企业经重组改制为股份有限公司后，凡符合境外上市条件的，均可向中国证监会提出境外上市申请。具体申请条件包括：(1) 符合我国有关境外上市的法律法规和规则。(2) 筹资用途符合国家产业政策、利用外资政策及国家有关固定资产投资立项的规定。(3) 净资产不少于 4 亿元人民币，过去 1 年税后利润不少于 6000 万元人民币，并有增长潜力，按合理预期市盈率计算，筹资额不少于 5000 万美元。(4) 具有规范的法人治理结构及较完善的内部管理制度，有较稳定的高级管理层及较高的管理水平。(5) 上市后分红派息有可靠的外汇来源，符合国家外汇管理的有关规定。(6) 中国证监会规定的其他条件。因此，本题的正确答案为 BCD。

25．【答案】AC

【解析】外国投资者对上市公司进行战略投资应符合以下要求：(1) 以协议转让、上市公司定向发行新股方式以及国家法律法规规定的其他方式取得上市公司 A 股股份。(2) 投资可分期进行，首次投资完成后取得的股份比例不低于该公司已发行股份的 10%，但特殊行业有特别规定或经相关主管部门批准的除外；取得的上市公司A股股份3年内不得转让。(3)法律法规对外商投资持股比例有明确规定的行业，投资者持有上述行业股份比例应符合相关规定；属法律法规禁止外商投资的领域，投资者不得对上述领域的上市公司进行投资。(4)涉及上市公司国有股股东的，应符合国有资产管理的相关规定。因此，本题的正确答案为AC。

26.【答案】ABC

【解析】进行战略投资的外国投资者必须具有以下条件：依法设立、经营的外国法人或其他组织，财务稳健、资信良好且具有成熟的管理经验；境外实有资产总额不低于1亿美元或管理的境外实有资产总额不低于5亿美元；或其母公司境外实有资产总额不低于1亿美元或管理的境外实有资产总额不低于5亿美元；有健全的治理结构和良好的内控制度，经营行为规范；近3年内未受到境内外监管机构的重大处罚（包括其母公司）。因此，本题的正确答案为ABC。

27.【答案】ABCD

【解析】在主板上市公司首次公开发行股票的核准程序有：(1)申报。(2)受理。(3)初审。(4)预披露。(5)发审委审核。(6)决定。因此，本题的正确答案为ABCD。

28.【答案】ABCD

【解析】股份有限公司的经理行使下列职权：(1)主持公司的生产经营管理工作，组织实施董事会决议。(2)组织实施公司年度经营计划和投资方案。(3)拟订公司内部管理机构设置方案。(4)拟订公司的基本管理制度。(5)制定公司的具体规章。(6)提请聘任或者解聘公司副经理、财务负责人。(7)决定聘任或者解聘除应由董事会决定聘任或者解聘以外的负责管理人员。(8)董事会授予的其他职权。此外，经理有权列席董事会会议，非董事经理在董事会上没有表决权。经理应当根据董事会或者监事会的要求，向董事会或者监事会报告公司重大合同的签订及执行情况、资金运用情况和盈亏情况。经理必须保证该报告的真实性。因此，本题的正确答案为ABCD。

29.【答案】ACD

【解析】股份有限公司的资本是指在公司登记机关登记的资本总额，即注册资本，由股东认购或公司募足的股款构成，其基本构成单位是股份，所以，也可以称为股份资本或股本。资本"三原则"包括：(1)资本确定原则。(2)资本维持原则。(3)资本不变原则。因此，本题的正确答案为ACD。

30.【答案】AD

【解析】被收购公司董事会应当对收购人的主体资格、资信情况及收购意图进行调查，对要约条件进行分析，对股东是否接受要约提出建议，并聘请独立财务顾问提出专业意见。在收购人公告要约收购报告书后 20 日内，被收购公司董事会应当将被收购公司董事会报告书与独立财务顾问的专业意见报送中国证监会，同时抄报派出机构，抄送证券交易所，并予公告。因此，本题的正确答案为 AD。

31．【答案】ABCD

【解析】股份有限公司的董事的职权包括：(1) 出席董事会，并行使表决权。(2) 报酬请求权。(3) 签名权。此项权力同时也是义务，如在以公司名义颁发的有关文件如募股文件、公司设立登记文件等上签名。(4) 公司章程规定的其他职权。因此，本题的正确答案为 ABCD。

32．【答案】ABCD

【解析】股份有限公司的清算组成员应当忠于职守，依法履行清算义务：(1) 在清算期间，即使公司存续，也不得开展与清算无关的经营活动。(2) 公司财产在未依照规定清偿前，不得分配给股东。(3) 清算组成员不得利用职权收受贿赂或者其他非法收入，不得侵占公司财产。(4) 清算组成员因故意或者重大过失给公司或者债权人造成损失的，应当承担赔偿责任。因此，本题的正确答案为 ABCD。

33．【答案】ABCD

【解析】企业进行股份制改组时，会计师事务所的主任会计师进行的原则性复核，应当包括所采用的审计程序的恰当性、获取审计工作底稿的充分性、审计过程中是否存在重大遗漏、审计工作是否符合会计师事务所的质量要求。因此，本题的正确答案为 ABCD。

34．【答案】ABC

【解析】首次公开发行股票的发行人在财务与会计方面应当符合的条件中包括：最近 1 期末无形资产（扣除土地使用权、水面养殖权和采矿权等后）占净资产的比例不高于 20%。因此，本题的正确答案为 ABC。

35．【答案】ABCD

【解析】首次公开发行股票的信息披露文件主要包括：招股说明书及其附录和备查文件，招股说明书摘要，发行公告，上市公告书。发行人和主承销商在发行过程中，应当按照中国证监会规定的程序、内容和格式，编制信息披露文件，履行信息披露义务。因此，本题的正确答案为 ABCD。

36．【答案】BCD

【解析】根据《中国证监会现行规章、规范性文件目录》，公开发行证券的公司信息披露规范包括：内容与格式准则、编报规则、规范问答。首次公开发行股票的信息披露应遵守相关规范。因此，本题的正确答案为BCD。

37．【答案】ABCD

【解析】为了规范保险公司次级定期债务的定向募集、转让、还本付息和信息披露行为，保证保险公司的偿付能力，2004年9月29日，中国保监会发布了《保险公司次级定期债务管理暂行办法》。该办法所称"保险公司次级定期债务"是指保险公司经批准定向募集的，期限在5年以上（含5年），本金和利息的清偿顺序列于保单责任和其他负债之后、先于保险公司股权资本的保险公司债务；该办法所称"保险公司"，是指依照中国法律在中国境内设立的中资保险公司、中外合资保险公司和外资独资保险公司。中国保监会依法对保险公司次级定期债务的定向募集、转让、还本付息和信息披露行为进行监督管理。因此，本题的正确答案为ABCD。

38．【答案】ABC

【解析】上市公司董事会秘书空缺期间，董事会应当指定1名董事或高级管理人员代行董事会秘书的职责，并报交易所备案，同时尽快确定董事会秘书人选。董事长属于高级管理人员。因此，本题的正确答案为ABC。

39．【答案】BCD

【解析】并购重组委员会委员接受聘任后，应当承诺遵守中国证监会对并购重组委员会委员的有关规定和纪律要求，认真履行职责，接受中国证监会的考核和监督。监督措施包括：(1)问责制度。(2)违规处罚。(3)举报监督机制。因此，本题的正确答案为BCD。

40．【答案】ABCD

【解析】上市公司应自外商投资企业批准证书签发之日起30日内，向工商行政管理机关申请办理公司类型变更登记，并提交下列文件：(1)公司法定代表人签署的申请变更申请书。(2)外商投资企业批准证书。(3)证券登记结算机构出具的股份持有证明。(4)经公证、认证的投资者的合法开业证明。(5)国家工商行政管理总局规定应提交的其他文件。经核准变更的，工商行政管理机关在营业执照企业类型栏目中加注"外商投资股份公司（A股并购）"字样，其中，投资者进行战略投资取得单一上市公司25%或以上股份并承诺在10年内持续持股不低于25%的，加注"外商投资股份公司（A股并购 25% 或以上)"。因此,本题的正确答案为 ABCD。

三、判断题

1.【答案】A

【解析】根据中国证监会于 2003 年 8 月 30 日发布（2004 年 10 月 15 日修订）的《证券公司债券管理暂行办法》的规定,证券公司债券是指证券公司依法发行的、约定在一定期限内还本付息的有价证券。该办法特别强调,其所指的证券公司债券,不包括证券公司发行的可转换债券和次级债券。中国证监会依法对证券公司债券的发行和转让行为进行监督管理。证券公司发行债券须报经中国证监会批准,未经批准不得擅自发行或变相发行债券。因此,本题的正确答案为 A。

2.【答案】A

【解析】2006 年 5 月 20 日,深、沪证券交易所分别颁布了股票上网发行资金申购实施办法,股份公司通过证券交易所交易系统采用上网资金申购方式公开发行股票。2008 年 3 月,在首发上市中首次尝试采用网下发行电子化方式,标志着我国证券发行中网下发行电子化的启动。目前普遍使用上网发行的方式。因此,本题的正确答案为 A。

3.【答案】A

【解析】同次发行的证券,其发行保荐和上市保荐应当由同一保荐机构承担。证券发行规模达到一定数量的,可以采用联合保荐,但参与联合保荐的保荐机构不得超过 2 家。证券发行的主承销商可以由该保荐机构担任,也可以由其他具有保荐机构资格的证券公司与该保荐机构共同担任。因此,本题的正确答案为 A。

4.【答案】B

【解析】中国证监会依法受理、审查申请文件。对保荐机构资格的申请,自受理之日起 45 个工作日内作出核准或者不予核准的书面决定;对保荐代表人资格的申请,自受理之日起 20 个工作日内作出核准或者不予核准的书面决定。证券公司和个人应当保证申请文件真实、准确、完整。申请期间,申请文件内容发生重大变化的,应当自变化之日起 2 个工作日内向中国证监会提交更新资料。因此,本题的正确答案为 B。

5.【答案】A

【解析】证券公司应加强投资银行项目的内核工作和质量控制。证券公司投资银行业务风险（质量）控制与投资银行业务运作应适当分离。因此,本题的正确答案为 A。

6.【答案】A

【解析】证券公司的投资银行业务由中国证监会负责监管。中国证监会可以定期或不定期地对证券经营机构从事投资银行业务的情况进行现场和非现场检查，并要求其报送股票承销及相关业务资料。中国证监会及其派出机构对从事投资银行业务过程中涉嫌违反政府有关法规、规章的证券经营机构，可以进行调查，并可要求提供、复制或封存有关业务文件、资料、账册、报表、凭证和其他必要的材料。证券经营机构不得以任何理由拒绝或拖延提供有关材料，或提供不真实、不准确、不完整的材料以及逃避调查。因此，本题的正确答案为 A。

7.【答案】B

【解析】证券发行监管要以强制性信息披露为中心，完善"事前问责、依法披露和事后追究"的监管制度，增强信息披露的准确性和完整性；同时，加大对证券发行和持续信息披露中违法、违规行为的打击力度。因此，本题的正确答案为 B。

8.【答案】A

【解析】股份有限公司设监事会，有关董事任职资格的限制规定同样适用于监事。监事应具有法律、会计等方面的专业知识或工作经验。此外，董事、高级管理人员不得兼任监事。股份有限公司的监事会是由监事组成的、对公司业务和财务活动进行合法性监督的机构。监事会成员不得少于 3 人。监事会的人员和结构应确保监事会能够独立有效地行使对董事、经理和其他高级管理人员及公司财务的监督和检查的权力。因此，本题的正确答案为 A。

9.【答案】B

【解析】股份的设质是指将依法可以转让的股份质押，设定质权。股份设质应当订立书面合同，并在证券登记机构办理出质登记，质押合同自登记之日起生效。股份出质后不得转让，但经出质人和质权人同意的除外。经质权人同意，出质人转让股份所得的价款应当向质权人提前清偿所担保的债权或向与质权人约定的第三人提存。但是，公司不得接受本公司的股票作为质押权的标的。因此，本题的正确答案为 B。

10.【答案】B

【解析】股东大会审议有关关联交易事项时，关联股东不应当参与投票表决，其所代表的有表决权的股份数不计入有效表决总数；股东大会决议的公告应当充分披露非关联股东的表决情况。股东大会的职权不得通过授权的形式由董事会或其他机构和个人代为行使。因此，本题的正确答案为 B。

11.【答案】A

【解析】发起人向社会公开募集股份，应当由依法设立的证券公司承销，签订承销协议。发起人向社会公开募集股份，应当同银行签订代收股款协议。代收股款的银行应当按照协议代收和保存股款，向缴纳股款的认股人出具收款单据，并负有向有关部门出具收款证明的义务。因此，本题的正确答案为A。

12. 【答案】A

【解析】《公司法》第一百二十五条规定："上市公司董事与董事会会议决议事项所涉及的企业有关联关系的，不得对该项决议行使表决权，也不得代理其他董事行使表决权。该董事会会议由过半数的无关联关系董事出席即可举行，董事会会议所作决议须经无关联关系董事过半数通过。出席董事会的无关联关系董事人数不足三人的，应将该事项提交上市公司股东大会审议。"因此，本题的正确答案为A。

13. 【答案】A

【解析】公司应当依照法律、行政法规和国务院财政部门的规定建立本公司的财务、会计制度。公司应当在每一会计年度终了时编制财务会计报告，并依法经会计师事务所审计。上市公司在每一会计年度结束之日起4个月内向中国证监会和证券交易所报送年度财务会计报告，在每一会计年度前6个月结束之日起2个月内向中国证监会派出机构和证券交易所报送半年度财务会计报告。财务会计报告应当依照法律、行政法规和国务院财政部门的规定制作。因此，本题的正确答案为A。

14. 【答案】B

【解析】股份有限公司应当自作出合并决议之日起10日内通知债权人，并于30日内在报纸上公告。债权人自接到通知书之日起30日内，未接到通知书的自公告之日起45日内，有权要求公司清偿债务或提供相应担保。因此，本题的正确答案为B。

15. 【答案】B

【解析】股东大会对有关关联交易进行表决时，应严格执行公司章程规定的回避制度。需要由独立董事、财务顾问、监事会成员发表意见的关联交易，应由他们签字表达对关联交易公允性意见后方能生效；需要由董事会、股东大会讨论的关联交易，关联股东或有关联关系的董事应予以回避或作必要的公允声明。因此，本题的正确答案为B。

16. 【答案】B

【解析】组建股份有限公司，视投资主体和产权管理主体的不同情况，其所占用的国有资产分别构成国家股和国有法人股。国家股和国有法人股的性质均属国家所有，统称为国有股。国家股是指有权代表国家投资的机构或部门向股份公司投资形成或依法定程

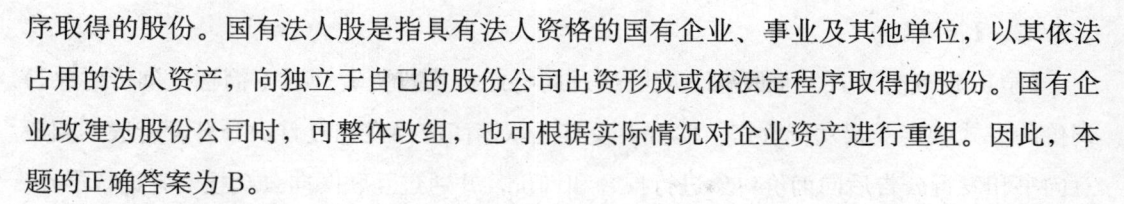

序取得的股份。国有法人股是指具有法人资格的国有企业、事业及其他单位，以其依法占用的法人资产，向独立于自己的股份公司出资形成或依法定程序取得的股份。国有企业改建为股份公司时，可整体改组，也可根据实际情况对企业资产进行重组。因此，本题的正确答案为B。

17．【答案】B

【解析】转股价格是影响可转换公司债券价值的一个重要因素。转股价格越高，期权价值越低，可转换公司债券的价值越低；反之，转股价格越低，期权价值越高，可转换公司债券的价值越高。因此，本题的正确答案为B。

18．【答案】B

【解析】上市公告书是发行人在股票上市前向公众公告发行与上市有关事项的信息披露文件。发行人及其全体董事、监事、高级管理人员应当对上市公告书签署书面确认意见，保证上市公告书所披露信息的真实性、准确性、完整性，承诺其中不存在虚假记载、误导性陈述或重大遗漏，并承担个别和连带的法律责任。上市公告书应当加盖发行人公章。因此，本题的正确答案为B。

19．【答案】B

【解析】首次公开发行股票时，发行人及其主承销商应当通过初步询价确定发行价格区间，在发行价格区间内通过累计投标询价确定发行价格。因而保荐机构应在初步询价时向询价对象提供投资价值研究报告。因此，本题的正确答案为B。

20．【答案】A

【解析】审计报告应当由注册会计师签名并盖章。对上市公司及企业改组上市的审计，应由两名具有证券相关业务资格的注册会计师签名并盖章。因此，本题的正确答案为A。

21．【答案】A

【解析】发审委会议审核发行人公开发行股票申请和可转换公司债券等中国证监会认可的其他公开发行证券申请，适用普通程序规定。中国证监会有关职能部门应当在发审委会议召开5日前，将会议通知、股票发行申请文件及中国证监会有关职能部门的初审报告送达参会发审委委员，并将发审委会议审核的发行人名单、会议时间、发行人承诺函和参会发审委委员名单在中国证监会网站上公布。因此，本题的正确答案为A。

22．【答案】B

【解析】在主板上市公司首次公开发行股票的核准程序中，中国证监会收到申请文件后，在5个工作日内作出是否受理的决定。因此，本题的正确答案为B。

23．【答案】A

【解析】首次公开发行股票，应当通过向特定机构投资者（以下简称"询价对象"）询价的方式确定股票发行价格。发行人及其主承销商应当在刊登首次公开发行股票招股意向书和发行公告后向询价对象进行推介和询价，并通过互联网向公众投资者进行推介。因此，本题的正确答案为A。

24．【答案】A

【解析】首次公开发行的股票上市申请获得深圳证券交易所审核同意后，发行人应当于其股票上市前5个交易日内，在指定网站上披露下列文件：（1）上市公告书。（2）公司章程。（3）申请股票上市的股东大会决议。（4）法律意见书。（5）上市保荐书。因此，本题的正确答案为A。

25．【答案】A

【解析】中国证监会可以要求上市公司及其他信息披露义务人或者其董事、监事、高级管理人员对有关信息披露问题作出解释、说明或者提供相关资料，并要求上市公司提供保荐机构或者证券服务机构的专业意见。中国证监会对保荐机构和证券服务机构出具的文件的真实性、准确性、完整性有疑义的，可以要求相关机构作出解释、补充，并调阅其工作底稿。上市公司及其他信息披露义务人、保荐机构和证券服务机构应当及时作出回复，并配合中国证监会的检查、调查。因此，本题的正确答案为A。

26．【答案】B

【解析】招股说明书中引用的财务报告在其最近1期截止日后6个月内有效。特殊情况下，发行人可申请适当延长，但至多不超过1个月。财务报告应当以年度末、半年度末或者季度末为截止日。招股说明书的有效期为6个月，自中国证监会核准发行申请前招股说明书最后1次签署之日起计算。因此，本题的正确答案为B。

27．【答案】B

【解析】首次公开发行股票时，招股说明书摘要的一般要求包括：（1）招股说明书摘要的目的仅为向公众提供有关本次发行的简要情况，无须包括招股说明书全文各部分的主要内容。（2）招股说明书摘要内容必须忠实于招股说明书全文，不得出现与全文相矛盾之处。（3）招股说明书摘要应尽量采用图表或其他较为直观的方式准确披露发行人的情况，做到简明扼要、通俗易懂。（4）在中国证监会指定的信息披露报刊刊登的招股说明书摘要最小字号为标准小5号字，最小行距为0.35毫米。因此，本题的正确答案为B。

28．【答案】A

【解析】首次公开发行股票并在创业板上市的发行人应当在招股说明书显要位置作如下提示:"本次股票发行后拟在创业板市场上市,该市场具有较高的投资风险。创业板公司具有业绩不稳定、经营风险高、退市风险大等特点,投资者面临较大的市场风险。投资者应充分了解创业板市场的投资风险及本公司所披露的风险因素,审慎作出投资决定。"因此,本题的正确答案为A。

29.【答案】A

【解析】在首次公开发行股票的招股说明书中,发行人应披露是否存在与控股股东、实际控制人及其控制的其他企业从事相同、相似业务的情况。对存在相同、相似业务的,发行人应对是否存在同业竞争作出合理解释。发行人应披露控股股东、实际控制人作出的避免同业竞争的承诺。因此,本题的正确答案为A。

30.【答案】B

【解析】首次公开发行股票向战略投资者配售股票的,发行人及其主承销商应当在网下配售结果公告中披露战略投资者的名称、认购数量及承诺持有期等情况。因此,本题的正确答案为B。

31.【答案】B

【解析】上市公告书应当加盖发行人公章。上市公告书引用保荐机构、证券服务机构的专业意见或者报告的,相关内容应当与保荐机构、证券服务机构出具的文件内容一致,确保引用保荐机构、证券服务机构的意见不会产生误导。因此,本题的正确答案为B。

32.【答案】A

【解析】上市公司公开发行股票,应当由证券公司承销;非公开发行股票,如发行对象均属于原前10名股东的,则可以由上市公司自行销售。上市公司申请公开发行证券或者非公开发行新股,应当由保荐机构保荐,并向中国证监会申报。因此,本题的正确答案为A。

33.【答案】B

【解析】在超额配售选择权行使期内,如果发行人股票的市场交易价格低于发行价格,主承销商用超额发售股票获得的资金,按不高于发行价的价格,从集中竞价交易市场购买发行人的股票,分配给提出认购申请的投资者;如果发行人股票的市场交易价格高于发行价格,主承销商可以根据授权要求发行人增发股票,分配给提出认购申请的投资者,发行人获得发行此部分新股所募集的资金。超额配售选择权的行使限额,即主承销商从集中竞价交易市场购买的发行人股票与要求发行人增发的股票之和,应当不超过本次包销数额的15%。因此，本题的正确答案为B。

34.【答案】A

【解析】上市公司发行新股，可以公开发行，也可以非公开发行。上市公司计划公开发行新股前，保荐机构和上市公司必须首先判断发行主体是否符合公开发行新股的法定条件，这是上市公司成功公开发行新股的基本前提。因此，本题的正确答案为A。

35.【答案】A

【解析】上市公司发行证券前发生重大事项的，应暂缓发行，并及时报告中国证监会。该事项对本次发行条件构成重大影响的，发行证券的申请应重新经过中国证监会核准。因此，本题的正确答案为A。

36.【答案】A

【解析】发行可转换公司债券必须报经核准，未经核准，不得发行可转换公司债券。可转换公司债券在转换股份前，其持有人不具有股东的权利和义务。因此，本题的正确答案为A。

37.【答案】A

【解析】可转换公司债券是一种含权债券，兼有公司债券和股票的双重特征。转股以前，它是一种公司债券，具备债券的特性，在规定的利率和期限体现的是债权、债务关系，持有者是债权人；转股以后，它变成了股票，具备股票的特性，体现的是所有权关系，持有者由债权人转变成了股权所有者。在价值形态上，可转换公司债券赋予投资者一个保底收入，即债券利息支付与到期本金偿还构成的普通附息券的价值；同时，它还赋予投资者在股票上涨到一定价格条件下转换成发行人普通股票的权益，即看涨期权的价值。因此，本题的正确答案为A。

38.【答案】B

【解析】可转换公司债券的发行规模由发行人根据其投资计划和财务状况确定。可转换公司债券发行后，累计公司债券余额不得超过最近1期末净资产额的40%。对于分离交易的可转换公司债券，发行后累计公司债券余额不得高于最近1期末公司净资产额的40%；预计所附认股权全部行权后募集的资金总量不超过拟发行公司债券金额。因此，本题的正确答案为B。

39.【答案】A

【解析】上市公司在可转换公司债券转换期结束的20个交易日前，应当至少发布3次提示公告，提醒投资者有关在可转换公司债券转换期结束前的10个交易日停止交易的事项。公司出现可转换公司债券按规定须停止交易的其他情形时，应当在获悉有关情形后及时发布其可转换公司债券将停止交易的公告。因此，本题的正确答案为A。

40.【答案】B

【解析】证券交易所按照下列规定停止可转换公司债券的交易：(1)可转换公司债券流通面值少于3 000万元时，在上市公司发布相关公告3个交易日后停止其可转换公司债券的交易。(2)可转换公司债券自转换期结束之前的第10个交易日起停止交易。(3)可转换公司债券在赎回期间停止交易。因此，本题的正确答案为B。

41.【答案】B

【解析】在可交换公司债券发行前，公司债券受托管理人应当与上市公司股东就预备用于交换的股票签订担保合同，按照证券登记结算机构的业务规则设定担保，办理相关登记手续，将其专户存放，并取得担保权利证明文件。因此，本题的正确答案为B。

42.【答案】A

【解析】可交换公司债券的募集说明书可以约定赎回条款，规定上市公司股东可以按事先约定的条件和价格赎回尚未换股的可交换公司债券。同时，募集说明书也可以约定回售条款，规定债券持有人可以按事先约定的条件和价格将所持债券回售给上市公司股东。因此，本题的正确答案为A。

43.【答案】A

【解析】记账式国债分销是指在规定的分销期内，国债承销团成员将中标的全部或部分国债债权额度销售给非国债承销团成员的行为。记账式国债采取场内挂牌、场外签订分销合同和试点商业银行柜台销售的方式分销。因此，本题的正确答案为A。

44.【答案】B

【解析】2005年4月27日，中国人民银行发布了《全国银行间债券市场金融债券发行管理办法》，对金融债券的发行行为进行了规范，发行体也在原来单一的政策性银行的基础上，增加了商业银行、企业集团财务公司及其他金融机构。金融债券是指依法在中华人民共和国境内设立的上述金融机构法人在全国银行间债券市场发行的、按约定还本付息的有价证券。因此，本题的正确答案为B。

45.【答案】B

【解析】中国银监会借鉴其他国家对混合资本工具的有关规定，严格遵照《巴塞尔协议》要求的原则特征，选择以银行间市场发行的债券作为我国混合资本工具的主要形式，并由此命名我国的混合资本工具为混合资本债券。简言之，我国的混合资本债券是指商业

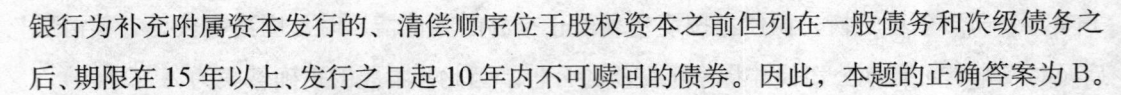

银行为补充附属资本发行的、清偿顺序位于股权资本之前但列在一般债务和次级债务之后、期限在15年以上、发行之日起10年内不可赎回的债券。因此，本题的正确答案为B。

46．【答案】A

【解析】国家发改委受理企业发债申请后，依据法律法规及有关文件规定，对申请材料进行审核。符合发债条件、申请材料齐全的，直接予以核准。申请材料存在不足或需要补充有关材料的，应及时向发行人和主承销商提出反馈意见。发行人及主承销商根据反馈意见对申请材料进行补充、修改和完善，重要问题应出具文件进行说明。因此，本题的正确答案为A。

47．【答案】B

【解析】根据《短期融资券管理办法》第一章第三条和第二章第十三条的规定，短期融资券是指企业依照本办法规定的条件和程序在银行间债券市场发行和交易、约定在一定期限内还本付息，最长期限不超过365天的有价证券。因此，本题的正确答案为B。

48．【答案】B

【解析】公司债券每张面值100元，发行价格由发行人与保荐机构通过市场询价确定。因此，本题的正确答案为B。

49．【答案】A

【解析】企业发行中期票据除应按交易商协会《银行间债券市场非金融企业债务融资工具信息披露规则》在银行间债券市场披露信息外，还应于中期票据注册之日起3个工作日内，在银行间债券市场一次性披露中期票据完整的发行计划。中期票据投资者可就特定投资需求向主承销商进行逆向询价，主承销商可与企业协商发行符合特定需求的中期票据。因此，本题的正确答案为A。

50．【答案】A

【解析】中小非金融企业发行集合票据应制定偿债保障措施，并在发行文件中进行披露，包括信用增级措施、资金偿付安排以及其他偿债保障措施。因此，本题的正确答案为A。

51．【答案】A

【解析】根据中国证监会于2003年8月30日发布、2004年10月15日修订的《证券公司债券管理暂行办法》的规定，证券公司债券是指证券公司依法发行的、约定在一定期限内还本付息的有价证券。在该办法中特别强调，其所指的证券公司债券不包括证券公司发行的可转换债券和次级债券。因此，本题的正确答案为A。

52．【答案】B

【解析】资金保管机构是指在信贷资产证券化交易中接受受托机构委托，负责保管信托财产账户资金的机构。信贷资产证券化发起机构和贷款服务机构不得担任同一交易的资金保管机构。因此，本题的正确答案为B。

53．【答案】B

【解析】证券公司债券应当由证券登记结算公司负责登记、托管和结算。经批准，国债登记结算公司也可以负责证券公司债券的登记、托管和结算。因此，本题的正确答案为B。

54．【答案】B

【解析】商业银行为信贷资产证券化交易提供信用增级，应当按照有关规定计提资本。因此，本题的正确答案为B。

55．【答案】A

【解析】根据要求，在设立股份有限公司时，境内评估机构应当对投入股份有限公司的全部资产进行资产评估。评估的方法主要有重置成本法、现行市价法和收益现值法。对股份有限公司占用的土地进行评估时，要向国家土地管理部门申请办理土地评估立项与确认。评估机构在完成评估以后，应当出具评估报告。因此，本题的正确答案为A。

56．【答案】B

【解析】管理层收购指目标公司管理层利用杠杆收购这一金融工具，通过负债融资，以少量资金投入收购自己经营的公司。管理层收购是杠杆收购的一种特殊形式。所谓杠杆收购是利用借债所融资本购买目标公司的股份，从而改变公司出资人结构、相应的控制权格局以及公司资产结构的金融工具。因此，本题的正确答案为B。

57．【答案】A

【解析】国际开发机构是指进行开发性贷款和投资的多边、双边以及地区国际开发性金融机构。国际开发机构人民币债券是指国际开发机构依法在中国境内发行的、约定在一定期限内还本付息的、以人民币计价的债券。因此，本题的正确答案为A。

58．【答案】B

【解析】证券登记结算机构临时保管的预受要约的股票，在要约收购期间不得转让。在要约收购期限届满3个交易日前，预受股东可以委托证券公司办理撤回预受要约的手续，证券登记结算机构根据预受要约股东的撤回申请解除对预受要约股票的临时保管。因此，本题的正确答案为B。

59．【答案】A

【解析】上市公司的收购及相关股份权益变动活动不得危害国家安全和社会公共利益。外国投资者进行上市公司的收购及相关股份权益变动活动的，应当取得国家相关部门的批准，适用中国法律，服从中国的司法、仲裁管辖。因此，本题的正确答案为 A。

60．【答案】A

【解析】上市公司的收购及相关股份权益变动活动中的信息披露义务人，应当充分披露其在上市公司中的权益及变动情况，依法严格履行报告、公告和其他法定义务。在相关信息披露前负有保密义务。上市公司的收购及相关股份权益变动活动，必须遵循公开、公平、公正的原则。信息披露义务人报告、公告的信息必须真实、准确、完整，不得有虚假记载、误导性陈述或者重大遗漏。因此，本题的正确答案为 A。

《证券发行与承销》模拟试卷（三）

一、**单项选择题**（本大题共60小题，每小题0.5分，共30分。以下各小题所给出的4个选项中，只有一项最符合题目要求。）

1. 可转换公司债券的实际发行额不少于人民币（ ）。
   A. 3 000万元 B. 5 000万元
   C. 2亿元 D. 3亿元

2. 上市公司独立董事连续（ ）未亲自出席董事会会议的，由董事会提请股东大会予以撤换。
   A. 二次 B. 三次
   C. 五次 D. 六次

3. 上市公司的年度预算方案和决算方案可由股东大会以（ ）通过。
   A. 临时决议 B. 普通决议
   C. 特别决议 D. 一般决议

4. 发起设立是指由发起人认购公司发行的（ ）而设立公司的方式。
   A. 优先股份 B. 控股股份
   C. 全部股份 D. 部分股份

5. 我国目前遵循的是（ ）的原则，不仅要求公司在章程中规定资本总额，而且要求在设立登记前认购或募足完毕。
   A. 授权资本制 B. 法定资本制
   C. 折中资本制 D. 不变资本制

6. 股东大会是由股份有限公司全体股东组成的，表达公司最高意志的权利机构。股东大会的职权可以概括为（ ）。
   A. 决定权和执行权 B. 决定权和审批权
   C. 经营权和决定权 D. 经营权和执行权

7. 下列事项中，可以通过股东大会普通决议的是（ ）。

A. 公司年度报告 　　　　　　　B. 发行公司债券
C. 公司章程的修改 　　　　　　D. 回购本公司股票

8. 募集设立，是指由发起人认购公司应发行股份的一部分，其余部分通过向社会（　　）而设立的方式。

A. 定向发行 　　　　　　　　　B. 私募
C. 公开募集 　　　　　　　　　D. 招募

9. 以募集方式设立的股份有限公司，发起人认购的股份不得少于公司股份总数的（　　）。

A. 40% 　　　　　　　　　　　B. 35%
C. 25% 　　　　　　　　　　　D. 20%

10. 股份有限公司的创立大会必须有代表股份总数（　　）以上的认股人出席才能举行。

A. 1/2 　　　　　　　　　　　B. 3/4
C. 2/3 　　　　　　　　　　　D. 4/5

11. 公司债券是公司与（　　）的社会公众形成的债权债务关系。

A. 特定 　　　　　　　　　　　B. 不特定
C. 固定 　　　　　　　　　　　D. 有限

12. 设立股份有限公司的，应于创立大会结束后30日内由（　　）向公司登记机关申请设立登记。

A. 全体股东指定的代表 　　　　B. 董事会
C. 发起人 　　　　　　　　　　D. 董事长

13. 公司减少注册资本的决议作出后，应于（　　）日内通知债权人。

A. 7 　　　　　　　　　　　　B. 10
C. 20 　　　　　　　　　　　 D. 30

14. 公司未弥补的亏损达股本总额的（　　）时，必须召开临时股东大会。

A. 1/2 　　　　　　　　　　　B. 1/4
C. 1/3 　　　　　　　　　　　D. 1/5

15. 公司分配当年税后利润，应当提取利润的（　　）列入公司法定公积金。

A. 10% 　　　　　　　　　　　B. 5%
C. 20% 　　　　　　　　　　　D. 15%

16. 股份有限公司发起人的首次出资额不得低于公司注册资本的（　　）。

A．10% B．20%
C．30% D．35%

17．下列选项中，关于任意公积金的说法，正确的是（ ）。

A．任意公积金的提取是由总经理决定的

B．任意公积金应从未分配利润中提取

C．任意公积金的提取必须经股东大会决议

D．《公司法》规定，任意公积金至少要占税后利润的5%

18．新设合并，指两个或两个以上的公司各自解散，在此基础上设立一个新的股份有限公司，这个新设的股份有限公司（ ）原有几个公司的全部资产和业务。

A．承继 B．不接管
C．收购 D．放弃

19．股份有限公司宣告破产以后，由（ ）接管公司，对破产财产进行清算、评估和处理、分配。

A．债权人 B．清算组
C．专家组 D．政府部门

20．股份有限公司解散时，清算出的公司财产应优先支付（ ）。

A．职工工资和劳保费用 B．缴纳所欠税款
C．清偿公司债务 D．清算费用

21．破产清算组对（ ）负责并报告工作。

A．债权人会议 B．破产企业
C．破产企业的主管部门 D．人民法院

22．股份有限公司清算后的剩余财产，应该按照（ ）比例分配。

A．清算组的决定 B．股东持有的股份比例
C．股东出资比例 D．董事会的决定

23．关联交易的价格原则上应不偏离（ ）的价格或收费的标准。

A．市场独立第三方 B．原先收取
C．由中国证监会核准 D．由母公司核准

24．根据《公司法》，申请股票在证券交易所上市的公司，股本总额不少于人民币（ ）万元。

A．1 000 B．5 000

C．10 000　　　　　　　　　　D．20 000

25．（　）是指对企业的各项资产进行全面的清理、核对和查实。

A．账务清理　　　　　　　　B．价值重估

C．资金核实　　　　　　　　D．资产清查

26．在主板上市公司首次公开发行股票，发行人应当符合的条件错误的是（　）。

A．最近3个会计年度净利润均为正数且累计超过人民币3 000万元

B．最近3个会计年度营业收入累计超过人民币1亿元

C．发行前股本总额不少于人民币3 000万元

D．最近3个会计年度经营活动产生的现金流量净额累计超过人民币5 000万元

27．（　）资产评估是对一类或几类资产的价值进行的评估。

A．单项　　　　　　　　　　B．部分

C．多项　　　　　　　　　　D．整体

28．股份有限公司的财务会计报告应当在召开股东大会年会的（　）日前置备于本公司，供股东查阅。

A．5　　　　　　　　　　　　B．10

C．15　　　　　　　　　　　D．20

29．（　）通常用于有收益企业的整体评估及无形资产评估等。

A．收益现值法　　　　　　　B．重置成本法

C．现行市价法　　　　　　　D．清算价格法

30．资产评估报告（　）。

A．仅有正文部分　　　　　　B．包括正文和附件两部分

C．包括正文、附件和法律意见　D．包括正文和确认文件

31．下列选项中，关于上市公司不得公开发行证券的说法，错误的是（　）。

A．擅自改变前次公开发行证券募集资金的用途而未作纠正

B．本次发行申请文件有虚假记载、误导性陈述或重大遗漏

C．上市公司及其控股股东或实际控制人最近24个月内存在未履行向投资者做出的公开承诺的行为

D．上市公司最近12个月内受到过证券交易所的公开谴责

32．（　）属于资产评估报告正文的内容。

A．评估资产的汇总表

B．评估方法和计价标准

C．评估机构和评估人员资格证明文件的复印件

D．评估资产的明细表

33．（　）是律师对股份有限公司在发行准备阶段的审查工作依法作出的结论性意见。

A．法律意见书　　　　　　　　B．律师工作报告

C．核查意见　　　　　　　　　D．推荐函

34．提交中国证监会的法律意见书和律师工作报告应是经（　）名以上具有执行证券期货相关业务资格的经办律师和其所在律师事务所的负责人签名。

A．2　　　　　　　　　　　　B．3

C．4　　　　　　　　　　　　D．5

35．上市公司申请可转换公司债券在证券交易所上市，应当符合的条件之一是（　）。

A．可转换公司债券实际发行额不少于人民币3 000万元

B．可转换公司债券实际发行额不少于人民币5 000万元

C．可转换公司债券实际发行额不多于人民币5 000万元

D．可转换公司债券实际发行额不少于人民币6 000万元

36．上市公司出售的资产为非股权资产的，其资产净额以（　）为准。

A．相关资产与负债的账面值差额和成交金额二者中的较高者

B．相关资产与负债账面值的差额

C．相关资产与负债的账面值差额和成交金额二者中的较低者

D．该资产的账面值

37．全面摊薄法就是用发行当年预测全部净利润除以（　），直接得出每股净利润。

A．流通股　　　　　　　　　　B．总股本

C．社会公众股　　　　　　　　D．发行后总股本

38．招股说明书的有效期为（　）。

A．1个月　　　　　　　　　　B．3个月

C．6个月　　　　　　　　　　D．1年

39．市盈率是指（　）之间的比率。

A．股票市价与每股股息　　　　B．股票市价与每股净资产

C．股票市价与每股收益　　　　D．股票股息与每股收益

40．首次公开发行股票时，招股说明书所引用的最近1期财务会计资料在财务报告

截止日后（　　）内有效。

A．3个月　　　　　　　　　　B．4个月

C．6个月　　　　　　　　　　D．12个月

41．首次公开发行股票招股说明书时，发行人应当遵循（　　）原则，按顺序披露可能直接或间接对发行人生产经营状况、财务状况和持续盈利能力产生重大不利影响的所有因素。

A．准确性　　　　　　　　　　B．重要性

C．完整性　　　　　　　　　　D．及时性

42．首次公开发行股票招股说明书时，（　　）的发行人，可视实际情况决定应披露的交易金额，但应在申报时说明。

A．总资产规模为10亿元以上　　B．净资产规模为10亿元以上

C．总资产规模为5亿元以上　　　D．净资产规模为5亿元以上

43．上市公司应当制定信息披露事务管理制度，上市公司信息披露事务管理制度应当经公司（　　）审议通过，报注册地证监局和证券交易所备案。

A．股东大会　　　　　　　　　B．监事会

C．董事会　　　　　　　　　　D．总经理

44．首次公开发行股票招股说明书时，发行人应披露最近（　　）年股利分配政策、实际股利分配情况以及发行后的股利分配政策。

A．3　　　　　　　　　　　　　B．2

C．4　　　　　　　　　　　　　D．5

45．证券公司偿还次级债务，应当在到期日前至少（　　）个工作日在公司网站公开披露，并在实际偿还次级债务后（　　）个工作日内公开披露有关偿还情况。

A．2，3　　　　　　　　　　　B．3，5

C．3，3　　　　　　　　　　　D．5，5

46．下列选项中，关于定向发行证券公司债券信息披露的说法，错误的是（　　）。

A．在债券存续期间，发行人应在每个会计年度结束之日后四个月内向持有债券的合格投资者披露年度报告，并报中国证监会备案

B．发行人向合格投资者提供募集说明书及其他债券发行的相关信息，应以非公开的方式披露

C．在债券存续期间，发行人应在每个会计年度的上半年结束之日后三个月内向持

有债券的合格投资者披露半年度报告，并报中国证监会备案

D．发行人向合格投资者补充与定向发行债券相关的信息，应确保所有参与认购的合格投资者有同等机会获取

47．股票承销前的尽职调查主要由（　　）承担。

A．会计师事务所　　　　　　　B．证券监督机构

C．证券交易所　　　　　　　　D．主承销商

48．新股发行议案经董事会表决通过后，上市公司应当在（　　）内报告证券交易所。

A．2日　　　　　　　　　　　B．2个工作日

C．5日　　　　　　　　　　　D．5个工作日

49．上市公司发行新股在初审过程中，中国证监会将就发行人的投资项目是否符合国家产业政策征求（　　）的意见。

A．财政部　　　　　　　　　　B．国资委

C．中国人民银行　　　　　　　D．国家发改委

50．上市公司（　　）情形的，中国证监会不予核准其发行申请。

A．最近5年内有重大违法违规行为

B．公司在最近5年内财务会计文件有虚假记载、误导性陈述或重大遗漏

C．招股文件存在虚假记载、误导性陈述或重大遗漏

D．存在与股东及股东的附属公司或者个人债务进行交易的行为

51．（　　）负责向中国证监会报送可转换公司债券发行申请文件。

A．发行申请人　　　　　　　　B．发行申请人律师

C．上市公司　　　　　　　　　D．主承销商

52．政策性银行发行金融债券，应向中国人民银行报送发行人近（　　）经审计的财务报告及审计报告。

A．6个月　　　　　　　　　　B．1年

C．16个月　　　　　　　　　 D．3年

53．上市公司出现（　　），证券交易所暂停其可转换公司债券上市。

A．当年亏损　　　　　　　　　B．最近2年连续亏损

C．最近3年连续亏损　　　　　 D．最近5年连续亏损

54．可转换公司债券是指（　　）。

A．可转换为一般公司债务的股票　　B．可转换为一般公司债务的债券

C．可转换为公司股份的债券　　　　D．可转换为公司债券的股票折合的股票

55．公司债券发行总额累计不得超过公司净资产的（　　）。

A．20%　　　　　　　　　　　　　B．50%

C．80%　　　　　　　　　　　　　D．40%

56．股份有限公司发行债券其净资产额不低于人民币（　　）万元。

A．6 000　　　　　　　　　　　　B．3 000

C．4 000　　　　　　　　　　　　D．5 000

57．发行人应依法与担保人签订担保合同，担保范围应包括除可转换公司债券的本金及利息、违约金、损害赔偿金还包括（　　）。

A．实现债权的费用　　　　　　　　B．转换的费用

C．手续费　　　　　　　　　　　　D．交易的费用

58．公司发行的可转换公司债券，在发行结束（　　）后，持有人可以依据约定的条件随时转换公司股份。

A．2个月　　　　　　　　　　　　 B．3个月

C．4个月　　　　　　　　　　　　 D．6个月

59．承销商在分得包销的国债后，向（　　）提供一个自营账户作为托管账户，将在证券交易所注册的记账式国债全部托管于该账户中。

A．投资者　　　　　　　　　　　　B．发行人

C．证券交易所　　　　　　　　　　D．中国人民银行

60．凭证式国债是一种（　　）债券

A．不可上市流通的收益型债券　　　B．不可上市流通的储蓄型债券

C．可上市流通的收益型债券　　　　D．可上市流通的储蓄型债券

二、**多项选择题**（本大题共40小题，每小题1分，共40分。以下各小题所给出的4个选项中，至少有两项符合题目要求。）

1．证券专营机构担任上市推荐人（包括恢复上市推荐人）应符合的条件有（　　）。

A．具有交易所会员资格　　　　　　B．具有股票主承销商资格

C．注册资本金在人民币5亿元以上　D．最近一年内无重大违法、违规行为

2．下列选项中，不得作为预备用于交换的上市公司股票的有（　　）。

A．被扣押的股票　　　　　　　　　B．被查封的股票

C．被冻结的股票　　　　　　　　D．权利归属不明的股票

3．有限责任公司具有（　）及设立程序简单的特点。

A．资合　　　　　　　　　　　B．人合兼资合

C．封闭　　　　　　　　　　　D．开放性

4．股份有限公司股东的权利包括（　）。

A．参加或委派股东代理人参加股东大会

B．依法对公司的经营行为进行监督

C．依照其持有的股份份额获得股利和其他形式的利益分配

D．依照其持有的股份份额行使表决

5．《公司法》第一百七十八条规定，股份有限公司需要减少注册资本时，必须编制（　）。

A．利润分配表　　　　　　　　B．费用表

C．资产负债表　　　　　　　　D．财产清单

6．担任独立董事会应当符合的基本条件是（　）。

A．根据法律、行政法规及其他有关规定，具备担任上市公司董事的资格

B．具有《关于在上市公司建立独立董事制度的指导意见》所要求的独立性

C．具备上市公司运作的基本知识，熟悉相关法律、行政法规、规章及规则

D．具有3年以上法律、经济或者其他履行独立董事职责所必需的工作经验

7．资本维持原则是指股份有限公司在从事经营活动的过程中，应当努力保持与公司资本数额相当的实有资本，具体保障制度有（　）。

A．限制股份的不适当发行与交易　　B．固定资产折旧制度

C．公积金提取制度　　　　　　　　D．盈余分配制度

8．公司应当向聘用的会计师事务所提供真实、完整的（　）。

A．会计凭证　　　　　　　　　B．会计账簿

C．财务会计报表　　　　　　　D．其他会计资料

9．股份有限公司发起人的权利主要有（　）。

A．推荐公司董事会候选人　　　B．起草公司章程

C．公司成立后享受公司股东的权利　D．公司不能成立时，不用承担任何费用

10．在股份有限公司中，（　）不得兼任监事。

A．工会干部　　　　　　　　　B．董事

187

C．高级管理人员　　　　　　　D．职工代表

11．为保证股份有限公司的正常经营活动和保护公司债权人的利益，股份有限公司资本的确立应坚持（　　）原则。

A．资本确定　　　　　　　　　B．资本维持
C．资本不变　　　　　　　　　D．资本保值

12．股份有限公司创立大会的职权有（　　）。

A．通过公司章程　　　　　　　B．选举董事会和监事会成员
C．决定公司内部管理机构的设置　D．选举公司总经理

13．依据现行法律、法规，股份有限公司的设立可以采取（　　）的方式。

A．发起设立　　　　　　　　　B．定向设立
C．核准设立　　　　　　　　　D．募集设立

14．采用发起设立方式的股份有限公司，发起人缴付全部出资后，应当召开全体发起人大会，选举（　　），并通过公司章程草案。

A．董事会成员　　　　　　　　B．经理成员
C．监事会成员　　　　　　　　D．董事会秘书

15．股份有限公司的资本，是指在公司登记机关登记的（　　）。

A．资产总额　　　　　　　　　B．资本总额
C．注册资本　　　　　　　　　D．资产净值

16．资本不变原则指除依法定程序外，股份有限公司的（　　）不得变动。

A．资本总额　　　　　　　　　B．注册资本
C．固定资本总额　　　　　　　D．流动资本总额

17．股份有限公司的股份一般具有（　　）的特点。

A．金额性　　　　　　　　　　B．平等性
C．不可分割性　　　　　　　　D．可转让性

18．资产评估根据评估范围的不同可以分为（　　）。

A．单项资产评估　　　　　　　B．部分资产评估
C．整体资产评估　　　　　　　D．固定资产评估

19．拟发行上市公司在改组时，应披露的关联关系主要包括关联方与发行人之间存在的（　　）。

A．股权关系　　　　　　　　　B．人事关系

C．管理关系 D．商业利益关系

20．拟发行上市公司在改组时，发行人应披露的关联交易主要包括（ ）。

A．代理 B．提供劳务
C．租赁 D．委托经营

21．我国资产评估主要采用（ ）方法。

A．收益现值法 B．重置成本法
C．现行市价发 D．清算价格法

22．上市公司发行新股采用网上网下定价发行的，其定价原则是（ ）。

A．不低于招股意向书公布前 1 个交易日公司股票的均价

B．不低于招股意向书公布前 30 个交易日公司股票的均价

C．不低于招股意向书公布前 50 个交易日公司股票的均价

D．不低于招股意向书公布前 20 个交易日公司股票的均价

23．影响国债销售价格的因素有（ ）。

A．市场利率 B．承销商承销国债的中标成本
C．国债承销的手续费收入 D．承销商所期望的资金回收速度

24．保荐机构对招股说明书中记载的重要内容可以采取（ ）的方法进行验证。

A．在所需验证的文字后插入脚注 B．说明对应的工作底稿目录编号
C．说明相应的文件名称 D．对脚注进行注释

25．审计报告的种类有（ ）。

A．无保留意见的审计报告 B．保留意见的审计报告
C．不确定意见的审计报告 D．拒绝表示意见的审计报告

26．发行保荐书应当至少包括（ ）。

A．发行人主要问题和风险的提示

B．明确的推荐意见及其理由

C．发行人是否符合发行上市条件及其他规定的说明

D．主承销商的公司情况简介

27．财务报表应当以（ ）为截止日。

A．年度末 B．半年度末
C．季度末 D．月末

28．为证券发行出具有关文件的专业机构和人员，必须严格履行法定职责，保证其

出具的文件的（　　）。

A．真实性　　　　　　　　B．准确性

C．完整性　　　　　　　　D．有效性

29．网上直播推介活动的公告内容至少应包括（　　）。

A．网站名称　　　　　　　B．推介活动的出席人员名单

C．时间　　　　　　　　　D．公司财务报表

30．下列选项中，关于募股资金运用，发行人应披露（　　）。

A．预计募集资金数额

B．按投资项目的轻重缓急顺序，列表披露预计募集资金投入的时间进度及项目履行的审批、核准或备案情况

C．若所筹集资金不能满足项目资金需求的，应说明缺口部分的资金来源及落实情况

D．以前募集的资金使用情况

31．首次公开发行股票招股说明书时，发行人应披露其主要业务的构成情况有（　　）。

A．前2年的主要产品及其生产能力

B．每种主要产品或服务的主要用途

C．每种主要产品的主要原材料和能源供应以及成本构成

D．主要产品的工艺流程

32．首次公开发行股票招股说明书时，发行人应披露本次发行的基本情况，主要包括（　　）。

A．发行费用概算　　　　　B．每股面值

C．总股本　　　　　　　　D．每股发行价

33．首次公开发行股票的信息披露的原则包括（　　）。

A．真实性原则　　　　　　B．完整性原则

C．准确性原则　　　　　　D．连续性原则

34．首次公开发行股票时，发行人应披露股票上市的相关信息，主要包括（　　）。

A．股票代码　　　　　　　B．总股本

C．股票简称　　　　　　　D．首次公开发行股票增加的股份

35．在上市公告书中，发行人应披露股票首次公开发行后至上市公告书公告前已发生的可能对发行人有较大影响的其他重要事项，主要包括（　　）。

A．发行人住所的变更

B．所处行业或市场的重大变化

C．主要业务发展目标的进展

D．原材料采购价格和产品销售价格的重大变化

36．购销商品、提供劳务发生的关联交易，至少应披露的内容包括（　）。

A．关联交易方　　　　　　　　B．交易内容

C．定价原则　　　　　　　　　D．交易价格

37．招股说明书全文文本扉页应刊登的内容包括（　）。

A．发行股票类型　　　　　　　B．每股面值

C．每股发行价格　　　　　　　D．主承销商

38．可转换公司债券发行申请文件的扉页应附（　）的姓名、电话及其他连续方式。

A．发行申请人的董事长　　　　B．发行申请人的董事会秘书

C．主承销商相关部门负责人　　D．主承销商项目负责人

39．上市公司发行新股时，增发的发行方式有（　）。

A．上网定价发行与累计投标询价　　B．上网定价发行与网下配售相结合

C．网下网上同时定价发行　　　　　D．中国证监会认可的其他形式

40．下列选项中，说法正确的是（　）。

A．公司发行可转换公司债券的上市公司平均净资产收益率平均不低于5%

B．公司发行可转换公司债券的上市公司，其最近3个会计年度加权平均净资产收益率平均不低于6%

C．发行分离交易的可转换公司债券的上市公司，其最近3个会计年度经营活动产生的现金流量净额平均应不少于公司债券1年的利息

D．发行分离交易的可转换债券的上市公司，其最近3个会计年度经营活动产生的现金流量净额平均应不少于公司债券3年的利息

三、**判断题**（本大题共60小题，每小题0.5分，共30分。判断以下各小题的对错，正确的填A，错误的填B。）

1．证券承销业务的合规性、正常性和安全性是中国证监会现场检查的重要内容。（　）

2．股份有限公司的经理由股东大会聘任。（　）

3．上市公司监事有报酬请求权。（　）

4．破产公司清偿完毕后仍有剩余的，由公司按照股东持有的股份比例分配。（ ）

5．全体发起人的货币出资金额不得低于公司注册资本的20%。（ ）

6．一个公司吸收其他公司为吸收合并，被吸收的公司解散。两个以上公司合并设立一个新的公司为新设合并，合并各方解散。（ ）

7．公司不能成立时，对认股人已经缴纳的股款，发起人负返还股款并加算银行同期存款利息的连带责任。（ ）

8．股份有限公司的设立可以采取登记设立与募集设立两种方式。（ ）

9．发起设立时，发起人必须认足公司发行的全部股份，社会公众不参加股份认购。（ ）

10．我国股份有限公司的登记机关为各地工商行政管理部门。（ ）

11．发起人、认股人缴纳股款或者交付抵作股款的出资后，除未按期募足股份、发起人未按期召开创立大会或者创立大会决议不设立公司情形外，不得抽回资本。（ ）

12．国家可以一定使用年限的国有土地使用权作价入股股份有限公司，形成的股份界定为国有法人股。（ ）

13．资产评估基本原则是进入股份有限公司的资产都必须进行评估。（ ）

14．对不同公司投入公司的同类资产，应当采用同一价格标准评估。（ ）

15．产权界定的原则是：谁投资，谁拥有产权。（ ）

16．派生分立是指原公司将其财产或业务的一部分分离出去设立一个或数个公司，原公司不再存在。（ ）

17．检查风险是被审计单位的内部控制制度或程序不能及时防止或发现某项认定发生重大错误的可能性。（ ）

18．如果认为财务报表没有按照适用的会计准则和相关会计制度的规定编制，未能在所有重大方面公允反映被审计单位的财务状况、经营成果和现金流量，注册会计师应当出具无法表示意见的审计报告。（ ）

19．上市公司审计应由两名具有证券相关业务资格的注册会计师签名。（ ）

20．律师应及时、准确、真实地制作工作底稿，工作底稿的质量是判断律师是否勤勉尽责的重要依据。（ ）

21．盈利预测是指发行人对未来会计期间经营成果的预计和测算。（ ）

22．承销商不得以提供透支、回扣等不正当手段诱导使他人认购股票。（ ）

23．如果申购资金不足，则不足部分对应的申购为无效申购。（ ）

24．发行人若在中华人民共和国境外进行经营，应对有关业务活动进行地域性分析。

( )

25．第9号准则的规定是对招股说明书信息披露的最低要求。( )

26．除监事会公告外，上市公司披露的信息应当以董事会公告的形式发布。( )

27．中国证监会自受理股票公开发行申请文件到作出决定的期限为6个月。( )

28．上市公司及其控股股东或实际控制人最近36个月内存在未履行向投资者作出的公开承诺的行为，不得公开发行证券。( )

29．发行申请未获核准的上市公司，自中国证监会做出不予核准的决定之日起6个月内不得再次提出新股发行申请。( )

30．可转换债券在转换股份前，其持有人已具有股东的权利和义务。( )

31．承担发行可转换公司债券的中介机构应认真履行义务，并承担相应的法律责任。( )

32．中国香港的招股章程必须符合香港公司条例、联交所上市规则及公司登记规则的要求。( )

33．向境外投资者募集股份的股份有限公司通常以发起方式设立。( )

34．已设立的股份有限公司增加资本，申请发行境内上市外资股时，公司净资产总值不低于1亿元人民币。( )

35．境内上市外资股采取记名股票形式，以人民币标明面值，以外币认购、买卖。( )

36．已设立的股份有限公司增加资本，申请发行境内上市外资股时，应符合的条件之一是公司近3年内没有重大违法行为。( )

37．收购要约约定的收购期限不得少于20日，并不得超过60日。( )

38．布莱克——斯科尔斯模型的假设前提之一为不存在影响收益的任何外部因素，股票收益仅来自于价格变动，股票的价格变动成正态分步。( )

39．分离交易的可转换公司债券的期限最短为1年，无最长期限限制。认股权证的存续期间不超过公司债券的期限，自发行结束之日起不少于6个月，募集说明书公告的权证存续期限不得调整。( )

40．发行人申请发行可转换公司债券，应由股东大会作出决议的有：发行规模、转股价格的确定及调整原则，债券利率、转股期，还本付息的期限和方式，赎回条款及回售条款，向原股东配售的安排、募集资金用途等事项。( )

41．担保事项、发行人的发行申请报告、发行人的资信和发行条款属于可转换公司

债券募集说明书的内容。（ ）

42．目前，我国国债包括记账式国债、凭证式国债和基础建设国债。（ ）

43．影响国债分销价格的因素有：承销商所期望的资金回收速度、承销手续费收入、可比国债的收益率水平、市场利率等。（ ）

44．如果公司连续亏损三年，不得再次发行公司债券。（ ）

45．以募集方式设立公司，申请发行境内上市外资股的，发起人认购的股本总额不少于公司拟发行股本总额的35%。（ ）

46．按持股对象是否确定划分，并购可以分为善意收购和敌意收购。（ ）

47．全面要约收购是指收购人向被收购公司所有股东发出收购其所持有的全部股份的要约。（ ）

48．在公司收购业务中，对目标公司的定价一般采用清算价格法和重置成本法。（ ）

49．证券公司应当遵循内部"防火墙"原则，建立有关隔离制度。（ ）

50．政策性金融债券的发行需经中国人民银行批准（ ）。

51．公司除法定的会计账簿外，不得另立会计账簿。对公司资产，不得以任何个人名义开立账户存储。（ ）

52．内幕交易是指上市公司高管人员、控股股东、实际控制人和行政审批部门等方面的知情人员，利用工作之便，在公司并购、业绩增长等重大信息公布之前，泄露信息或者利用内幕信息买卖证券牟取私利的行为。（ ）

53．证券代销包销最长不得超过90日。（ ）

54．记账式国债是一种无纸化国债，主要借助于中国人民银行分配来发行。（ ）

55．招股说明书引用的经审计的最近一期财务会计资料在财务报告截止日后18个月内有效。（ ）

56．发行人应在发行前三至五个工作日将招股说明书摘要刊登于至少一种中国证监会指定的报刊。（ ）

57．已设立的股份有限公司增加资本，申请发行境内上市外资股时，公司净资产总值应不低于1.5亿元人民币。（ ）

58．国际推介的对象主要是个人投资者。（ ）

59．境内上市外资股又称B股。（ ）

60．在境外发行股票并寻求在中国香港上市的股份有限公司，上市时的股票总市值应不少于1.5亿港元，而由公众持有的股票市值应不少于5 000万港元。（ ）

《证券发行与承销》模拟试卷（三）参考答案与解析

一、单项选择题

1.【答案】B

【解析】上市公司申请可转换公司债券在证券交易所上市，可转换公司债券实际发行额不少于人民币5 000万元。因此，本题的正确答案为B。

2.【答案】B

【解析】独立董事连续三次未亲自出席董事会会议的，由董事会提请股东大会予以撤换。除了出现上述情况及《公司法》中规定的不得担任董事的情形外，独立董事在任期届满前不得无故被免职。因此，本题的正确答案为B。

3.【答案】B

【解析】股东大会决议包括普通决议、特别决议。普通决议可以通过的事项包括：(1)董事会和监事会的工作报告；(2)董事会拟订的利润分配方案和弥补亏损方案；(3)董事会和监事会成员的任免及其报酬和支付方法；(4)公司年度预算方案、决算方案；(5)公司年度报告；(6)除法律、行政法规规定或者公司章程规定应当以特别决议通过以外的其他事项。公司年度预算方案、决算方案可以由股东大会普通决议通过。因此，本题的正确答案为B。

4.【答案】C

【解析】《公司法》第七十八条规定，股份有限公司的设立可以采取发起设立或者募集设立两种方式。发起设立是指由发起人认购公司发行的全部股份而设立公司。募集设立是指由发起人认购公司应发行股份的一部分，其余股份向社会公开募集或者向特定对象募集而设立公司。因此，本题的正确答案为C。

5.【答案】B

【解析】资本确定原则是指股份有限公司的资本必须具有确定性。由于各国经济状况和法律传统的差异，资本确定原则的实现方式有所不同。以法定资本制、授权资本制和折中资本制最具有代表意义。我国目前遵循的是法定资本制的原则。因此,本题的正确答案为B。

6.【答案】B

【解析】股东大会由股份有限公司全体股东组成,是表示公司最高意志的权力机构。股东大会的职权可以概括为决定权和审批权。因此,本题的正确答案为B。

7.【答案】A

【解析】股东大会作出普通决议,应当由出席股东大会会议的股东(包括股东代理人)所持表决权的过半数通过。下列事项可以以普通决议通过:(1)董事会和监事会的工作报告;(2)董事会拟订的利润分配方案和弥补亏损方案;(3)董事会和监事会成员的任免及其报酬和支付方法;(4)公司年度预算方案、决算方案;(5)公司年度报告;(6)除法律、行政法规规定或者公司章程规定应当以特别决议通过以外的其他事项。因此,本题的正确答案为A。

8.【答案】C

【解析】《公司法》第七十八条规定,股份有限公司的设立可以采取发起设立或者募集设立两种方式。其中,募集设立是指由发起人认购公司应发行股份的一部分,其余股份向社会公开募集或者向特定对象募集而设立公司。因此,本题的正确答案为C。

9.【答案】B

【解析】股份有限公司采取募集方式设立的,注册资本为在公司登记机关登记的实收股本总额。以募集方式设立的,发起人认购的股份不得少于公司股份总数的35%,法律、行政法规另有规定则从其规定。因此,本题的正确答案为B。

10.【答案】A

【解析】创立大会应有代表股份总数过1/2的发起人、认股人出席,才能举行。因此,本题的正确答案为A。

11.【答案】B

【解析】公司债券是公司与不特定的社会公众形成的债权债务关系。其一般不同于公司与金融机构或其他特定的债权人形成的债权债务关系,是公司与不特定的社会公众形成的债权债务关系。因此,本题的正确答案为B。

12.【答案】B

【解析】设立股份有限公司的,应当由董事会向公司登记机关申请设立登记。申请设立登记时间应为创立大会结束后30日内。因此,本题的正确答案为B。

13.【答案】B

【解析】公司需要减少注册资本时,应当自作出减少注册资本决议之日起10日内通知债权人,并于30日内在报纸上公告。因此,本题的正确答案为B。

14.【答案】C

【解析】有下列情形之一的,必须召开临时股东大会:(1)董事人数不足《公司法》规定人数或者公司章程所定人数的2/3时;(2)公司未弥补的亏损达实收股本总额1/3时;(3)单独或者合计持有公司10%以上股份的股东请求时;(4)董事会认为必要时;(5)监事会提议召开时;(6)公司章程规定的其他情形。因此,本题的正确答案为C。

15.【答案】A

【解析】《公司法》第一百六十七条规定,公司分配当年税后利润时,应当提取利润的10%列入公司法定公积金。因此,本题的正确答案为A。

16.【答案】B

【解析】根据《公司法》的规定,股份有限公司采取发起设立方式设立的,注册资本为在公司登记机关登记的全体发起人认购的股本总额。公司全体发起人的首次出资额不得低于注册资本的20%,其余部分由发起人自公司成立之日起两年内缴足。因此,本题的正确答案为B。

17.【答案】C

【解析】公司从税后利润中提取法定公积金后,经股东会或者股东大会决议后,可以从税后利润中提取任意公积金。因此,本题的正确答案为C。

18.【答案】A

【解析】两个以上公司合并设立一个新的公司为新设合并,合并各方解散。合并后存续的公司或者新设的公司应当承继合并各方的债权、债务。因此,本题的正确答案为A。

19.【答案】B

【解析】公司解散应当在解散事由出现之日起15日内成立清算组,由清算组接管公司,对破产财产进行清算、评估和处理、分配。因此,本题的正确答案为B。

20.【答案】D

【解析】股份有限公司解散时,公司财产应首先支付清算费用、职工的工资、社会保险费用和法定补偿金,缴纳所欠税款,清偿公司债务之后的剩余财产,再按照股东持有的股份比例分配。因此,本题的正确答案为D。

21.【答案】D

【解析】公司破产,清算组在清理公司财产、编制资产负债表和财产清单后,发现公司财产不足以清偿债务的,应当依法向人民法院申请宣告破产。因此,本题的正确答案为D。

22.【答案】B

【解析】股份有限公司解散,清偿公司债务后的剩余财产,按照股东持有的股份比例分配。因此,本题的正确答案为B。

23.【答案】A

【解析】拟发行上市公司改组的规范要求,关联交易的价格或收费,原则上应不偏离市场独立第三方的标准。对于难以比较市场价格或定价受到限制的关联交易,应通过合同明确有关成本和利润的标准。因此,本题的正确答案为A。

24.【答案】B

【解析】根据我国《证券法》对股份有限公司申请股票上市的要求,交易所上市公司股本总额不少于人民币5 000万元。因此,本题的正确答案为B。

25.【答案】D

【解析】清产核资主要包括账务清理、资产清查、价值重估、损益认定、资金核实和完善制度等内容。其中,资产清查是指对企业的各项资产进行全面的清理、核对和查实。因此,本题的正确答案为D。

26.【答案】B

【解析】在主板上市公司首次公开发行股票时,发行人应当符合的条件包括:(1)最近3个会计年度净利润均为正数且累计超过人民币3 000万元,净利润以扣除非经常性损益前后较低者为计算依据;(2)最近3个会计年度经营活动产生的现金流量净额累计超过人民币5 000万元;或者最近3个会计年度营业收入累计超过人民币3亿元;(3)发行前股本总额不少于人民币3 000万元;(4)最近1期末无形资产(扣除土地使用权、水面养殖权和采矿权等后)占净资产的比例不高于20%;(5)最近1期末不存在未弥补亏损。因此,本题的正确答案为B。

27.【答案】B

【解析】资产评估根据评估范围的不同,可以分为单项资产评估、部分资产评估和整体资产评估。部分资产评估是指对一类或几类资产的价值进行的评估。因此,本题的正确答案为B。

28.【答案】D

【解析】有限责任公司应当依照公司章程规定的期限将财务会计报告送交各股东。股

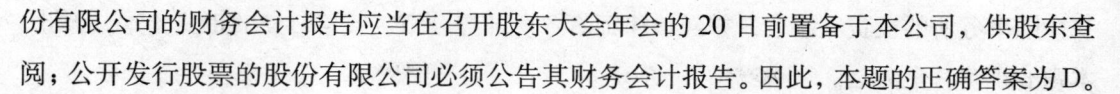

份有限公司的财务会计报告应当在召开股东大会年会的 20 日前置备于本公司，供股东查阅；公开发行股票的股份有限公司必须公告其财务会计报告。因此，本题的正确答案为 D。

29．【答案】A

【解析】资产评估的基本方法中，收益现值法通常用于有收益企业的整体评估及无形资产评估等。因此，本题的正确答案为 A。

30．【答案】B

【解析】资产评估报告是接受委托的资产评估机构在完成评估项目后，向委托方出具的关于项目评估过程及其结果等基本情况的具有公证性的工作报告，是评估机构履行评估合同的成果，也是评估机构为资产评估项目承担法律责任的证明文件。评估报告包括正文和附件两部分。因此，本题的正确答案为 B。

31．【答案】C

【解析】上市公司存在以下情形之一的，不得公开发行证券：(1) 本次发行申请文件有虚假记载、误导性陈述或重大遗漏；(2) 擅自改变前次公开发行证券募集资金的用途而未作纠正；(3) 上市公司最近 12 个月内受到过证券交易所的公开谴责；(4) 上市公司及其控股股东或实际控制人最近 12 个月内存在未履行向投资者作出的公开承诺的行为；(5) 上市公司或其现任董事、高级管理人员因涉嫌犯罪被司法机关立案侦查或涉嫌违法违规被中国证监会立案调查；(6) 严重损害投资者的合法权益和社会公共利益的其他情形。因此，本题的正确答案为 C。

32．【答案】B

【解析】资产评估报告是评估机构完成评估工作后出具的专业报告。资产评估报告正文的内容包括：评估机构与委托单位的名称、评估目的与评估范围、资产状况与产权归属、评估基准日期、评估原则、评估依据、评估方法和计价标准、资产评估说明、资产评估结论、评估附件名称、评估日期、评估人员签章。因此，本题的正确答案为 B。

33．【答案】A

【解析】法律意见书是律师对发行人本次发行上市的法律问题依法明确作出的结论性意见。法律意见书是发行人向中国证监会申请公开发行证券的必备文件。因此，本题的正确答案为 A。

34．【答案】A

【解析】法律意见书和律师工作报告是发行人向中国证监会申请公开发行证券的必备文件。提交中国证监会的法律意见书和律师工作报告应是经两名以上经办律师和其所

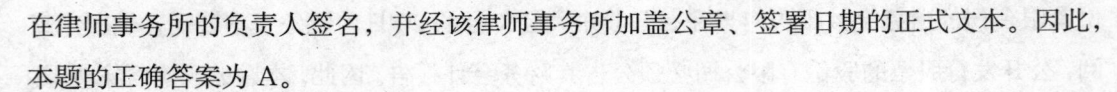

在律师事务所的负责人签名,并经该律师事务所加盖公章、签署日期的正式文本。因此,本题的正确答案为A。

35．【答案】B

【解析】上市公司申请可转换公司债券在证券交易所上市,应当符合下列条件:(1)可转换公司债券的期限为1年以上。(2)可转换公司债券实际发行额不少于人民币5 000万元。(3)申请上市时仍符合法定的可转换公司债券发行条件。因此,本题的正确答案为B。

36．【答案】B

【解析】上市公司购买的资产为非股权资产的,其资产总额以该资产的账面值和成交金额二者中的较高者为准,资产净额以相关资产与负债的账面值差额和成交金额二者中的较高者为准;上市公司出售的资产为非股权资产的,其资产总额、资产净额分别以该资产的账面值、相关资产与负债账面值的差额为准。因此,本题的正确答案为B。

37．【答案】D

【解析】每股净利润的确定方法有全面摊薄法和加权平均法。全面摊薄法就是用全年净利润除以发行后总股本,直接得出每股净利润。因此,本题的正确答案为D。

38．【答案】C

【解析】招股说明书是发行人发行股票时,就发行中的有关事项向公众作出披露,并向非特定投资人提出购买或销售其股票的要约邀请性文件,其有效期为6个月。因此,本题的正确答案为C。

39．【答案】C

【解析】市盈率是指股票市场价格与每股收益的比率。因此,本题的正确答案为C。

40．【答案】C

【解析】首次公开发行股票,招股说明书中引用的财务报告在其最近1期截止日后6个月内有效。因此,本题的正确答案为C。

41．【答案】B

【解析】首次公开发行股票招股说明书时,发行人应当遵循重要性原则,按顺序披露可能直接或间接对发行人生产经营状况、财务状况和持续盈利能力产生重大不利影响的所有因素。因此,本题的正确答案为B。

42．【答案】A

【解析】首次公开发行股票招股说明书时,总资产规模为10亿元以上的发行人,可视实际情况决定应披露的交易金额,但应在申报时说明。因此,本题的正确答案为A。

43．【答案】C

【解析】首次公开发行股票，上市公司信息披露事务管理制度应当经公司董事会审议通过，报注册地证监局和证券交易所备案。因此，本题的正确答案为C。

44．【答案】A

【解析】首次公开发行股票，发行人应披露最近3年股利分配政策、实际股利分配情况以及发行后的股利分配政策。因此，本题的正确答案为A。

45．【答案】C

【解析】证券公司偿还次级债务，应当在到期日前至少3个工作日在公司网站公开披露，并在实际偿还次级债务后3个工作日内公开披露有关偿还情况。因此，本题的正确答案为C。

46．【答案】C

【解析】根据中国证监会《证券公司定向发行债券信息披露准则》的规定，在债券存续期间，发行人应在每个会计年度结束之日后4个月内，向持有债券的合格投资者披露年度报告，并报中国证监会备案。披露半年度报告的，发行人应在每个会计年度的上半年结束之日后2个月内，向持有债券的合格投资者披露，并报中国证监会备案。因此，本题的正确答案为C。

47．【答案】D

【解析】上市公司发行新股，提交发行申请文件前应进行尽职调查。尽职调查是保荐机构（主承销商）透彻了解发行人各方面情况、设计发行方案、成功销售股票以及明确保荐机构（主承销商）责任范围的基础和前提，尽职调查的绝大部分工作集中于提交发行申请文件前的尽职调查。保荐机构（主承销商）负责这一阶段的尽职调查。因此，本题的正确答案为D。

48．【答案】B

【解析】上市公司发行新股，证券发行议案经董事会表决通过后，应当在2个工作日内报告证券交易所，公告召开股东大会的通知。因此，本题的正确答案为B。

49．【答案】D

【解析】上市公司发行新股，中国证监会受理申请文件后，对发行人申请文件的合规性进行初审，在初审过程中，中国证监会将就发行人的投资项目是否符合国家产业政策征求国家发改委的意见。因此，本题的正确答案为D。

50．【答案】C

【解析】上市公司存在下列情况之一的，不得公开发行证券：(1)本次发行申请文件有虚假记载、误导性陈述或重大遗漏；(2)擅自改变前次公开发行证券募集资金的用途而未作纠正；(3)上市公司最近12个月内受到过证券交易所的公开谴责；(4)上市公司及其控股股东或实际控制人最近12个月内存在未履行向投资者作出的公开承诺的行为；(5)上市公司或其现任董事、高级管理人员因涉嫌犯罪被司法机关立案侦查或涉嫌违法违规被中国证监会立案调查；(6)严重损害投资者的合法权益和社会公共利益的其他情形。因此，本题的正确答案为C。

51．【答案】D

【解析】发行人及为发行人发行可转换公司债券提供服务的有关中介机构应按照中国证监会的有关规定制作申请文件。保荐机构（主承销商）负责向中国证监会推荐，出具推荐意见，并负责报送发行申请文件。因此，本题的正确答案为D。

52．【答案】D

【解析】政策性银行发行金融债券应向中国人民银行报送下列文件：金融债券发行申请报告，发行人近3年经审计的财务报告及审计报告，金融债券发行办法，承销协议，中国人民银行要求的其他文件。因此，本题的正确答案为D。

53．【答案】B

【解析】上市公司出现下列情形之一的，证券交易所暂停其可转换公司债券上市：(1)公司有重大违法行为；(2)公司情况发生重大变化不符合可转换公司债券上市条件；(3)发行可转换公司债券所募集的资金不按照核准的用途使用；(4)未按照可转换公司债券募集办法履行义务；(5)公司最近两年连续亏损；(6)证券交易所认为应当暂停其可转换公司债券上市的其他情形。因此，本题的正确答案为B。

54．【答案】C

【解析】可转换公司债券是指发行公司依法发行，在一定期间内依据约定的条件可以转换成股份的公司债券。因此，本题的正确答案为C。

55．【答案】D

【解析】可转换公司债券的发行规模由发行人根据其投资计划和财务状况确定。可转换公司债券发行后，累计公司债券余额不得超过最近1期末净资产额的40%。因此，本题的正确答案为D。

56．【答案】B

【解析】《证券法》第十六条规定，发行可转换为股票的公司债券的上市公司，股份有限公司的净资产不低于人民币 3 000 万元。因此，本题的正确答案为 B。

57．【答案】A

【解析】公开发行可转换公司债券应当提供担保，但最近 1 期未经审计的净资产不低于人民币 15 亿元的公司除外。提供担保的，应当为全额担保，担保范围包括债券的本金及利息、违约金、损害赔偿金和实现债权的费用。因此，本题的正确答案为 A。

58．【答案】D

【解析】根据《上市公司证券发行管理办法》，上市公司发行的可转换公司债券在发行结束 6 个月后，才可转换为公司股票，转股期限由公司根据可转换公司债券的存续期限及公司财务状况确定。因此，本题的正确答案为 D。

59．【答案】C

【解析】记账式国债场内挂牌分销，承销商在分得包销的国债后，向证券交易所提供一个自营账户作为托管账户，将在证券交易所注册的记账式国债全部托管于该账户中。因此，本题的正确答案为 C。

60．【答案】B

【解析】凭证式国债是一种不可上市流通的储蓄型债券，由具备凭证式国债承销团资格的机构承销。财政部和中国人民银行一般每年确定一次凭证式国债承销团资格，各类商业银行、邮政储蓄银行均有资格申请加入凭证式国债承销团。因此，本题的正确答案为 B。

二、多项选择题

1．【答案】ABD

【解析】上市推荐人应当符合的条件如下：(1) 具有交易所会员资格；(2) 具备股票主承销商资格，且信誉良好；(3) 最近 1 年内无重大违法、违规行为；(4) 负责推荐工作的主要业务人员熟悉交易所章程及相关业务规则；(5) 交易所认为应当具备的其他条件。因此，本题的正确答案为 ABD。

2．【答案】ABCD

【解析】预备用于交换的上市公司股票应具备的条件之一是：用于交换的股票在本次可交换公司债券发行前，不存在被查封、扣押、冻结等财产权利被限制的情形，也不存在权属争议或者依法不得转让或设定担保的其他情形。因此，本题的正确答案为 ABCD。

3．【答案】BC

【解析】依照《公司法》的规定,有限责任公司是由1个以上、50个以下股东共同出资设立的,股东以其认缴的出资额为限承担责任的法人。有限责任公司具有人合兼资合、封闭及设立程序简单的特点。因此,本题的正确答案为BC。

4.【答案】ABCD

【解析】股份有限公司股东的权利有:(1)依照其所持有的股份份额获得股利和其他形式的利益分配。(2)依法请求、召集、主持、参加或者委派股东代理人参加股东大会,并行使相应的表决权。(3)对公司的经营进行监督,提出建议或者质询。(4)依照法律、行政法规及公司章程的规定转让、赠与或质押其所持有的股份。(5)查阅公司章程、股东名册、公司债券存根、股东大会会议记录、董事会会议决议、监事会会议决议、财务会计报告。(6)公司终止或者清算时,按其所持有的股份份额参加公司剩余财产的分配。(7)对股东大会作出的公司合并、分立决议持异议的股东,要求公司收购其股份。(8)法律、行政法规、部门规章或公司章程规定的其他权利。因此,本题的正确答案为ABCD。

5.【答案】CD

【解析】根据《公司法》第一百七十八条的规定,股份有限公司需要减少注册资本时,必须编制资产负债表及财产清单。公司应当自作出减少注册资本决议之日起10日内通知债权人,并于30日内在报纸上公告。因此,本题的正确答案为CD。

6.【答案】ABC

【解析】在我国,担任独立董事应当符合的基本条件包括:(1)根据法律、行政法规及其他有关规定,具备担任上市公司董事的资格。(2)具有《关于在上市公司建立独立董事制度的指导意见》所要求的独立性。(3)具备上市公司运作的基本知识,熟悉相关法律、行政法规、规章及规则。(4)具有5年以上法律、经济或者其他履行独立董事职责所必需的工作经验。(5)公司章程规定的其他条件。因此,本题的正确答案为ABC。

7.【答案】ABCD

【解析】资本维持原则具体保障制度包括:(1)限制股份的不适当发行与交易。例如,禁止以低于股票面值的价格发行股票;股份有限公司不得随意回购已发行的股份,也不得接受股份持有人以公司发行的股票为质押品等。(2)实行固定资产折旧制度。(3)实行公积金提取制度。(4)盈余分配制度。因此,本题的正确答案为ABCD。

8.【答案】ABCD

【解析】公司聘用会计师事务,应当向其所提供真实、完整的会计凭证、会计账簿、财务会计报告及其他会计资料,不得拒绝、隐匿、谎报。因此,本题的正确答案为

ABCD。

9.【答案】ABC

【解析】股份有限公司发起人的权利主要包括：(1) 参加公司筹委会；(2) 推荐公司董事会候选人；(3) 起草公司章程；(4) 公司成立后，享受公司股东的权利；(5) 公司不能成立时，在承担相应费用之后，可以收回投资款项和财产产权。因此，本题的正确答案为ABC。

10.【答案】BC

【解析】股份有限公司设监事会，有关董事任职资格的限制规定同样适用于监事。董事、高级管理人员不得兼任监事。此外，监事应具有法律、会计等方面的专业知识或工作经验。因此，本题的正确答案为BC。

11.【答案】ABC

【解析】股份有限公司资本的确立应坚持的三原则为：资本确定原则、资本维持原则、资本不变原则。资本确定原则是指股份有限公司的资本必须具有确定性。资本维持原则是指股份有限公司在从事经营活动的过程中，应当努力保持与公司资本数额相当的实有资本。资本不变原则是指除依法定程序外，股份有限公司的资本总额不得变动。因此，本题的正确答案为ABC。

12.【答案】AB

【解析】股份有限公司创立大会行使的职权如下所述：(1) 审议发起人关于公司筹办情况的报告；(2) 通过公司章程；(3) 选举董事会成员；(4) 选举监事会成员；(5) 对公司的设立费用进行审核；(6) 对发起人用于抵作股款的财产的作价进行审核；(7) 发生不可抗力或者经营条件发生重大变化直接影响公司设立的，可以作出不设立公司的决议。因此，本题的正确答案为AB。

13.【答案】AD

【解析】设立股份有限公司，根据《公司法》第七十八条的规定，可以采取发起设立或者募集设立两种方式。发起设立是指由发起人认购公司发行的全部股份而设立公司。募集设立是指由发起人认购公司应发行股份的一部分，其余股份向社会公开募集或者向特定对象募集而设立公司。因此，本题的正确答案为AD。

14.【答案】AC

【解析】设立股份有限公司，采用发起设立方式的，发起人在缴付全部股款后，应当召开全体发起人大会，选举董事会和监事会(指股东代表监事)成员，并通过公司章程草案。

因此，本题的正确答案为 AC。

15. 【答案】BC

【解析】股份有限公司的资本是指在公司登记机关登记的资本总额，即注册资本，由股东认购或公司募足的股款构成，其基本构成单位是股份，也可以称为股份资本或股本。因此，本题的正确答案为 BC。

16. 【答案】AB

【解析】资本不变原则是指除依法定程序外，股份有限公司的资本总额不得变动即注册资本不得变动。资本不变原则强调非经修改公司章程，不得变动公司资本，是静态的维护。因此，本题的正确答案为 AB。

17. 【答案】ABCD

【解析】股份一般具有以下特点：(1) 股份的金额性，股份有限公司的资本划分为股份，每一股的金额相等，即股份是一定价值的反映，并可以用货币加以度量；(2) 股份的平等性，即同种类的每一股份应当具有同等权利；(3) 股份的不可分性，即股份是公司资本最基本的构成单位，每个股份不可再分；(4) 股份的可转让性，即股东持有的股份可以依法转让。因此，本题的正确答案为 ABCD。

18. 【答案】ABC

【解析】资产评估的范围包括固定资产、长期投资、流动资产、无形资产、其他资产及负债。资产评估根据评估范围的不同，可以分为单项资产评估、部分资产评估及整体资产评估。因此，本题的正确答案为 ABC。

19. 【答案】ABCD

【解析】关联关系主要包括关联方与发行人之间存在的股权关系、人事关系、管理关系及商业利益关系。因此，本题的正确答案为 ABCD。

20. 【答案】ABCD

【解析】发行人应披露的关联交易主要包括：购销商品，买卖有形或无形资产，兼并或合并法人，出让与受让股权，提供或接受劳务，代理，租赁，各种采取合同或非合同形式进行的委托经营等，提供资金或资源，协议或非协议许可，担保，合作研究与开发或技术项目的转移，向关联方人士支付报酬，合作投资设立企业，合作开发项目，其他对发行人有影响的重大交易。因此，本题的正确答案为 ABCD。

21. 【答案】ABCD

【解析】我国采用资产评估的方法主要包括：收益现值法、重置成本法、现行市价法和清算价格法。收益现值法是将评估对象剩余寿命期间每年（或每月）的预期收益，用适当的折现率折现，累加得出评估基准日的现值，以此估算资产价值的方法。重置成本法是在现时条件下，被评估资产全新状态的重置成本减去该项资产的功能性贬值、经济性贬值、实体性贬值，估算资产价值的方法。现行市价法是通过市场调查，选择一个或 n 个与评估对象相同或类似的资产作为比较对象，分析比较对象的成交价格和交易条件，进行对比调整，估算出资产价值的方法。因此，本题的正确答案为 ABCD。

22．【答案】AD

【解析】上市公司发行新股采用网上网下定价发行的，发行人和主承销商按照"发行价格应不低于公告招股意向书前 20 个交易日公司股票均价或前 1 个交易日的均价"的原则确定增发价格，网下对机构投资者与网上对公众投资者同时公开发行。因此，本题的正确答案为 AD。

23．【答案】ABCD

【解析】影响国债销售价格的因素包括：（1）市场利率；（2）承销商承销国债的中标成本；（3）流通市场中可比国债的收益率水平；（4）国债承销的手续费收入；（5）承销商所期望的资金回收速度；（6）其他国债分销过程中的成本。因此，本题的正确答案为 ABCD。

24．【答案】ABCD

【解析】保荐机构应当对招股说明书中记载的重要信息、数据以及其他对保荐业务或投资者作出投资决策有重大影响的内容进行验证。验证方法为在所需验证的文字后插入脚注，并对其进行注释，说明对应的工作底稿目录编号以及相应的文件名称。招股说明书验证版本的打印稿应当留存于工作底稿。因此，本题的正确答案为 ABCD。

25．【答案】ABD

【解析】审计报告分为：无保留意见审计报告、保留意见审计报告、否定意见审计报告和拒绝表示意见审计报告。因此，本题的正确答案为 ABD。

26．【答案】ABC

【解析】发行保荐书应当至少包括的内容为：明确的推荐意见及其理由、对发行人发展前景的评价、有关发行人是否符合发行上市条件及其他有关规定的说明、发行人主要问题和风险的提示、保荐人内部审核程序简介及内核意见、参与本次发行的项目组成人员及相关经验等。因此，本题的正确答案为 ABC。

27．【答案】ABC

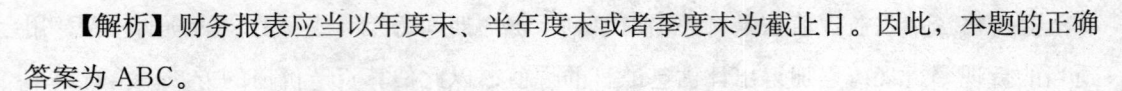

【解析】财务报表应当以年度末、半年度末或者季度末为截止日。因此，本题的正确答案为 ABC。

28.【答案】ABC

【解析】首次公开发行股票时，发行人及其主承销商应当在刊登首次公开发行股票招股意向书后向询价对象进行推介和询价，并通过互联网向公众投资者进行推介。发行人、主承销商及为首席公开股票发行出具分析报告等推介资料的其他专业机构和人员，必须严格履行法定职责，保证其所出具文件的真实性、准确性和完整性。因此，本题的正确答案为 ABC。

29.【答案】ABC

【解析】首次公开发行股票时，发行公司关于进行网上直播推介活动的公告应与其招股说明书摘要（或招股意向书）同日同报刊登，并在拟上市证券交易所的指定网站同天发布。网上直播推介活动的公告内容至少应包括网站名称、推介活动的出席人员名单、时间（推介活动不少于4个小时）等。因此，本题的正确答案为 ABC。

30.【答案】ABC

【解析】发行人应披露：(1) 预计募集资金数额；(2) 按投资项目的轻重缓急顺序，列表披露预计募集资金投入的时间进度及项目履行的审批、核准或备案情况；(3) 若所筹资金不能满足项目资金需求的，应说明缺口部分的资金来源及落实情况。因此，本题的正确答案为 ABC。

31.【答案】BCD

【解析】首次公开发行股票招股说明书中，发行人应根据重要性原则披露主营业务的具体情况，包括：(1) 主要产品或服务的用途；(2) 主要产品的工艺流程图或服务的流程图；(3) 主要经营模式，包括采购模式、生产模式和销售模式；(4) 列表披露报告期内各期主要产品（或服务）的产能、产量、销量、销售收入，产品或服务的主要消费群体、销售价格的变动情况；(5) 报告期内主要产品的原材料和能源及其供应情况，主要原材料和能源的价格变动趋势、主要原材料和能源占成本的比重；(6) 董事、监事、高级管理人员和核心技术人员；(7) 存在高危险、重污染情况的，应披露安全生产及污染治理情况、因安全生产及环境保护原因受到处罚的情况、近3年相关费用成本支出及未来支出情况，说明是否符合国家关于安全生产和环境保护的要求。因此，本题的正确答案为 BCD。

32.【答案】ABD

【解析】首次公开发行股票招股说明书，发行人应披露本次发行的基本情况，主要包括：（1）股票种类；（2）每股面值；（3）发行股数及占发行后总股本的比例；（4）每股发行价；（5）标明计量基础和口径的市盈率；（6）预测净利润及发行后每股盈利（如有）；（7）发行前和发行后每股净资产；（8）标明计量基础和口径的市净率；（9）发行方式与发行对象；（10）承销方式；（11）预计募集资金总额和净额；（12）发行费用概算（包括承销费用、保荐费用、审计费用、评估费用、律师费用、发行手续费用、审核费用等）。因此，本题的正确答案为 ABD。

33．【答案】ABC

【解析】首次公开发行股票信息披露的原则包括：真实性原则、准确性原则、完整性原则、及时性原则。因此，本题的正确答案为 ABC。

34．【答案】ABCD

【解析】首次公开发行股票的上市公告书中，发行人应披露股票上市的相关信息，主要包括：（1）上市地点；（2）上市时间；（3）股票简称；（4）股票代码；（5）总股本；（6）首次公开发行股票增加的股份；（7）发行前股东所持股份的流通限制及期限；（8）发行前股东对所持股份自愿锁定的承诺；（9）本次上市股份的其他锁定安排；（10）本次上市的无流通限制及锁定安排的股份；（11）股票登记机构；（12）上市保荐人。因此，本题的正确答案为 ABCD。

35．【答案】ABCD

【解析】首次公开发行股票的上市公告书中，发行人应披露招股说明书刊登日至上市公告书刊登前已发生的可能对发行人有较大影响的其他重要事项，主要包括：（1）主要业务发展目标的进展；（2）所处行业或市场的重大变化；（3）原材料采购价格和产品销售价格的重大变化；（4）重大关联交易事项；（5）重大投资；（6）重大资产（或股权）购买、出售及置换；（7）发行人住所的变更；董事、监事、高级管理人员及核心技术人员的变化；（8）重大诉讼、仲裁事项；（9）对外担保等或有事项；（10）财务状况和经营成果的重大变化；（11）其他应披露的重大事项。因此，本题的正确答案为 ABCD。

36．【答案】ABCD

【解析】首次公开发行股票招股说明书中，对于购销商品、提供劳务等经常性的关联交易，应分别披露最近 3 年及 1 期关联交易方名称、交易内容、交易金额、交易价格的确定方法、占当期营业收入或营业成本的比重、占当期同类型交易的比重以及关联交易增减变化的趋势，与交易相关应收应付款项的余额及增减变化的原因，以及上述关联交易是否仍将持续进行等。因此，本题的正确答案为 ABCD。

37．【答案】ABCD

【解析】首次公开发行股票，招股说明书全文文本扉页应载有的内容有：（1）发行股票类型；（2）发行股数；（3）每股面值；（4）每股发行价格；（5）预计发行日期；（6）拟上市的证券交易所；（7）发行后总股本，发行境外上市外资股的公司还应披露在境内上市流通的股份数量和在境外上市流通的股份数量；（8）本次发行前股东所持股份的流通限制、股东对所持股份自愿锁定的承诺；（9）保荐机构、主承销商；（10）招股说明书签署日期。因此，本题的正确答案为ABCD。

38．【答案】BD

【解析】首次公开发行股票时，发行申请文件的扉页应标明发行人董事会秘书及有关中介机构项目负责人的姓名、电话、传真及其他有效的联系方式。因此，本题的正确答案为BD。

39．【答案】BCD

【解析】上市公司发行新股时，增发的发行方式包括：上网定价发行与网下配售相结合、网下网上同时定价发行、中国证监会认可的其他形式。因此，本题的正确答案为BCD。

40．【答案】BC

【解析】根据《上市公司证券发行管理办法》规定，公开发行可转换公司债券的上市公司，其最近3个会计年度加权平均净资产收益率平均不低于6%，所以选项B正确；发行分离交易的可转换公司债券的上市公司，其最近3个会计年度经营活动产生的现金流量净额平均应不少于公司债券1年的利息（若其最近3个会计年度加权平均净资产收益率平均不低于6%，则可不作此现金流量要求），所以选项C正确。因此，本题的正确答案为BC。

三、判断题

1．【答案】A

【解析】中国证监会各派出机构应该对辖区内的证券公司进行检查，现场检查的重要内容包括证券承销业务的合规性、正常性和安全性。因此，本题的正确答案为A。

2．【答案】B

【解析】根据我国《公司法》的规定，股份有限公司的经理是指由董事会聘任或解聘的、具体负责公司日常经营管理活动的高级管理人员。因此，本题的正确答案为B。

3．【答案】A

【解析】上市公司的监事的职权包括：（1）出席监事会，并行使表决权；（2）报酬请求权；（3）签字权；（4）列席董事会的权力，并对董事会决议事项提出质询或者建议；（5）提议召开临时监事会会议权。因此，本题的正确答案为A。

4.【答案】A

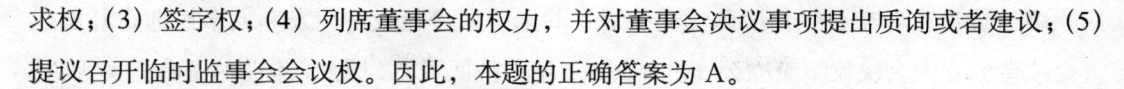

【解析】破产公司的公司财产应先支付清算费用、职工的工资、社会保险费用和法定补偿金及缴纳所欠税款。在清偿完公司债务后的剩余财产，可以按照股东持有的股份比例分配。因此，本题的正确答案为A。

5.【答案】B

【解析】设立股份有限公司，全体发起人的货币出资金额不得低于公司注册资本的30%。因此，本题的正确答案为B。

6.【答案】A

【解析】公司合并可以采取吸收合并或者新设合并。一个公司吸收其他公司为吸收合并，被吸收的公司解散。两个以上公司合并设立一个新的公司为新设合并，合并各方解散。因此，本题的正确答案为A。

7.【答案】A

【解析】公司不能成立时，对认股人已经缴纳的股款，发起人负返还股款并加算银行同期存款利息的连带责任。因此，本题的正确答案为A。

8.【答案】B

【解析】根据《公司法》第七十八条的规定，股份有限公司的设立可以采取发起设立或者募集设立两种方式。因此，本题的正确答案为B。

9.【答案】A

【解析】根据《公司法》第七十八条的规定，在发起设立股份有限公司的方式中，发起人必须认足公司发行的全部股份，社会公众不参加股份认购。因此，本题的正确答案为A。

10.【答案】B

【解析】根据我国现有的法规规定，股份有限公司的登记机关为设区的市（地区）工商行政管理局以上的工商行政管理部门。依法设立的公司，由公司登记机关发给《企业法人营业执照》。公司营业执照签发日期为公司成立日期。公司凭公司登记机关核发的《企业法人营业执照》刻制印章，开立银行账户，申请纳税登记。因此，本题的正确答案为B。

11.【答案】A

【解析】根据我国《公司法》的规定，股份有限公司的设立条件要求是：发起人、认

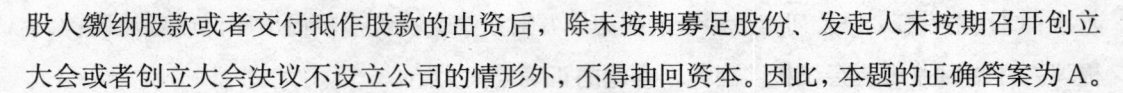

股人缴纳股款或者交付抵作股款的出资后，除未按期募足股份、发起人未按期召开创立大会或者创立大会决议不设立公司的情形外，不得抽回资本。因此，本题的正确答案为A。

12.【答案】A

【解析】企业的股份制改组时，根据需要，国家可以一定年限的国有土地使用权作价入股，经评估作价后，界定为国家股。由土地管理部门委托国家股持股单位统一持有。如果原公司已经缴纳出让金，取得了土地使用权，也可以将土地作价，以国有法人股的方式投入上市公司。因此，本题的正确答案为A。

13.【答案】A

【解析】公司改组为上市公司，应根据公司改组和资产重组的方案确定资产评估的范围。基本原则为：进入股份有限公司的资产都必须进行评估。因此，本题的正确答案为A。

14.【答案】A

【解析】对公司进行资产评估时，应根据不同的评估目的、评估对象，选用不同的且最适当的价格标准。对不同公司投入股份有限公司的同类资产，应当采用同一价格标准评估。因此，本题的正确答案为A。

15.【答案】A

【解析】产权界定是指国家依法划分财产所有权和经营权等产权归属，明确各类产权形式的财产范围和管理权限的一种法律行为。产权界定应当依据"谁投资，谁拥有产权"的原则进行。因此，本题的正确答案为A。

16.【答案】B

【解析】派生分立是指原公司将其财产或业务的一部分分离出去设立一个或数个公司，原公司继续存在。因此，本题的正确答案为B。

17.【答案】B

【解析】检查风险是指审计未能检查出某项认定已存在的重大错误的可能性。控制风险是被审计单位的内部控制制度或程序不能及时防止或发现某项认定发生重大错误的可能性。因此，本题的正确答案为B。

18.【答案】B

【解析】如果认为财务报表没有按照适用的会计准则和相关会计制度的规定编制，未能在所有重大方面公允反映被审计单位的财务状况、经营成果和现金流量，注册会计师应当出具否定意见的审计报告。因此，本题的正确答案为B。

19.【答案】A

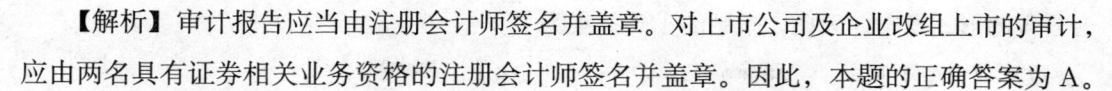

【解析】审计报告应当由注册会计师签名并盖章。对上市公司及企业改组上市的审计，应由两名具有证券相关业务资格的注册会计师签名并盖章。因此，本题的正确答案为A。

20.【答案】A

【解析】首次公开发行股票时，工作底稿是律师在制作法律意见书和律师工作报告的同时制作的。工作底稿是指律师在为证券发行人制作法律意见书和律师工作报告过程中形成的工作记录及在工作中获取的所有文件、会议纪要、谈话记录等资料。因此，本题的正确答案为A。

21.【答案】A

【解析】盈利预测是指发行人对未来会计期间经营成果的预计和测算。盈利预测的数据（合并会计报表）至少应包括会计年度营业收入、利润总额、净利润、每股盈利。因此，本题的正确答案为A。

22.【答案】A

【解析】证券公司在承销过程中，不得以提供透支、回扣或者中国证监会认定的其他不正当手段诱使他人申购股票。因此，本题的正确答案为A。

23.【答案】A

【解析】我国首次公开发行股票采用的是预缴款方式，如果申购资金不足，则不足部分对应的申购为无效申购。因此，本题的正确答案为A。

24.【答案】A

【解析】首次公开发行股票招股说明书，发行人若在中华人民共和国境外进行生产经营，应对有关业务活动进行地域性分析；若发行人在境外拥有资产，应详细披露该资产的具体内容、资产规模、所在地、经营管理和盈利情况等。因此，本题的正确答案为A。

25.【答案】B

【解析】首次公开发行股票招股说明书时，第1号准则的规定是对招股说明书信息披露的最低要求。若第1号准则的某些具体要求对发行人确实不适用的，发行人可根据实际情况，在不影响披露内容完整性的前提下作适当修改，但应在申报时作书面说明。因此，本题的正确答案为B。

26.【答案】A

【解析】首次公开发行股票，上市公司在履行信息披露义务时，应当指派董事会秘书、证券事务代表或者代行董事会秘书职责的人员负责与交易所联系，董事会秘书负责办理上市公司信息对外公布等相关事宜，除监事会公告外，上市公司披露的信息应当以董事会公告的形式发布。因此，本题的正确答案为A。

27.【答案】B

【解析】中国证监会自受理申请文件到作出决定的期限为3个月，发行人根据要求补充、修改发行申请文件的时间不计算在内。自中国证监会核准发行之日起，上市公司应在6个月内发行证券；超过6个月未发行的核准文件失效，须重新经中国证监会核准后方可发行。因此，本题的正确答案为B。

28.【答案】B

【解析】上市公司及其控股股东或实际控制人最近12个月内存在未履行向投资者作出的公开承诺的行为，不得公开发行证券。因此，本题的正确答案为B。

29.【答案】A

【解析】上市公司发行新股，中国证监会对发行人的发行申请作出核准或不予核准的决定。证券发行申请未获核准的上市公司，自中国证监会作出不予核准的决定之日起6个月后，可再次提出证券发行申请。因此，本题的正确答案为A。

30.【答案】B

【解析】可转换公司债券是指发行公司依法发行，在一定期间内依据约定的条件可以转换成股份的公司债券。可转换公司债券在转换股份前，其持有人不具有股东的权利和义务。因此，本题的正确答案为B。

31.【答案】A

【解析】发行可转换公司债券，发行人及为发行人发行可转换公司债券提供服务的有关中介机构应按照中国证监会的有关规定制作申请文件。中介机构应认真履行义务，并承担相应的法律责任。因此，本题的正确答案为A。

32.【答案】A

【解析】中国香港的招股章程必须符合香港公司条例、联交所上市规则及公司登记规则的要求。因此，本题的正确答案为A。

33.【答案】A

【解析】向境外投资者募集股份的股份有限公司通常以发起方式设立。因此，本题的正确答案为A。

34.【答案】B

【解析】根据《关于股份有限公司境内上市外资股的规定》，已设立的股份有限公司增加资本，申请发行境内上市外资股时，公司净资产总值不低于1.5亿元人民币。因此，本题的正确答案为 B。

35．【答案】A

【解析】境内上市外资股是指在中国境内注册的股份有限公司向境内外投资者发行并在中国境内证券交易所上市交易的股票。境内上市外资股采取记名股票形式，以人民币标明面值，以外币认购、买卖。因此，本题的正确答案为 A。

36．【答案】B

【解析】根据《关于股份有限公司境内上市外资股的规定》第九条的规定，已设立的股份有限公司增加资本，申请发行境内上市外资股时，公司在最近3年内应连续盈利，原有企业改组或者国有企业作为主要发起人设立的公司，可以连续计算。因此，本题的正确答案为 B。

37．【答案】B

【解析】收购要约约定的收购期限不得少于30日，并不得超过60日；但是出现竞争要约的除外。因此，本题的正确答案为 B。

38．【答案】A

【解析】布莱克—斯科尔斯模型的假设前提为：（1）股票可被自由买进或卖出；（2）期权是欧式期权；（3）在期权到期日前，股票无股息支付；（4）存在一个固定的、无风险的利率，投资者可以此利率无限制地借入或贷出；（5）不存在影响收益的任何外部因素，股票收益仅来自价格变动；（6）股票的价格变动成正态分布。因此，本题的正确答案为 A。

39．【答案】A

【解析】可转换公司债券的最短期限为1年，最长期限为6年。分离交易的可转换公司债券的期限最短为1年，无最长期限限制；认股权证的存续期间不超过公司债券的期限，自发行结束之日起不少于6个月。募集说明书公告的权证存续期限不得调整。因此，本题的正确答案为 A。

40．【答案】A

【解析】股东大会就发行可转换公司债券作出的决定，至少应当包括的事项有：（1）本次发行的种类和数量；（2）发行方式、发行对象及向原股东配售的安排；（3）定价方式或价格区间；（4）募集资金用途；（5）决议的有效期；（6）对董事会办理本次发行具体事宜的授权；（7）债券利率；（8）债券期限；（9）担保事项；（10）回售条款；（11）还本付息的期限和方式；（12）转股期；（13）转股价格的确定和修正；（14）其他必须明确的事项。因此，本题的正确答案为 A。

215

41．【答案】B

【解析】证券公司公开发行债券，募集说明书的内容包括：封面、书脊、扉页、目录、释义、概览、本次发行概况、风险因素、发行条款、发行人的资信状况、担保、偿债计划及其他保障措施、债券持有人会议、债权代理人、发行人基本情况、财务会计信息及风险控制指标、募集资金运用、董事及有关中介机构的声明、附录和备查文件。因此，本题的正确答案为B。

42．【答案】B

【解析】我国国债目前包括记账式国债、凭证式国债和储蓄国债三类。因此，本题的正确答案为B。

43．【答案】A

【解析】影响国债销售价格的因素有：（1）市场利率；（2）承销商承销国债的中标成本；（3）流通市场中可比国债的收益率水平；（4）国债承销的手续费收入；（5）承销商所期望的资金回收速度；（6）其他国债分销过程中的成本。因此，本题的正确答案为A。

44．【答案】B

【解析】《证券法》规定，凡有下列情形之一的，不得再次发行公司债券：（1）前一次发行的公司债券尚未募足的；（2）对已发行的公司债券或者其他债务有违约或者延迟支付本息的事实，且仍处于继续状态的；（3）违反本法规定，改变公开发行公司债券所募资金用途的。因此，本题的正确答案为B。

45．【答案】A

【解析】根据《关于股份有限公司境内上市外资股的规定》第八条的规定，以募集方式设立公司，申请发行境内上市外资股的，应当符合以下条件：（1）所筹资金用途符合国家产业政策。（2）符合国家有关固定资产投资立项的规定。（3）符合国家有关利用外资的规定。（4）发起人认购的股本总额不少于公司拟发行股本总额的35%。（5）发起人的出资总额不少于1.5亿元人民币。（6）拟向社会发行的股份达公司股份总数的25%以上；拟发行的股本总额超过4亿元人民币的，其拟向社会发行股份的比例达15%以上。（7）改组设立公司的原有企业或者作为公司主要发起人的国有企业，在最近3年内没有重大违法行为。（8）改组设立公司的原有企业或者作为公司主要发起人的国有企业，在最近3年内连续盈利。因此，本题的正确答案为A。

46．【答案】B

【解析】按持股对象是否确定划分，并购可以分为协议收购和要约收购。协议收购是指由收购人与上市公司特定的股票持有人就收购该公司股票的条件、价格、期限等有关事项达成协议，由公司股票的持有人向收购者转让股票，收购人支付资金，达到收购的目的。要约收购是指收购人为了取得上市公司的控股权，向所有的股票持有人发出购买该上市公司股份的收购要约，收购该上市公司的股份。因此，本题的正确答案为B。

47.【答案】A

【解析】要约收购分为全面要约收购与部分要约收购。全面要约是指收购人向被收购公司所有股东发出收购其所持有的全部股份的要约；部分要约是指收购人向被收购公司所有股东发出收购其所持有的部分股份的要约。因此，本题的正确答案为A。

48.【答案】B

【解析】目标公司定价一般采用现金流量法和可比公司价值定价法。现金流量法也称现金流量贴现法，是一种理论性较强的方法。因此，本题的正确答案为B。

49.【答案】A

【解析】根据《证券公司管理办法》的规定，投资银行部门应当遵循内部"防火墙"原则，建立有关隔离制度，严格制定各种管理规章、操作流程和岗位手册，并针对各个风险点设置必要的控制程序，做到投资银行业务和经纪业务、自营业务、受托投资管理业务、证券研究和证券投资咨询业务等在人员、信息、账户、办公地点上严格分开管理，以防止利益冲突。因此，本题的正确答案为A。

50.【答案】A

【解析】政策性金融债券需经中国人民银行批准发行，并由政策性银行（国家开发银行、中国进出口银行、中国农业发展银行）用计划派购或市场化的方式发行。因此，本题的正确答案为A。

51.【答案】A

【解析】公司除法定的会计账簿外，不得另立会计账簿。对公司资产，不得以任何个人名义开立账户存储。因此，本题的正确答案为A。

52.【答案】A

【解析】内幕交易是指上市公司高管人员、控股股东、实际控制人和行政审批部门等方面的知情人员，利用工作之便，在公司并购、业绩增长等重大信息公布之前，泄露信息或者利用内幕信息买卖证券牟取私利的行为。这种行为严重违反了法律法规，损害投资者和上市公司合法权益。因此，本题的正确答案为A。

53.【答案】A

【解析】证券公司发行债券，发行人应当聘请有主承销商资格的证券公司组织债券的承销。承销或者自行组织的销售，销售期最长不得超过90日。债券发行结束之前，发行人不得动用所募集的资金，主承销商和债权代理人负有监督义务。因此，本题的正确答案为A。

54．【答案】B

【解析】记账式国债是一种无纸化国债，主要通过银行间债券市场向具备全国银行间债券市场国债承购包销团资格的商业银行、证券公司、保险公司、信托投资公司等机构，以及通过证券交易所的交易系统向具备交易所国债承购包销团资格的证券公司、保险公司和信托投资公司及其他投资者发行。因此，本题的正确答案为B。

55．【答案】B

【解析】募集说明书引用的经审计的最近一期财务会计资料在财务报告截止日后6个月内有效，特别情况下可由发行人申请适当延长。募集说明书的有效期为6个月，自中国证监会下发批准通知前、募集说明书最后一次签署之日起计算。因此，本题的正确答案为B。

56．【答案】B

【解析】证券公司公开发行债券，发行人应在发行前2～5个工作日内，将募集说明书摘要刊登于至少一种中国证监会指定的报刊，同时将募集说明书全文刊登于中国证监会指定的网站，并将募集说明书全文文本及备查文件置备于发行人住所、拟上市证券交易所、主承销商和其他承销机构的住所，以备查阅。因此，本题的正确答案为B。

57．【答案】A

【解析】根据《关于股份有限公司境内上市外资股的规定》，已设立的股份有限公司增加资本，申请发行境内上市外资股时，公司净资产总值应不低于1.5亿元人民币。因此，本题的正确答案为A。

58．【答案】B

【解析】国际推介的对象主要是机构投资者。因此，本题的正确答案为B。

59．【答案】A

【解析】境内上市外资股又称B股，是指在中国境内注册的股份有限公司向境内外投资者发行并在中国境内证券交易所上市交易的股票。因此，本题的正确答案为A。

60．【答案】B

【解析】H股的发行与上市，新申请人预期上市时的市值须至少为2亿港元。新申请人预期证券上市时由公众人士持有的股份的市值须至少为5 000万港元。因此，本题的正确答案为B。

《证券发行与承销》模拟试卷（四）

一、**单项选择题**（本大题共60小题，每小题0.5分，共30分。以下各小题所给出的4个选项中，只有一项最符合题目要求。）

1. 根据《银行间债券市场非金融企业债务融资工具管理办法》，短期融资债券的注册机构为（　）。

   A．中国人民银行　　　　　　B．中国银行间市场交易商协会
   C．中国证监会　　　　　　　D．中国商业银行

2. 2006年1月1日实施的修订后的《证券法》规定，经国务院证券监督管理机构批准，证券公司可以经营证券承销与保荐业务。经营单项证券承销与保荐业务的，注册资本最低限额为人民币（　），经营证券承销与保荐业务且经营证券自营、证券资产管理、其他证券业务中一项以上的，注册资本最低限额为人民币（　）。

   A．1亿元，5亿元　　　　　　B．1亿元，15亿元
   C．2亿元，10亿元　　　　　D．5亿元，20亿元

3. 设立股份有限公司，预先核准的公司名称保留期为（　）。

   A．1个月　　　　　　　　　　B．3个月
   C．5个月　　　　　　　　　　D．6个月

4. 股份有限公司采用发起设立方式的，发起人缴付全部股款后，应当召开（　），选举董事会和监事会成员，并通过公司章程草案。

   A．创立大会　　　　　　　　B．全体发起人大会
   C．监事会　　　　　　　　　D．股东大会

5. 以募集方式设立股份有限公司的，应当于创立大会结束后（　）日内向公司登记机关申请设立登记。

   A．7　　　　　　　　　　　　B．15
   C．20　　　　　　　　　　　D．30

6. 股份有限公司增加或减少资本,应当修改公司章程,须经出席股东大会的股东所持表决权的( )以上通过。

　　A. 1/4　　　　　　　　　　　　B. 1/5

　　C. 3/5　　　　　　　　　　　　D. 2/3

7.《公司法》规定,股东大会审议代表公司发行在外有表决权股份总数的( )以上的股东的提案。

　　A. 1%　　　　　　　　　　　　B. 3%

　　C. 5%　　　　　　　　　　　　D. 7%

8. 下列选项中,属于股份有限公司股东的义务的是( )。

　　A. 查阅公司章程、股东名册、公司债券存根、股东大会会议记录、董事会会议决议、监事会会议决议、财务会计报告

　　B. 公司终止或者清算时,按其所持有的股份份额参加公司剩余财产的分配

　　C. 不得滥用股东权利损害公司或者其他股东的利益,不得滥用公司法人独立地位和股东有限责任损害公司债权人的利益

　　D. 对股东大会作出的公司合并、分立决议持异议的股东,要求公司收购其股份

9. 根据《公司法》的规定,股份有限公司的董事会成员为( )人。

　　A. 2～3　　　　　　　　　　　B. 3～5

　　C. 5～10　　　　　　　　　　D. 5～19

10. 在直接或间接持有上市公司已发行股份( )以上的股东单位或者在上市公司前( )名股东单位任职的人员及其直系亲属不得担任独立董事。

　　A. 8%,20　　　　　　　　　　B. 8%,15

　　C. 5%,8　　　　　　　　　　 D. 5%,5

11. 拟发行上市公司的高级管理人员应专职在公司工作并领取薪酬,不得在持有公司( )以上股权的股东单位及其下属企业担任除董事、监事以外的任何职务,不得在与公司业务相同或相近的其他企业任职。

　　A. 5%　　　　　　　　　　　　B. 10%

　　C. 15%　　　　　　　　　　　 D. 20%

12. 财政部于( )发布了《国有资产评估项目备案管理办法》和《国有资产评估管理若干问题的规定》,对资产评估程序等方面作出了新的规定。

　　A. 2001年12月31日　　　　　　B. 2002年12月31日

C．2005年1月31日 D．2006年1月31日

13．有权代表国家投资的机构或部门直接设立的国有企业以其部分资产改建为股份公司的，如进入股份公司的净资产（指评估前净资产）累计高于原企业所有净资产的50%（含50%），或主营生产部分的全部或大部分资产进入股份制企业，其净资产折成的股份界定为（ ）。

A．国家股 B．国有法人股
C．国有股 D．国家法人股

14．（ ）是假定没有内部控制的情况下，会计报表某项认定产生重大错报的可能性。

A．固有风险 B．检查风险
C．政策风险 D．控制风险

15．国有资产监督管理委员会发布了（ ），自2005年9月1日起施行。

A．《国有资产评估管理备案管理办法》
B．《国有资产评估管理若干问题的规定》
C．《国有资产评估项目备案管理办法》
D．《企业国有资产评估管理暂行办法》

16．下列选项中，不属于企业提出资产评估项目核准申请时，应当向国有资产监督管理机构报送的文件是（ ）。

A．资产评估报告 B．资产评估项目核准申请文件
C．评估说明 D．授权委托书

17．证券公司、保险公司和信托投资公司可以在（ ）上参加记账式国债的招标发行及竞争性定价过程，向财政部直接承销记账式国债。

A．全国银行间股票市场 B．全国银行间债券市场
C．证券交易所股票市场 D．证券交易所债券市场

18．证券发行规模达到一定数量的，可以采用联合保荐，但参与联合保荐的保荐机构不得超过（ ）家。

A．2 B．3
C．5 D．8

19．证券上市当年累计（ ）以上募集资金的用途与承诺不符的，中国证监会可根据情节轻重，自确认之日起3～12个月内不受理相关保荐代表人具体负责的推荐。

A．10% B．20%

C．40% D．50%

20．股票上网竞价发行，当有效申购量等于或小于发行量时，（　）。

A．应重新申购

B．发行底价就是最终的发行价格

C．主承销商可以采用比例配售方式确定每个有效申购实际应配售的新股数量

D．主承销商可以采用抽签的方式确定每个有效申购实际应配售的新股数量

21．首次公开发行股票，推介活动的时间应不少于（　）小时。

A．1 B．2

C．3 D．4

22．作为上市公司与交易所之间的指定联络人，（　）有权参加股东大会、董事会会议、监理会会议和高级管理人员相关会议，有权了解公司的财务和经营情况，查阅涉及信息披露事宜的所有文件。

A．董事 B．证券事务代表

C．董事会秘书 D．董事长

23．招股说明书中，发行人应披露近（　）是否存在违法违规行为，若存在，应披露违规事实及受到处罚的情况。

A．6个月 B．1年

C．18个月 D．3年

24．招股说明书中关于资金占用和对外担保情况，发行人应披露（　）是否存在资金被控股股东占用的情况。

A．最近半年 B．最近1年

C．最近2年 D．最近3年

25．发行人本次募集资金拟用于重大资产购买的，应当披露（　）。

A．假设发行当年1月1日完成购买的盈利预测报告

B．假设发行当年12月30日完成购买的盈利预测报告

C．发行人假设按预计购买基准日完成购买的盈利预测报告

D．发行人假设按预计购买基准日完成购买的盈利预测报告及假设发行当年1月1日完成购买的盈利预测报告

26．上市公司最近（　）内受到过证券交易所公开谴责的，不得公开发行证券。

A．3个月 B．6个月

C．12个月　　　　　　　　D．24个月

27．上市公司及其控股股东或实际控制人最近（　　）内存在未履行向投资者作出的公开承诺的行为，不得公开发行证券。

A．6个月　　　　　　　　B．12个月

C．3年　　　　　　　　　D．2年

28．上市公司发行新股的持续督导的期间自（　　）起计算。

A．提交发行申请文件前3日

B．发审会前7日

C．招股说明书或招股意向书刊登后3日

D．证券上市之日

29．上市公司公开发行新股，内核小组通常由（　　）名专业人士组成，这些人员要保持稳定性和独立性。

A．5～8　　　　　　　　　B．8～13

C．8～15　　　　　　　　D．15～20

30．发审委会议表决采取记名投票方式，同意票数达到（　　）票为通过。

A．2　　　　　　　　　　B．3

C．5　　　　　　　　　　D．7

31．新股发行、上市操作过程中，（　　）日，主承销商刊登《发行结果公告》。

A．T　　　　　　　　　　B．T+1

C．T+2　　　　　　　　　D．T+3

32．证券发行议案经董事会表决通过后，股东大会通过本次发行议案之日起（　　）个工作日内，上市公司应当公布股东大会决议。

A．2　　　　　　　　　　B．3

C．5　　　　　　　　　　D．10

33．上市公司若要发行可转换债券，则现任董事和监视应具备任职资格，且最近（　　）个月未受到过证券交易所的公开谴责。

A．12　　　　　　　　　　B．24

C．36　　　　　　　　　　D．48

34．上市公司应当在可转换公司债券期满前（　　）个交易日内披露本息兑付公告。

A．1～2　　　　　　　　　B．2～3

C. 3~5　　　　　　　　　　　　D. 5~8

35. 证券评级机构与评级对象存在（　　）关系的，不得受托开展证券评级业务。

A. 同一股东持有证券评级机构、受评级机构或者受评级证券发行人的股份达到10%

B. 受评级机构或者受评级证券发行人及其实际控制人直接或者间接持有证券评级机构股份达到5%

C. 证券评级机构及其实际控制人在开展证券评级业务之前8个月时曾买卖受评级证券

D. 证券评级机构及其实际控制人直接或者间接持有受评级证券发行人或者受评级机构股份达到15%

36. 2008年4月12日，中国人民银行颁布了（　　），并于4月15日正式施行。

A. 《短期融资券承销规程》

B. 《短期融资券管理办法》

C. 《银行间债券市场非金融企业债务融资工具管理办法》

D. 《短期融资券信息披露规程》

37. 中央国债登记结算有限公司应于每个交易日，及时向市场披露上一交易日日终、单一投资人持有短期融资券的数量超过该期短期融资券总托管量（　　）的投资者名单和持有比例。

A. 10%　　　　　　　　　　　　B. 30%

C. 50%　　　　　　　　　　　　D. 70%

38. 证券公司发行债券，合格投资者的注册资本应在（　　）万元以上或者经审计的净资产在（　　）万元以上。

A. 1000，2000　　　　　　　　　B. 1000，1000

C. 2000，1000　　　　　　　　　D. 1000，3000

39. 首期发行短期融资券的，应至少于发行日前（　　）工作日公布发行文件；后续发行的，应至少于发行日期（　　）工作日公布发行文件。

A. 3个，3个　　　　　　　　　　B. 5个，3个

C. 3个，5个　　　　　　　　　　D. 5个，5个

40. 在短期融资券存续期内，企业发生超过净资产（　　）以上的重大损失的，应及时向市场披露。

A. 10%　　　　　　　　　　　　B. 20%

C．30% D．40%

41．已设立的股份有限公司申请发行境内上市外资股时，公司应在最近（　）年内连续盈利。

A．1 B．2
C．3 D．4

42．国有企业、集体企业及其他所有制形式的企业经重组改制为股份有限公司后，向中国证监会提出境外上市申请，净资产不少于（　）亿元人民币，过去1年税后利润不少于（　）万元人民币。

A．1，3000 B．4，6000
C．5，5000 D．2，6000

43．H股控股股东必须承诺上市后（　）个月内不得出售公司的股份，并且在随后的6个月内控股股东可以减持，但必须维持控股股东地位，即（　）的持股比例。

A．6，50% B．6，20%
C．6，30% D．8，10%

44．H股发行，持股量最高的3名公众股东，合计持股量不得超过证券上市时公众持股量的（　）。

A．10% B．30%
C．50% D．60%

45．上市公司所属企业申请境外上市，上市公司及所属企业董事、高级管理人员及其关联人员持有所属企业的股份，不得超过所属企业到境外上市前总股本的（　）。

A．10% B．20%
C．30% D．40%

46．因上市公司减少股本导致投资者及其一致行动人取得被收购公司的股份达到（　）及之后变动（　）的，投资者及其一致行动人免于履行报告和公告义务。

A．1%，2% B．2%，5%
C．5%，5% D．6%，5%

47．在上市公司的收购及相关股份权益变动活动中有一致行动情形的投资者，互为（　）。

A．一致行动人 B．股份控制人
C．股份持有人 D．中介机构参与人员

48. 以下行为中，不适用于《上市公司重大资产重组管理办法》的是（　）。

A．在日常经营活动之外购买、出售资产

B．与他人新设企业、对已设立的企业增资或者减资

C．按照经中国证监会核准的发行证券文件披露的募集资金用途，使用募集资金购买资产、对外投资的行为

D．受托经营、租赁其他企业资产或者将经营性资产委托他人经营、租赁

49. （　）自股份发行结束之日起12个月内不得转让。

A．特定对象以资产认购而取得的上市公司股份

B．特定对象为上市公司控股股东、实际控制人或者其控制的关联人的

C．特定对象通过认购本次发行的股份取得上市公司的实际控制权的

D．特定对象取得本次发行的股份时，对其用于认购股份的资产持续拥有权益的时间不足12个月的

50. 重大资产重组实施完毕后，凡不属于上市公司管理层事前无法获知且事后无法控制的原因，上市公司或者购买资产实现的利润未达到盈利预测报告或者资产评估报告预测金额的（　）的，可以对上市公司、相关机构及其责任人员采取监管谈话、出具警示函、责令定期报告等监管措施。

A．30%　　　　　　　　　　　　B．50%

C．70%　　　　　　　　　　　　D．90%

51. 投资者及其一致行动人拥有权益的股份达到或者超过一个上市公司已发行股份的（　）但未超过（　）的，应当编制详式权益变动报告书。

A．10%，20%　　　　　　　　　B．20%，30%

C．30%，50%　　　　　　　　　D．20%，60%

52. 创业板上市公司发行新股、可转换公司债券的，持续督导的期间为证券上市当年剩余时间及其后（　）个完整会计年度。

A．1　　　　　　　　　　　　　B．2

C．3　　　　　　　　　　　　　D．5

53. 上市公司董事会、监事会、单独或者合并持有上市公司已发行股份（　）的股东可以提出独立董事候选人，并经股东大会选举决定。

A．0.1%　　　　　　　　　　　B．1%以上

C．0.5%　　　　　　　　　　　D．0.5%以上

54. 自中国证监会核准发行之日起，发行人应在（　　）个月内发行股票。
A．1
B．3
C．6
D．12

55. 在超额配售选择权行使完成后的（　　）个工作日内，主承销商应当在中国证监会指定报刊披露有关超额配售选择权的行使情况。
A．2
B．3
C．5
D．10

56. 公开发行证券的，主承销商应当在证券上市后（　　）日内向中国证监会报备承销总结报告。
A．3
B．5
C．10
D．15

57. 发行人向单个客户的销售比例（　　），应披露其名称及销售比例。
A．超过总额的 10% 的
B．占总额的 20% 或严重依赖于少数客户的
C．占总额的 40% 或严重依赖于少数客户的
D．超过总额的 50% 或严重依赖于少数客户的

58. 下列选项中，关于证券公司必须持续符合风险控制指标标准的说法，错误的是（　　）。
A．净资本与各项风险资本准备之和的比例不得低于 100%
B．流动资产与流动负债的比例不得低于 80%
C．净资本与净资产的比例不得低于 40%
D．净资产与负债的比例不得低于 20%

59. 下列选项中，对于分离交易的可转换公司债券，发行后（　　）。
A．累计公司债券余额不超过最近 1 期末公司净资产额的 20%；预计所附认股权全部行权后募集的资金总量不超过拟发行公司债券金额
B．累计公司债券余额不超过最近 1 期末公司总资产额的 30%；预计所附认股权全部行权后募集的资金总量不超过拟发行公司债券金额
C．累计公司债券余额不超过最近 1 期末公司净资产额的 40%；预计所附认股权全部行权后募集的资金总量不超过拟发行公司债券金额
D．累计公司债券余额不超过最近 1 期末公司净资产额的 50%；预计所附认股权全

部行权后募集的资金总量不超过拟发行公司债券金额

60．企业债券进入银行间债券市场交易流通的条件是，实际发行额不少于人民币（　），单个投资人持有量不超过该期公司债券发行量的（　）。

A．5 亿元，20%
B．5 亿元，30%
C．10 亿元，20%
D．10 亿元，30%

二．多项选择题（本大题共 40 小题，每小题 1 分，共 40 分。以下各小题所给出的 4 个选项中，至少有两项符合题目要求。）

1．发行公告是承销商对公众投资人作出的事实通知，其提示内容主要包括（　）。

A．本次发行股票及其发行方案已获得中国证监会具体文件的核准

B．本公告仅对认购发行公司股票的有关事项和规定向社会公众作简要说明。投资者欲了解发行公司股票的一般情况，应详细阅读招股说明书概要或招股意向书

C．其他需要在提示中说明的情况

D．发行额度、面值与价格

2．证券公司申请保荐机构资格，应当向中国证监会提交的材料有（　）。

A．申请报告

B．公司设立批准文件

C．营业执照复印件

D．董事、监事、高级管理人员和主要股东情况的说明

3．中国证监会各派出机构对辖区内的证券公司进行检查，对证券公司机构、制度与人员的检查包括（　）。

A．担任主承销商时，作为知情人对发行人公告前的内幕信息是否泄露

B．有关档案资料和工作底稿的保存是否完备

C．公司是否建立了相应的制度和组织体系，以控制风险和加强对人员的管理

D．公司负责承销业务的高级管理人员及业务人员是否有相应的证券从业资格，或是否通过了从业资格考试

4．设立股份有限公司，应召开创立大会，其行使的职权包括（　）。

A．审议发起人关于公司筹办情况的报告

B．通过公司章程

C．选举董事会成员

D．发生不可抗力或者经营条件发生重大变化直接影响公司设立的，可以作出不设立公司的决议

5．发行人在上海证券交易所网站披露增发招股意向书全文前，须向交易所提交（ ）。

A．发行方案

B．招股意向书全文及相关文件的书面材料

C．招股意向书全文及相关文件的电子文件磁盘

D．包含保证电子文件与书面文件内容一致等内容的确认函

6．为了充分发挥独立董事的作用，上市公司赋予独立董事的特别职权有（ ）。

A．向董事会提议聘用或解聘会计师事务所

B．向董事会提请召开临时股东大会

C．提议召开董事会

D．独立聘请外部审计机构和咨询机构

7．拟发行上市公司的（ ）应专职在公司工作并领取薪酬，不得在与公司业务相同或相近的其他企业任职。

A．总经理　　　　　　　　B．财务负责人

C．副总经理　　　　　　　D．核心技术人员

8．企业在改组为上市公司时，对承担社会职能的非经营性资产可以进行的处理模式包括（ ）。

A．完全分离经营性资产和非经营性资产，公司的社会职能分别由保险公司、教育系统、医疗系统等社会公共服务系统承担，其他非经营性资产以变卖、拍卖、赠与等方式处置

B．将非经营性资产和经营性资产完全划分开，非经营性资产组建为新的第三产业服务性单位

C．将非经营性资产和经营性资产完全划分开，非经营性资产留在原企业

D．部分分离经营性资产和非经营性资产，公司继续承担部分社会职能

9．下列选项中，属于资产评估项目备案需报送的文件材料的有（ ）。

A．国有资产评估项目备案表一式三份

B．评估报告书

C．评估说明

D．与资产评估项目相对应的经济行为批准文件

10. 股份制改组的会计报表审计,期后事项是指被审计单位( )发生的对会计报表产生影响的事项。

A．资产负债表截止日到审计报告日

B．会计报表公布日至审计报告日

C．审计报告日至会计报表公布日

D．资产负债表截止日到会计报表公布日

11. 国有法人单位(行业性总公司和具有政府行政管理职能的公司除外)所拥有的企业,包括( ),以全部或部分资产改建为股份公司,进入股份公司的净资产折成的股份,界定为国有法人股。

A．产权关系未经过界定和确认的国有企业(集团公司)的全资子企业(全资子公司)

B．控股子企业(控股子公司)及其下属企业

C．产权关系经过界定和确认的国有企业(集团公司)的全资子企业(全资子公司)

D．控股子企业(不包括其下属企业)

12. 在采取网下网上同时定价发行的情况下,需要披露的文件包括( )。

A．T日,刊登公开增发提示性公告

B．T－2日,招股意向书摘要、网上网下发行公告、网上路演公告见报

C．T＋3日,刊登网下发行结果公告

D．T＋4日,刊登网上发行中签结果公告(如有)

13. 可转换公司债券发行人设置( )的,应明确约定实施这些条款的条件、方式和程序等。

A．转股价格修正条款　　　　B．回售条款

C．赎回条款　　　　　　　　D．担保要求

14. 关于可转换公司债券发行的时间安排,假设T日为上网定价发行日,下列正确的是( )。

A．T－5日,所有材料报上海证券交易所,准备刊登债券募集说明书概要和发行公告

B．T－4日,刊登债券募集说明书概要和发行公告

C．T＋2日,验资报告送达上海证券交易所,上海证券交易所向营业部发送配号

D．T＋3日,摇号结果公告见报

15. 申请发行可交换公司债券,应当符合下列规定( )。

A．公司最近1期末的净资产额不少于人民币3亿元

B．公司组织机构健全，运行良好，内部控制制度不存在重大缺陷

C．公司最近3个会计年度实现的年均可分配利润不少于公司债券1年的利息

D．当次发行债券的金额不超过预备用于交换的股票按募集说明书公告日前20个交易日均价计算的市值的70%

16．企业应当在短期融资券本息兑付日5个工作日前，通过（　　）公布本金兑付和付息事项。

A．中国债券信息网　　　　　　B．中国证监会

C．中国货币网　　　　　　　　D．中央结算公司

17．在短期融资券存续期内，企业应按（　　）要求持续披露信息。

A．每年10月31日以前，披露本年度第三季度的资产负债表、利润表及现金流量表

B．每年4月30日以前，披露本年度第一季度的资产负债表、利润表及现金流量表

C．每年8月31日以前，披露本年度上半年的资产负债表、利润表和现金流量表

D．每年4月30日以前，披露上一年度的年度报告

18．证券公司发行债券，合格投资者是指自行判断具备投资债券的独立分析能力和风险承受能力，符合条件的投资者包括（　　）。

A．按照规定和章程可从事债券投资

B．依法设立的法人或投资组织

C．注册资本在3 000万元以上或者经审计的净资产在5 000万元以上

D．注册资本在1 000万元以上或者经审计的总资产在2 000万元以上

19．有下列情形之一的（　　），受托机构职责终止。

A．被资产支持证券持有人大会解任

B．被依法取消受托机构资格

C．依法解散、被依法撤销或者被依法宣告破产

D．受托机构辞任

20．已经发行了境内上市外资股的公司申请再次募集境内上市外资股的，应报中国证监会审核的条件有（　　）。

A．地方政府或中央企业主管部门关于公司增资发行B股申请出具的文件

B．本次增资发行B股的授权文件及附件，如股东大会决议等

C．关于前一次股票发行（包括配股或增资）的有关情况及其他材料

D．资金运用的可行性说明材料

21．在中国香港创业板市场的上市，只有满足以下条件，新申请人的附属公司通常才能获准更改其财政年度期间：（ ）。

A．该项更改不会使附属公司利润增加

B．该项更改旨在使附属公司的财政年度与新申请人的财政年度相配合

C．业绩已作适当调整，而有关调整必须在向交易所提供的报表中作出详细解释

D．在上市文件及会计师报告中作出充分披露，说明更改的理由，以及有关更改对新申请人的集团业绩及盈利预测的影响

22．境内上市公司所属企业到境外上市，其股东大会应当逐项进行的表决事项有（ ）。

A．境外上市是否符合中国证监会的规定

B．持续盈利能力的说明与前景

C．董事会提案中有关所属企业境外上市方案

D．董事会提案中上市公司维持独立上市地位的说明与前景

23．在收购过程中，收购企业主要面临的风险有（ ）。

A．法律风险 B．反收购风险
C．融资风险 D．营运风险

24．根据 2003 年发布的《证券公司内部控制指引》，证券公司应建立与投资银行项目相关的中介机构评价机制，加强同（ ）等中介机构的协调配合。

A．律师事务所 B．会计师事务所
C．评估机构 D．税务事务所

25．股份有限公司股份的特点有（ ）。

A．金额性 B．平等性
C．不可分性 D．可转让性

26．在证券公司年度报告"财务报表附注"部分中，证券公司应按（ ）对代发行证券项目进行注释。

A．本期承购或代销数 B．期初未售出数
C．本期转出数 D．本期转入数

27．下列选项中，关于上市公司控制权的说法，正确的有（ ）。

A．投资者为上市公司持股 50% 以上的控股股东

B．投资者可以实际支配上市公司股份表决权超过30%

C．投资者通过实际支配上市公司股份表决权能够决定公司董事会半数以上成员选任

D．投资者依其可实际支配的上市公司股份表决权足以对公司股东大会的决议产生重大影响

28．下列选项中，关于资产支持证券信用增级的说法，正确的是（ ）。

A．信用增级有内部信用增级和外部信用增级

B．金融机构提供的信用增级应在相关法律文件中明确规定信用增级的条件、保护程度及期限

C．金融机构应当在法律行政许可的范围内提供信用增级

D．商业银行禁止提供信用增级

29．证券公司公开发行债券募集说明书的内容与格式包括（ ）。

A．发行人的资信状况　　　　　　B．担保

C．偿债计划及其他保障措施　　　D．发行人股东的资信状况

30．首次公开发行人募集资金的运用包括（ ）。

A．募集资金应当有明确的使用方向，原则上应当用于主营业务

B．应当用于扩张新业务

C．发行人董事会应当对募集资金投资项目的可行性进行认真分析，确信投资项目具有较好的市场前景和盈利能力，有效防范投资风险，提高募集资金使用效益

D．投资项目应当符合国家产业政策、投资管理、环境保护、土地管理及其他法律法规的规定

31．首次公开发行股票，发行人不得有下列影响持续盈利能力的情形（ ）。

A．发行人的经营模式、产品或服务的品种结构已经或者将发生重大变化，并对发行人的持续盈利能力构成重大不利影响

B．发行人最近1个会计年度的营业收入或净利润对关联方或者存在重大不确定性的客户存在重大依赖

C．发行人在用的商标、专利、专有技术以及特许经营权等重要资产或技术的取得或者使用存在重大不利变化的风险

D．发行人的行业地位或发行人所处行业的经营环境已经或者将发生重大变化，并对发行人的持续盈利能力构成重大不利影响

32．通常忽略了决定资产最终价值的内在因素和假设前提的股票估值方法是（ ）。

A．贴现现金流量法　　　　　　B．市盈率法

C．市净率法　　　　　　　　　D．绝对估值法

33．首次公开发行股票，询价对象有以下（　　）情形之一的，中国证券业协会应当将其从询价对象名单中去除。

A．不再符合《证券发行与承销管理办法》规定的条件

B．依法可以进行股票投资

C．最近12个月内因违反相关监管要求被监管谈话3次以上

D．未按时提交年度总结报告

34．20世纪30年代，美国规定投资银行业与商业银行在业务上严格分离的法案有（　　）。

A．《证券法》　　　　　　　　B．《国民银行法》

C．《格拉斯·斯蒂格尔法》　　D．《金融服务现代化法案》

35．首次公开发行股票，在全部发行工作完成后15个工作日内，主承销商应当将超额配售选择权的行使情况及其内部监察报告报（　　）备案。

A．中国银行　　　　　　　　　B．国家发改委

C．证券交易所　　　　　　　　D．中国证监会

36．首次公开发行股票招股说明书的扉页应刊登的声明中包括（　　）。

A．会计机构负责人　　　　　　B．主管会计工作的负责人

C．证券事务代表　　　　　　　D．公司负责人

37．上市公司发行新股，公开募集证券说明书所引用的（　　），应当由有资格的证券服务机构出具，并由至少两名有从业资格的人员签署。

A．审计报告　　　　　　　　　B．盈利预测审核报告

C．资信评级报告　　　　　　　D．资产评估报告

38．上市公司向证券交易所申请可转换公司债券上市，应提交的文件为（　　）。

A．上市报告书（申请书）　　　B．申请上市的董事会和股东大会决议

C．按照有关规定编制的上市公告书　D．保荐协议和保荐人出具的上市保荐书

39．毒丸计划包括（　　）。

A．股票毒丸计划　　　　　　　B．资产毒丸计划

C．负债毒丸计划　　　　　　　D．人员毒丸计划

40．权益在境外上市的境内公司，应符合下列条件（　　）。

A．产权明晰，不存在产权争议或潜在产权争议

B．有完整的业务体系和良好的持续经营能力

C．公司及其主要股东近两年无重大违法违规记录

D．有健全的公司治理结构和内部管理制度

三、判断题（本大题共60小题，每小题0.5分，共30分。判断以下各小题的对错，正确的填A，错误的填B。）

1．1998年《证券法》出台以后，提出要打破行政推荐家数的办法，由国家确定发行额度。（　）

2．上市保荐制是指由保荐人负责发行人的上市推荐和辅导，核实公司发行文件中所载资料的真实、准确和完整，协助发行人建立严格的信息披露制度。（　）

3．证券发行人及其承销商违反规定向参与认购的投资者提供财务资助或者补偿的，中国证监会可以责令改正；情节严重的，处以警告、罚款。（　）

4．中国证监会对保荐机构业务进行的现场检查之一为内核小组是否有效，是否对承销商备案材料的合规性尽职审核。（　）

5．1994年7月1日实施的《公司法》规定，我国募集设立的公司均指向特定对象募集设立的股份有限公司。2005年10月27日修订实施的《公司法》将募集设立分为向特定对象募集设立和公开募集设立。（　）

6．发行的股份超过招股说明书规定的截止期限尚未募足的，或者发行股份的股款缴足后，发起人在20日内未召开创立大会的，认股人可以按照所缴股款并加算银行同期存款利息，要求发起人返还。（　）

7．实行企业化经营、国家不再核拨经费的事业单位和从事经营活动的科技性社会团体，具备企业法人条件的，应当先申请企业法人登记，然后才可作为发起人。（　）

8．股份的分派是指公司根据发起人和（或）其他股份认购人认购股份的情况，将股份按照一定分派方法分配给认购人。（　）

9．公司变更公司形式可由股东大会以普通决议通过。（　）

10．公司除法定的会计账簿外，不得另立会计账簿。对公司资产，不得以任何个人名义开立账户存储。（　）

11．股份有限公司法定公积金转为资本时，所留存的该项公积金不得少于转增前公司注册资本的20%。（　）

12．股份制改组的清产核资，资产清查是指对企业的各种银行账户、会计核算科目、各类库存现金和有价证券等基本财务情况进行全面核对和清理，以及对企业的各项内部资金往来进行全面核对和清理，以保证企业账账相符、账证相符，促进企业账务的全面、准确和真实。（　）

13．企业清产核资机构负责组织企业的清产核资工作，向同级国有资产监督管理机构报送相关资料，根据同级国有资产监督管理机构清产核资批复。组织企业本部及子企业进行调账。（　）

14．会计报表的审计是指从审计工作开始到审计报告完成的整个过程，一般包括两个主要阶段，即实施审计阶段和审计完成阶段。（　）

15．经国家土地管理部门确认的土地评估结果，是确定土地使用权折股及土地使用权出让金、租金数额的基础。（　）

16．改组前的企业取得土地使用权的，可以由上市公司与原企业签订土地租赁合同，由上市公司实际占用土地。（　）

17．企业接受非国有单位以非货币资产出资，可不对相关资产进行评估。（　）

18．现行市价法是指通过市场调查，然后选择一个或多个与评估对象相同或类似的资产作为比较对象，分析比较对象的成交价格和交易条件，进行对比调整，估算出资产价值的方法。（　）

19．对境外募股公司进行资产评估时，应做好境内、境外评估机构以及国有资产管理部门的协调工作，应先由境内评估机构进行评估，然后由境外评估机构评估。（　）

20．对于省级以上人民政府批准实行授权经营或国家控股公司试点的企业，不可采用授权经营方式配置土地。（　）

21．首次公开发行股票招股说明书应披露高级管理人员在最近三个会计年度内从发行人处领取收入的情况。（　）

22．中小企业板块适用的基本制度规范与现有主板市场完全相同，适用的发行上市标准低于现有主板市场。（　）

23．预先披露的招股说明书（申报稿）是发行人发行股票的正式文件，应含有价格信息，但发行人不得据此发行股票。（　）

24．在创业板上市公司首次公开发行股票，发行人最近1年的净利润可以主要来自合并财务报表范围以外的投资收益。（　）

25．在创业板上市公司首次公开发行股票，不应出现发行人最近1年的营业收入或

净利润对关联方或者有重大不确定性的客户存在重大依赖的情况。（ ）

26．首次公开发行股票，发行人在报送申请文件后看，变更签字会计师或会计师事务所的，更换后的会计师或会计师事务所应对申请首次公开发行股票公司的审计报告出具新的专业报告，更换后的律师或律师事务所应出具新的法律意见书和律师工作报告。（ ）

27．根据《证券法》第二十一条的规定，发行人申请首次公开发行股票的，在提交申请文件后，应当按照国务院证券监督管理机构的规定预先披露有关申请文件。（ ）

28．上市公司控股股东可通过发行可交换公司债券，直接将控股权转让给其他投资者。（ ）

29．首次公开发行股票，通常的估值方法有相对估值法和绝对估值法。（ ）

30．新股发行改革的预期目标之一是在风险明晰的前提下，中小投资者的参与意愿得到重视，向有意向申购新股的中小投资者适当倾斜。（ ）

31．根据上海证券交易所对有效申购总量配售新股的办法，当有效申购总量大于该次股票发行量时，上交所按照每1000股配1个号的规则，由交易主机自动对有效申购进行统一连续配号，并通过卫星网络公布中签率。（ ）

32．股票申请上市，发行人在提出上市申请期间，未经证券交易所同意，不得擅自披露与上市有关的信息。（ ）

33．首次公开发行股票，发行人应根据《公司法》和《企业会计准则》的相关规定披露关联方、关联关系和关联交易。（ ）

34．发行人应披露控股股东或实际控制人、控股子公司，发行人董事、监事、高级管理人员和核心技术人员作为一方当事人的重大诉讼或仲裁事项。（ ）

35．首次公开发行股票，认定公司控制权的归属，只需审查相应的股权投资关系。（ ）

36．不论《股票上市公告书内容与格式指引》是否有明确规定，凡在招股说明书披露日至上市公告书刊登日期间所发生的对投资者作出投资决策有重大影响的信息，均应披露。（ ）

37．发行人、保荐人应履行其对发行申请文件的质量控制的义务，按有关规定对申请文件进行核查并出具内核意见。（ ）

38．发行人和保荐人报送发行申请文件所有需要签名处，均应为签名人亲笔签名，不得以名章、签名章等代替。（ ）

39．定价基准日前20个交易日股票交易均价＝定价基准日前20个交易日股票交易总额／定价基准日前20个交易日股票交易总量。（　　）

40．可转换公司发行债券，设定抵押或质押的，抵押或质押财产的估值应不低于担保金额。（　　）

41．发行人申请发行可转换公司债券，股东大会应决定是否优先向原股东配售；如果优先配售，应明确进行配售的数量和方式以及有关原则。（　　）

42．标的为利率或利差时，全场最高中标利率或利差为当期国债票面利率或基本利差，各中标机构均按面值承销，是荷兰式招标方式。（　　）

43．公开发行公司债券筹集的资金，可用于弥补亏损和非生产性支出。（　　）

44．短期融资券的发行注册中，交易商协会注册委员会办公室可调阅主承销商及相关中介机构的工作报告、工作底稿或其他有关资料。（　　）

45．在资金使用上，企业发行短期融资券所募集的资金应用于企业生产经营活动，并在发行文件中明确披露具体资金用途。企业在短期融资券存续期内变更募集资金用途应提前披露。（　　）

46．公开发行债券的担保金额应不少于债券本息的总额。定向发行债券的担保金额原则上应不少于债券本息总额的30%。（　　）

47．受托机构应与信用评级机构就资产支持证券跟踪评级的有关安排作出约定，并应于资产支持证券存续期内每年的7月31日前向投资者披露上年度的跟踪评级报告。（　　）

48．根据外资股发行对象的不同，发行人和承销商往往需要准备不同的招股说明书。采用私募方式发行外资股的发行人，需要准备信息备忘录。（　　）

49．收购后整合的内容包括收购后公司经营战略的整合、管理制度的整合、经营上的整合以及人事安排与调整等。（　　）

50．任何进行收购的公司都必须在决策时充分考虑采用何种方式完成收购，不同的收购方式不仅仅是支付方式的差别，而且与公司的自身财务、资本结构密切相关。（　　）

51．股份有限公司的监事会是由监事组成的、对公司业务和财务活动进行合法性监督的机构。（　　）

52．上市公司在每一会计年度结束之日起4个月内向中国证监会和证券交易所报送年度财务会计报告，在每一会计年度前6个月结束之日起2个月内向中国证监会派出机构和证券交易所报送半年度财务会计报告。（　　）

53．注册会计师的责任是在实施审计工作的基础上对财务报表发表审计意见。（　）

54．在发审会程序中，中国证监会均应将发审委会议审核的发行人名单、会议时间、发行人承诺函和参会发审委委员名单在其网站上公布。（　）

55．在首次公开发行股票的招股说明书中，发行人应披露是否存在与控股股东、实际控制人及其控制的其他企业从事相同、相似业务的情况。对存在相同、相似业务的，发行人应对是否存在同业竞争作出合理解释。（　）

56．首次公开发行股票向战略投资者配售股票的，发行人及其主承销商可以不披露战略投资者的名称、认购数量及承诺持有期等情况。（　）

57．可转换公司债券在转换股份前，其持有人不具有股东的权利和义务。（　）

58．目前，我国政策性银行的金融债券在证券交易所市场发行。（　）

59．短期融资券是指企业依照规定的条件和程序在银行间债券市场发行和交易，约定在一定期限内还本付息，最长期限不超过2年的有价证券。（　）

60．信贷资产证券化发起机构和贷款服务机构可以担任同一交易的资金保管机构。（　）

《证券发行与承销》模拟试卷（四）参考答案与解析

一、单项选择题

1.【答案】B

【解析】2008年4月12日，中国人民银行颁布了《银行间债券市场非金融企业债务融资工具管理办法》，并于4月15日正式施行。《银行间债券市场非金融企业债务融资工具管理办法》明确规定，短期融资券适用该办法，且自该办法施行之日起，《短期融资券管理办法》《短期融资券承销规程》和《短期融资券信息披露规程》同时终止执行；相应地，短期融资券的注册机构也由中国人民银行变更为中国银行间市场交易商协会。因此，本题的正确答案为B。

2.【答案】A

【解析】2006年1月1日实施的修订后的《证券法》规定，经国务院证券监督管理机构批准，证券公司可以经营证券承销与保荐业务。经营单项证券承销与保荐业务的，注册资本最低限额为人民币1亿元；经营证券承销与保荐业务且经营证券自营、证券资产管理、其他证券业务中一项以上的，注册资本最低限额为人民币5亿元。因此，本题的正确答案为A。

3.【答案】D

【解析】设立股份有限公司，应当申请名称预先核准。预先核准的公司名称保留期为6个月。预先核准的公司名称在保留期内，不得用于从事经营活动，不得转让。因此，本题的正确答案为D。

4.【答案】B

【解析】设立股份有限公司采用发起设立方式的，发起人缴付全部股款后，应当召开全体发起人大会，选举董事会和监事会（指股东代表监事）成员，并通过公司章程草案。采用募集设立方式的，发起人应当自股款缴足之日起30日内主持召开公司创立大会。因此，本题的正确答案为B。

5.【答案】D

【解析】以募集方式设立股份有限公司的,应当于创立大会结束后30日内向公司登记机关申请设立登记。根据我国现有的法规规定,股份有限公司的登记机关为设区的市(地区)工商行政管理局以上的工商行政管理部门。因此,本题的正确答案为D。

6.【答案】D

【解析】股份有限公司增加或减少资本,应当修改公司章程,须经出席股东大会的股东所持表决权的2/3以上通过。变动后,应由法定验资机构出具验资证明,并依法向公司登记机关办理变更登记。因此,本题的正确答案为D。

7.【答案】B

【解析】根据《公司法》的规定,股东大会行使下列职权:(1)决定公司的经营方针和投资计划。(2)选举和更换非由职工代表担任的董事、监事,决定有关董事、监事的报酬事项。(3)审议批准董事会的报告。(4)审议批准监事会或者监事的报告。(5)审议批准公司的年度财务预算方案、决算方案。(6)审议批准公司的利润分配方案和弥补亏损方案。(7)对公司增加或者减少注册资本作出决议。(8)对发行公司债券作出决议。(9)对公司合并、分立、解散、清算或者变更公司形式作出决议。(10)修改公司章程。(11)对公司聘用、解聘会计师事务所作出决议。(12)审议代表公司发行在外有表决权股份总数的3%以上的股东的提案。(13)公司章程规定的其他职权因此,本题的正确答案为B。

8.【答案】C

【解析】股东的义务包括:(1)遵守法律、行政法规和公司章程。(2)依其所认购的股份和人股方式缴纳股金。(3)除法律、法规规定的情形外,不得退股。(4)不得滥用股东权利损害公司或者其他股东的利益;不得滥用公司法人独立地位和股东有限责任损害公司债权人的利益;公司股东滥用股东权利给公司或者其他股东造成损失的,应当依法承担赔偿责任;公司股东滥用公司法人独立地位和股东有限责任,逃避债务,严重损害公司债权人利益的,应当对公司债务承担连带责任。(5)法律、行政法规及公司章程规定应当承担的其他义务。因此,本题的正确答案为C。

9.【答案】D

【解析】《公司法》规定股份有限公司的董事会成员为5~19人。董事会成员中可以有公司职工代表。因此,本题的正确答案为D。

10.【答案】D

【解析】由于独立董事必须具有独立性,因此,下列人员不得担任独立董事:(1)在上市公司或者其附属企业任职的人员及其直系亲属和主要社会关系。直系亲属是指配偶、父母、子女等；主要社会关系是指兄弟姐妹、岳父母、儿媳、女婿、兄弟姐妹的配偶、配偶的兄弟姐妹等。(2) 直接或间接持有上市公司已发行股份 1% 以上或者是上市公司前 10 名股东中的自然人股东及其直系亲属。(3) 在直接或间接持有上市公司已发行股份 5% 以上的股东单位或者在上市公司前 5 名股东单位任职的人员及其直系亲属。(4) 最近 1 年内曾经具有前 3 项所列举情形的人员。(5) 为上市公司或者其附属企业提供财务、法律、咨询等服务的人员。(6) 公司章程规定的其他人员。(7) 中国证监会认定的其他人员。因此，本题的正确答案为 D。

11.【答案】A

【解析】拟发行上市公司改组，其人员应做到独立：(1) 拟发行上市公司的总经理、副总经理、财务负责人、董事会秘书等高级管理人员应专职在公司工作并领取薪酬，不得在持有拟发行上市公司 5% 以上股权的股东单位及其下属企业担任除董事、监事以外的任何职务，也不得在与所任职的拟发行上市公司业务相同或相近的其他企业任职。(2) 控股股东、其他任何部门和单位或人士推荐前款所述人员人选应通过合法程序，不得超越拟发行上市公司董事会和股东大会作出的人事任免决定。(3) 拟发行上市公司应拥有独立于股东单位或其他关联方的员工，并在有关社会保障、工薪报酬、房改费用等方面分账独立管理。因此，本题的正确答案为 A。

12.【答案】A

【解析】国务院 1991 年 11 月 16 日发布了《国有资产评估管理办法》，对资产评估的程序进行了规定。财政部于 2001 年 12 月 31 日发布了《国有资产评估项目备案管理办法》和《国有资产评估管理若干问题的规定》，对资产评估程序等方面作出了新的规定。其中，《国有资产评估项目备案管理办法》自发布之日起施行，《国有资产评估管理若干问题的规定》自 2002 年 1 月 1 日起施行。国资委发布了《企业国有资产评估管理暂行办法》，自 2005 年 9 月 1 日起施行。因此，本题的正确答案为 A。

13.【答案】A

【解析】国有企业改组为股份公司时的股权界定：(1) 有权代表国家投资的机构或部门直接设立的国有企业以其全部资产改建为股份有限公司的，原企业应予撤销，原企业的国家净资产折成的股份界定为国家股。(2) 有权代表国家投资的机构或部门直接设立的国有企业以其部分资产（连同部分负债）改建为股份公司的，如进入股份公司的净资产（指评估前净资产）累计高于原企业所有净资产的 50%（含 50%），或主营生产部分的全部或大部分资产进入股份制企业，其净资产折成的股份界定为国家股；若进入股份公司的净资产低于50%（不含50%），则其净资产折成的股份界定为国有法人股。国家另有规定的，从其规定；国有法人单位（行业性总公司和具有政府行政管理职能的公司除外）所拥有的企业，包括产权关系经过界定和确认的国有企业（集团公司）的全资子企业（全资子公司）和控股子企业(控股子公司)及其下属企业，以全部或部分资产改建为股份公司，进入股份公司的净资产折成的股份，界定为国有法人股。因此，本题的正确答案为A。

14．【答案】A

【解析】审计风险由固有风险、控制风险和检查风险组成。固有风险是假定没有内部控制的情况下，会计报表某项认定产生重大错报的可能性；控制风险是被审计单位的内部控制制度或程序不能及时防止或发现某项认定发生重大错报的可能性；检查风险则是指审计未能检查出某项认定已存在的重大错误的可能性。因此，本题的正确答案为A。

15．【答案】D

【解析】国资委发布了《企业国有资产评估管理暂行办法》，于2005年9月1日起施行。因此，本题的正确答案为D。

16．【答案】D

【解析】企业提出资产评估项目核准申请时，应当向国有资产监督管理机构报送下列文件材料：(1)资产评估项目核准申请文件。(2)资产评估项目核准申请表。(3)与评估目的相对应的经济行为批准文件或有效材料。(4)所涉及的资产重组方案或者改制方案、发起人协议等材料。(5)资产评估机构提交的资产评估报告（包括评估报告书、评估说明、评估明细表及其电子文档）。(6)与经济行为相对应的审计报告。(7)资产评估各当事方的相关承诺函。(8)其他有关材料。因此，本题的正确答案为D。

17．【答案】D

【解析】目前，我国国债主要分为记账式国债和凭证式国债两种。记账式国债在证券交易所债券市场和全国银行间债券市场发行并交易。证券公司、保险公司和信托投资公司可以在证券交易所债券市场上参加记账式国债的招标发行及竞争性定价过程，向财政部直接承销记账式国债；商业银行、农村信用社联社、保险公司和少数证券公司可以在全国银行间债券市场上参加记账式国债的招标发行及竞争性定价过程，向财政部直接承销记账式国债。凭证式国债通过商业银行和邮政储蓄银行的网点，面向公众投资者发行。因此，本题的正确答案为D。

18．【答案】A

【解析】首次公开发行股票,证券发行规模达到一定数量的,可以采用联合保荐,参与联合保荐的保荐机构不得超过 2 家。因此,本题的正确答案为 A。

19．【答案】D

【解析】发行人在持续督导期间出现下列情形之一的,中国证监会可根据情节轻重,自确认之日起 3～12 个月内不受理相关保荐代表人具体负责的推荐;情节特别严重的,撤销相关人员的保荐代表人资格:(1)证券上市当年累计 50% 以上募集资金的用途与承诺不符;(2)公开发行证券上市当年营业利润比上年下滑 50% 以上;(3)首次公开发行股票并上市之日起 12 个月内控股股东或者实际控制人发生变更;(4)首次公开发行股票并上市之日起 12 个月内累计 50% 以上资产或者主营业务发生重组;(5)上市公司公开发行新股、可转换公司债券之日起 12 个月内累计 50% 以上资产或者主营业务发生重组,且未在证券发行募集文件中披露;(6)实际盈利低于盈利预测达 20% 以上;(7)关联交易显失公允或者程序违规,涉及金额较大;(8)控股股东、实际控制人或其他关联方违规占用发行人资源,涉及金额较大;(9)违规为他人提供担保,涉及金额较大;(10)违规购买或出售资产、借款、委托资产管理等,涉及金额较大;(11)董事、监事、高级管理人员侵占发行人利益受到行政处罚或者被追究刑事责任;(12)违反上市公司规范运作和信息披露等有关法律法规,情节严重的;(13)中国证监会规定的其他情形。因此,本题的正确答案为 D。

20．【答案】B

【解析】股票上网竞价发行是指利用证券交易所的交易系统,主承销商作为新股的唯一卖方,以发行人宣布的发行底价为最低价格,以新股实际发行量为总的卖出数,由投资者在指定的时间内竞价委托申购。确认投资者的有效申购后,就可以确定发行价格。当有效申购量等于或小于发行量时,发行底价就是最终的发行价格;当有效申购量大于发行量时,主承销商可以采用比例配售或者抽签的方式,确定每个有效申购实际应配售的新股数量。因此,本题的正确答案为 B。

21．【答案】D

【解析】首次公开发行公司关于进行网上直播推介活动的公告应与其招股说明书摘要(或招股意向书)同日同报刊登,并在拟上市证券交易所的指定网站同天发布。网上直播推介活动的公告内容至少应包括网站名称、推介活动的出席人员名单、时间(推介活动不少于 4 个小时)等。因此,本题的正确答案为 D。

22．【答案】C

【解析】董事会书有权参加股东大会、董事会会议、监理会会议和高级管理人员相关会议，有权了解公司的财务和经营情况，查阅涉及信息披露事宜的所有文件。董事会泌书负责办理上市公司信息对外公布等相关事宜，除监事会公告外，上市公司披露的信息应当以董事会公告的形式发布。因此，本题的正确答案为C。

23．【答案】D

【解析】招股说明书的内容中，发行人应披露近3年内是否存在违法违规行为，若存在违法违规行为，应披露违规事实和受到处罚的情况，并说明对发行人的影响；若不存在违法违规行为，应明确声明。因此，本题的正确答案为D。

24．【答案】D

【解析】招股说明书中，关于资金占用和对外担保情况的内容，发行人应披露近3年内是否存在资金被控股股东、实际控制人及其控制的其他企业占用的情况，或者为控股股东、实际控制人及其控制的其他企业担保的情况；若不存在资金占用和对外担保，应明确声明。因此，本题的正确答案为D。

25．【答案】D

【解析】招股说明书中，盈利预测的披露要求为：（1）如果发行人认为提供盈利预测报告将有助于投资者对发行人及投资于发行人的股票作出正确判断，且发行人确信有能力对最近的未来期间的盈利情况作出比较切合实际的预测。发行人可以披露盈利预测报告。(2）发行人本次募集资金拟用于重大资产购买的，则应当披露发行人假设按预计购买基准日完成购买的盈利预测报告及假设发行当年1月1日完成购买的盈利预测报告。(3）发行人披露盈利预测报告的，应声明："本公司盈利预测报告是管理层在最佳估计假设的基础上编制的，但所依据的各种假设具有不确定性，投资者进行投资决策时应谨慎使用。"(4）发行人披露的盈利预测报告应包括盈利预测表及其说明；盈利预测表的格式应与利润表一致，其中预测数应分栏列示已审实现数、未审实现数、预测数和合计数；需要编制合并财务报表的发行人，应分别编制母公司盈利预测表和合并盈利预测表；盈利预测说明应包括编制基准、所依据的基本假设及其合理性、与盈利预测数据相关的背景及分析资料等；盈利预测数据包含特定的财政税收优惠政策或非经常性损益项目的，应特别说明。因此，本题的正确答案为D。

26．【答案】C

【解析】上市公司计划公开发行新股前，保荐人和上市公司必须首先判断发行主体是否符合公开发行新股的法定条件，这是上市公司成功公开发行新股的基本前提。根据中国证监会2006年5月6日发布的《上市公司证券发行管理办法》，上市公司最近12个月内受到过证券交易所的公开谴责的，不得公开发行证券。因此，本题的正确答案为C。

27.【答案】B

【解析】上市公司计划公开发行新股前，保荐人和上市公司必须首先判断发行主体是否符合公开发行新股的法定条件，这是上市公司成功公开发行新股的基本前提。根据中国证监会2006年5月6日发布的《上市公司证券发行管理办法》，上市公司及其控股股东或实际控制人最近12个月内存在未履行向投资者作出的公开承诺的行为的，不得公开发行证券。因此，本题的正确答案为B。

28.【答案】D

【解析】上市公司发行新股的，持续督导的期间为证券上市当年剩余时间及其后1个完整会计年度。持续督导的期间自证券上市之日起计算。持续督导期届满，如有尚未完结的保荐工作，保荐人应当继续完成。保荐人应当自持续督导工作结束后10个工作日内向中国证监会、证券交易所报送"保荐总结报告书"。持续督导的具体要求与首发相同。因此，本题的正确答案为D。

29.【答案】C

【解析】内核是指保荐人（主承销商）的内核小组对拟向中国证监会报送的发行申请材料进行核查，确保证券发行不存在重大法律和政策障碍以及发行申请材料具有较高质量的行为。内核小组通常由8～15名专业人士组成，这些人员要保持稳定性和独立性；公司主管投资银行业务的负责人及投资银行部门的负责人通常为内核小组的成员。因此，本题的正确答案为C。

30.【答案】C

【解析】首次公开发行股票，发审委通过召开发审委会议进行审核工作。发审委会议表决采取记名投票方式。表决票设同意票和反对票，发审委委员不得弃权。发审委委员在投票时应当在表决票上说明理由。发审委委员应依据法律、行政法规和中国证监会的规定，结合自身的专业知识，独立、客观、公正地对股票发行申请进行审核。每次参加发审委会议的发审委委员为7名。表决投票时同意票数达到5票为通过，同意票数未达到5票为未通过。因此，本题的正确答案为C。

31.【答案】D

【解析】新股发行、上市操作过程中，T日为增发网上申购日、原股东网上配售缴款日。T+3日，主承销商刊登《发行结果公告》，退还未获配售的网下申购定金，网下申购投资者根据配售结果补缴余款；网上发行部分如果采用摇号抽签的方式，则举行摇号抽签仪式。因此，本题的正确答案为D。

32．【答案】A

【解析】上市公司申请发行新股，股东大会通过本次发行议案之日起两个工作日内，上市公司应当公布股东大会决议。因此，本题的正确答案为A。

33．【答案】A

【解析】据《上市公司证券发行管理办法》的规定，上市公司发行可转换公司债券，其现任董事、监事和高级管理人员具备任职资格，能够忠实和勤勉地履行职务，不存在违反《公司法》第一百四十八条、第一百四十九条规定的行为，且最近36个月内未受到过中国证监会的行政处罚、最近12个月内未受到过证券交易所的公开谴责。因此，本题的正确答案为A。

34．【答案】C

【解析】上市公司在可转换公司债券期满前3～5个交易日内披露本息兑付公告。因此，本题的正确答案为C。

35．【答案】B

【解析】证券评级机构与评级对象存在下列利害关系的，不得受托开展证券评级业务：(1) 证券评级机构与受评级机构或者受评级证券发行人为同一实际控制人所控制；(2) 同一股东持有证券评级机构、受评级机构或者受评级证券发行人的股份均达到5%以上；(3) 受评级机构或者受评级证券发行人及其实际控制人直接或者间接持有证券评级机构股份达到5%以上；(4) 证券评级机构及其实际控制人直接或者间接持有受评级证券发行人或者受评级机构股份达到5%以上；(5) 证券评级机构及其实际控制人在开展证券评级业务之前6个月内买卖受评级证券；(6) 中国证监会基于保护投资者、维护社会公共利益认定的其他情形。因此，本题的正确答案为B。

36．【答案】C

【解析】2008年4月12日，中国人民银行颁布了《银行间债券市场非金融企业债务融资工具管理办法》，并于4月15日正式施行。因此，本题的正确答案为C。

37．【答案】B

【解析】在短期融资券存续期内，国债登记结算公司应于每个交易日向市场披露上一交易日日终，单一投资者持有短期融资券的数量超过该期总托管量30%的投资者名单和持有比例。因此，本题的正确答案为B。

38．【答案】A

【解析】证券公司公开发行债券，合格投资者是指自行判断具备投资债券的独立分析能力和风险承受能力，且符合下列条件的投资者：（1）依法设立的法人或投资组织；（2）按照规定和章程可从事债券投资；（3）注册资本在1000万元以上或者经审计的净资产在2000万元以上。因此，本题的正确答案为A。

39．【答案】B

【解析】企业发行短期融资债券，首期发行短期融资券的，应至少于发行日前5个工作日公布发行文件；后续发行的，应至少于发行日前3个工作日公布发行文件。因此，本题的正确答案为B。

40．【答案】A

【解析】在短期融资券存续期内，企业发生可能影响其偿债能力的重大事项时，应及时向市场披露。重大事项包括：（1）企业经营方针和经营范围发生重大变化；（2）企业生产经营外部条件发生重大变化；（3）企业涉及可能对其资产、负债、权益和经营成果产生重要影响的重大合同；（4）企业占同类资产总额20%以上资产的抵押、质押、出售、转让或报废；（5）企业发生未能清偿到期债务的违约情况；（6）企业发生超过净资产10%以上的重大损失；（7）企业作出减资、合并、分立、解散及申请破产的决定；（8）企业涉及需要澄清的市场传闻；（9）企业涉及重大诉讼、仲裁事项或受到重大行政处罚；（10）企业高级管理人员涉及重大民事或刑事诉讼，或已就重大经济事件接受有关部门调查；（11）其他对投资者作出投资决策有重大影响的事项。国债登记结算公司应于每个交易日向市场披露上一交易日日终，单一投资者持有短期融资券的数量超过该期总托管量30%的投资者名单和持有比例。因此，本题的正确答案为A。

41．【答案】C

【解析】根据《关于股份有限公司境内上市外资股的规定》第九条的规定，已设立的股份有限公司增加资本，申请发行境内上市外资股时，公司在最近3年内连续盈利；原有企业改组或者国有企业作为主要发起人设立的公司，可以连续计算。因此，本题的正确答案为C。

42．【答案】B

【解析】国有企业、集体企业及其他所有制形式的企业经重组改制为股份有限公司后，向中国证监会提出境外上市申请的，净资产应不少于4亿元人民币，过去1年税后利润应不少于6000万元人民币，且有增长潜力，按合理预期市盈率计算，筹资额不少于

5000万美元。因此，本题的正确答案为B。

43．【答案】C

【解析】H股控股股东必须承诺上市后6个月内不得出售公司的股份，并且在随后的6个月内控股股东可以减持，但必须维持控股股东地位，即30%的持股比例。因此，本题的正确答案为C。

44．【答案】C

【解析】发行H股，持股量最高的3名公众股东，合计持股量不得超过证券上市时公众持股量的50%。因此，本题的正确答案为C。

45．【答案】A

【解析】上市公司所属企业申请境外上市，上市公司及所属企业董事、高级管理人员及其关联人员持有所属企业的股份不得超过所属企业到境外上市前总股本的10%。因此，本题的正确答案为A。

46．【答案】C

【解析】因上市公司减少股本导致投资者及其一致行动人取得被收购公司的股份达到5%及之后变动5%的，投资者及其一致行动人免于履行报告和公告义务。因此，本题的正确答案为C。

47．【答案】A

【解析】在上市公司的收购及相关股份权益变动活动中有一致行动情形的投资者互为一致行动人。如无相反证据，投资者有下列情形之一的，为一致行动人：(1)投资者之间有股权控制关系；(2)投资者受同一主体控制；(3)投资者的董事、监事或者高级管理人员中的主要成员，同时在另一个投资者担任董事、监事或者高级管理人员；(4)投资者参股另一投资者，可以对参股公司的重大决策产生重大影响；(5)银行以外的其他法人、其他组织和自然人为投资者取得相关股份提供融资安排；(6)投资者之间存在合伙、合作、联营等其他经济利益关系；(7)持有投资者30%以上股份的自然人，与投资者持有同一上市公司股份；(8)在投资者任职的董事、监事及高级管理人员，与投资者持有同一上市公司股份；(9)持有投资者30%以上股份的自然人和在投资者任职的董事、监事及高级管理人员，其父母、配偶、子女及其配偶、配偶的父母、兄弟姐妹及其配偶、配偶的兄弟姐妹及其配偶等亲属，与投资者持有同一上公司股份；(10)在上市公司任职的董事、监事、高级管理人员及其前项所述亲属同时持有本公司股份的，或者与其或者其前项所述亲属直接或者间接控制的企业同时持有本公司股份；(11)上市公司董事、监事、高级管理人员和员工与其所控制或者委托的法人或者其他组织持有本公司股份；(12)投资者之间具有其他关联关系。因此，本题的正确答案为A。

48.【答案】C

【解析】《上市公司重大资产重组管理办法》适用于上市公司及其控股或者控制的公司在日常经营活动之外购买、出售资产或者通过其他方式进行资产交易达到规定的比例，导致上市公司的主营业务、资产、收入发生重大变化的资产交易行为。因此，本题的正确答案为C。

49.【答案】A

【解析】特定对象以资产认购而取得的上市公司股份，自股份发行结束之日起12个月内不得转让。因此，本题的正确答案为A。

50.【答案】B

【解析】重大资产重组实施完毕后，凡不属于上市公司管理层事前无法获知且事后无法控制的原因，上市公司或者购买资产实现的利润未达到盈利预测报告或者资产评估报告预测金额的80%，或者实际运营情况与重大资产重组报告书中管理层讨论与分析部分存在较大差距的，上市公司的董事长、总经理以及对此承担相应责任的会计师事务所、财务顾问、资产评估机构及其从业人员应当在上市公司披露年度报告的同时，在同一报刊上作出解释，并向投资者公开道歉；实现利润未达到预测金额50%的，可以对上市公司、相关机构及其责任人员采取监管谈话、出具警示函、责令定期报告等监管措施。因此，本题的正确答案为B。

51.【答案】B

【解析】投资者及其一致行动人拥有权益的股份达到或者超过一个上市公司已发行股份的20%但未超过30%的，应当编制详式权益变动报告书。因此，本题的正确答案为B。

52.【答案】B

【解析】首次公开发行股票并在创业板上市的，持续督导的期间为证券上市当年剩余时间及其后3个完整会计年度；创业板上市公司发行新股、可转换公司债券的，持续督导的期间为证券上市当年剩余时间及其后2个完整会计年度。持续督导的期间至证券上市之日起计算。因此，本题的正确答案为B。

53.【答案】B

【解析】上市公司董事会、监事会、单独或者合并持有上市公司已发行股份1%以上的股东可以提出独立董事候选人，并经股东大会选举决定。因此，本题的正确答案为B。

54.【答案】C

【解析】在主板上市公司首次公开发行股票时，中国证监会依照法定条件对发行人的发行申请作出予以核准或者不予核准的决定，并出具相关文件。自中国证监会核准发行之日起，发行人应在6个月内发行股票；超过6个月未发行的，核准文件失效，须重新经中国证监会核准后方可发行。因此，本题的正确答案为C。

55.【答案】B

【解析】首次公开发行股票时，在超额配售选择权行使完成后的3个工作日内，主承销商应当在中国证监会指定报刊披露以下有关超额配售选择权的行使情况：因行使超额配售选择权而发行的新股数，如未行使，应当说明原因；从集中竞价交易市场购买发行人股票的数量及所支付的总金额、平均价格、最高与最低价格；发行人本次发行股份总量；发行人本次筹资总金额。因此，本题的正确答案为B。

56.【答案】C

【解析】公开发行证券的，主承销商应当在证券上市后10日内向中国证监会报备承销总结报告，总结说明发行期间的基本情况及新股上市后的表现，并提供下列文件：(1)募集说明书单行本；(2)承销协议及承销团协议；(3)律师鉴证意见（限于首次公开发行）；(4)会计师事务所验资报告；(5)中国证监会要求的其他文件。因此，本题的正确答案为C。

57.【答案】D

【解析】首次公开发行股票时，发行人应根据重要性原则披露主营业务的具体情况，列表披露报告期内各期主要产品（或服务）的产能、产量、销量、销售收入、产品或服务的主要消费群体、销售价格的变动情况；报告期内各期向前5名客户合计的销售额占当期销售总额的百分比，如向单个客户的销售比例超过总额的50%或严重依赖少数客户的，应披露其名称及销售比例；如该客户为发行人的关联方，则应披露产品最终实现销售的情况；受同一实际控制人控制的销售客户，应合并计算销售额。因此，本题的正确答案为D。

58.【答案】B

【解析】根据《证券公司风险控制指标管理办法》的规定，证券公司必须持续符合风险控制指标标准：(1)净资本与各项风险资本准备之和的比例不得低于100%。(2)净资本与净资产的比例不得低于40%。(3)净资本与负债的比例不得低于8%。(4)净资产与负债的比例不得低于20%。因此，本题的正确答案为B。

59.【答案】C

【解析】可转换公司债券的发行规模由发行人根据其投资计划和财务状况确定。可转换公司债券发行后，累计公司债券余额不得超过最近1期末净资产额的40%。对于分离交易的可转换公司债券，发行后累计公司债券余额不超过最近1期末净资产额的40%；预计所附认股权全部行权后募集的资金总量不超过拟发行公司债券金额。因此，本题的正确答案为C。

60.【答案】B

【解析】符合以下条件的公司债券可以进入银行间债券市场交易流通，但公司债券募集办法或发行章程约定不交易流通的债券除外：(1) 依法公开发行。(2) 债权债务关系确立并登记完毕。(3) 发行人具有较完善的治理结构和机制，近两年没有违法和重大违规行为。(4) 实际发行额不少于人民币5亿元。(5) 单个投资人持有量不超过该期公司债券发行量的30%。因此，本题的正确答案为B。

二、多项选择题

1.【答案】ABC

【解析】发行公告是承销商对公众投资人作出的事实通知，其提示内容主要包括：(1) 本次发行股票及其发行方案已获得中国证监会具体文件的核准。(2) 本公告仅对认购发行公司股票的有关事项和规定向社会公众作简要说明。投资者欲了解发行公司股票的一般情况，应详细阅读招股说明书概要或招股意向书。(3) 其他需要在提示中说明的情况。因此，本题的正确答案为ABC。

2.【答案】ABCD

【解析】证券公司申请保荐机构资格应当向中国证监会提交的材料包括：(1) 申请报告；(2) 股东（大）会和董事会关于申请保荐机构资格的决议；(3) 公司设立批准文件；(4) 营业执照复印件；(5) 公司治理和公司内部控制制度及执行情况的说明；(6) 董事、监事、高级管理人员和主要股东情况的说明；(7) 内部风险评估和控制系统及执行情况的说明；(8) 保荐业务尽职调查制度、辅导制度、内部核查制度、持续督导制度、持续培训制度和保荐工作底稿制度的建立情况；(9) 经具有证券、期货相关业务资格的会计师事务所审计的最近1年度净资本计算表、风险资本准备计算表和风险控制指标监管报表；(10) 保荐业务部门机构设置、分工及人员配置情况的说明；(11) 研究、销售等后台支持部门的情况说明；(12) 保荐业务负责人、内核负责人、保荐业务部门负责人和内核小组成员名单及其简历；(13) 证券公司指定联络人的说明；(14) 证券公司对申请文件真实性、准确性、完整性承担责任的承诺函,并应由全体董事签字;(15)中国证监会要求的其他材料。因此,本题的正确答案为 ABCD。

3.【答案】CD

【解析】中国证监会对机构、制度与人员的检查包括:(1)公司是否建立了相应的制度和组织体系,以控制风险和加强对人员的管理;(2)公司负责承销业务的高级管理人员及业务人员是否有相应的证券从业资格,或是否通过了从业资格考试;(3)公司对其证券承销业务人员的继续培训计划和职业道德教育的方式、期限、内容;有无专门为承销业务提供咨询的研究部门,是如何与投资银行部门交换研究成果的;适应核准制的推出,公司在发行人筛选(质量评价体系)、辅导和跟踪、公司内部的风险控制和激励、提高人员素质及档案管理上做了哪些准备。因此,本题的正确答案为 CD。

4.【答案】ABCD

【解析】创立大会行使的职权有:(1)审议发起人关于公司筹办情况的报告;(2)通过公司章程;(3)选举董事会成员;(4)选举监事会成员;(5)对公司的设立费用进行审核;(6)对发起人用于抵作股款的财产的作价进行审核;(7)发生不可抗力或者经营条件发生重大变化直接影响公司设立的,可以作出不设立公司的决议。因此,本题的正确答案为 ABCD。

5.【答案】BCD

【解析】发行公司及其主承销商在证券交易所网站披露招股意向书全文及相关文件前,须向证券交易所提交的材料包括:(1)中国证监会核准发行公司增发股份的文件。(2)发行公司招股意向书全文及相关文件的书面材料。(3)发行公司招股意向书全文及相关文件的电子文件磁盘。(4)发行公司及其主承销商关于保证招股意向书全文及相关文件的电子文件与书面文件内容一致,并承担全部责任的确认函。因此,本题的正确答案为 BCD。

6.【答案】ABCD

【解析】为了充分发挥独立董事的作用,独立董事除了应当具有《公司法》和其他相关法律、法规赋予董事的职权外,上市公司还应当赋予独立董事以下特别职权:(1)重大关联交易(指上市公司拟与关联人达成的总额高于 300 万元或高于上市公司最近经审计净资产值的 5% 的关联交易)应由独立董事认可后,提交董事会讨论;独立董事作出判断前,可以聘请中介机构出具独立财务顾问报告,作为其判断的依据。(2)向董事会提议聘用或解聘会计师事务所。(3)向董事会提请召开临时股东大会。(4)提议召开董事会。(5) 独立聘请外部审计机构和咨询机构。(6) 可以在股东大会召开前公开向股东征集投票权。因此，本题的正确答案为 ABCD。

7.【答案】ABC

【解析】拟发行上市公司的总经理、副总经理、财务负责人、董事会秘书等高级管理人员应专职在公司工作并领取薪酬，不得在与所任职的拟发行上市公司业务相同或相近的其他企业任职，也不得在持有拟发行上市公司 5% 以上股权的股东单位及其下属企业担任除董事、监事以外的任何职务。因此，本题的正确答案为 ABC。

8.【答案】ABC

【解析】由于历史原因，我国原有的国有企业承担了一些不应当承担的社会职能，甚至是政府管理职能，造成非经营性资产在企业的资产总额中占有相当大的比例。企业在改组为上市公司时，必须对承担政府管理职能的非经营性资产进行剥离。对承担社会职能的非经营性资产的处理，可以参考以下模式：(1) 将非经营性资产和经营性资产完全划分开，非经营性资产或留在原企业，或组建为新的第三产业服务性单位。该部分由国有股持股单位所分得的红利予以全部或部分支持，使其生存和发展。(2) 完全分离经营性资产和非经营性资产，公司的社会职能分别由保险公司、教育系统、医疗系统等社会公共服务系统承担，其他非经营性资产以变卖、拍卖、赠与等方式处置。因此，本题的正确答案为 ABC。

9.【答案】ABCD

【解析】资产评估项目备案需报送下列文件材料：(1) 国有资产评估项目备案表一式三份。(2) 资产评估报告（包括评估报告书、评估说明、评估明细表及其电子文档）。(3) 与资产评估项目相对应的经济行为批准文件。(4) 其他有关材料。因此，本题的正确答案为 ABCD。

10.【答案】AC

【解析】被审计单位的资产负债表截止日到审计报告日发生的，以及审计报告日至会计报表公布日发生的对会计报表产生影响的事项，称为期后事项。期后事项主要有两类：(1) 对会计报表有直接影响并需要调整的事项；(2) 对会计报表没有直接影响但应予以关注、反映的事项。因此，本题的正确答案为 AC。

11.【答案】BC

【解析】国有法人单位（行业性总公司和具有政府行政管理职能的公司除外）所拥有的企业，包括产权关系经过界定和确认的国有企业（集团公司）的全资子企业（全资子公司）和控股子企业（控股子公司）及其下属企业，以全部或部分资产改建为股份公司，进入股份公司的净资产折成的股份，界定为国有法人股。因此，本题的正确答案为BC。

12.【答案】ABCD

【解析】上市公司增发股票，当采取网下、网上同时定价发行方式时，需要披露以下文件：(1) T-2日，招股意向书摘要、网上网下发行公告、网上路演公告见报。(2) T日，刊登公开增发提示性公告。(3) T+3日，刊登网下发行结果公告。(4) T+4日，刊登网上发行中签结果公告（如有）。因此，本题的正确答案为ABCD。

13.【答案】ABC

【解析】根据《上市公司证券发行管理办法》，对于可转换公司债券的发行人设置赎回条款、回售条款、转股价格修正条款的，应明确约定实施这些条款的条件、方式和程序等。因此，本题的正确答案为ABC。

14.【答案】ABC

【解析】可转换公司债券在上海证券交易所的网上定价发行，发行的时间安排为：T-5日，所有材料报上海证券交易所，准备刊登债券募集说明书概要和发行公告。T-4日，刊登债券募集说明书概要和发行公告。T日，上网定价发行日。T+1日，冻结申购资金，并应在T+1日16:00前，将未经验资的网上网下配售情况表按照要求提交交易所。T+2日，验资报告送达上海证券交易所；上海证券交易所向营业部发送配号。T+3日，中签率公告见报；摇号。T+4日。摇号结果公告见报。T+4日以后，做好上市前准备工作。因此，本题的正确答案为ABC。

15.【答案】ABCD

【解析】持有上市公司股份的股东，经保荐人保荐，可以向中国证监会申请发行可交换公司债券。申请发行可交换公司债券，应当符合下列规定：(1) 申请人应当是符合《公司法》、《证券法》规定的有限责任公司或者股份有限公司；(2) 公司组织机构健全，运行良好，内部控制制度不存在重大缺陷；(3) 公司最近1期末的净资产额不少于人民币3亿元；(4) 公司最近3个会计年度实现的年均可分配利润不少于公司债券1年的利息；(5) 本次发行后累计公司债券余额不超过最近1期末净资产额的40%；(6) 本次发行债券的金额不超过预备用于交换的股票按募集说明书公告日前20个交易日均价计算的市值的70%，且应当将预备用于交换的股票设定为本次发行的公司债券的担保物；(7) 经资信评级机构评级，债券信用级别良好；(8) 不存在《公司债券发行试点办法》第八条规定的不得发行公司债券的情形。因此，本题的正确答案为ABCD。

16.【答案】AC

【解析】企业应当在短期融资券本息兑付日前5个工作日,通过中国货币网和中国债券信息网公布本金兑付、付息事项。企业未按约定向指定的资金账户足额划付本息资金,国债登记结算公司或其他代理兑付的机构应在短期融资券本息兑付日及时向投资者公告企业违约事实。因此,本题的正确答案为AC。

17.【答案】ABCD

【解析】在短期融资券存续期内,企业应按以下要求持续披露信息:(1)每年4月30日以前,披露上一年度的年度报告和审计报告;(2)每年8月31日以前,披露本年度上半年的资产负债表、利润表和现金流量表;(3)每年4月30日和10月31日以前,披露本年度第一季度和第三季度的资产负债表、利润表及现金流量表。第一季度信息披露时间不得早于上一年度信息披露时间。因此,本题的正确答案为ABCD。

18.【答案】ABD

【解析】证券公司发行债券,合格投资者是指自行判断具备投资债券的独立分析能力和风险承受能力,且符合下列条件的投资者:(1)依法设立的法人或投资组织;(2)按照规定和章程可从事债券投资;(3)注册资本在1000万元以上或者经审计的净资产在2000万元以上。因此,本题的正确答案为ABD。

19.【答案】ABCD

【解析】信贷资产证券化业务的受托机构,有下列情形之一的,受托机构职责终止:(1)被依法取消受托机构资格;(2)被资产支持证券持有人大会解任;(3)依法解散、被依法撤销或者被依法宣告破产;(4)受托机构辞任;(5)法律、行政法规规定的或信托合同约定的其他情形。因此,本题的正确答案为ABCD。

20.【答案】ABCD

【解析】已经发行了境内上市外资股的公司申请再次募集境内上市外资股的(公司向现有股东配股除外),也应当按照境内上市外资股(B股)公司增资发行B股申报材料的标准格式,将有关文件报中国证监会审核。主要有:(1)地方政府或中央企业主管部门关于公司增资发行B股申请出具的文件;(2)本次增资发行B股的授权文件及附件,如股东大会决议等;(3)关于前一次股票发行(包括配股或增资)的有关情况及其他材料;(4)资金运用的可行性说明材料;(5)简要招股说明材料;(6)其他附件,如国有股权持有单位关于本次增资发行B股出具的意见(如有)、公司章程、承销协议等。因此,本题的正确答案为ABCD。

21. 【答案】BCD

【解析】根据《创业板上市规则》规定，满足以下条件，新申请人的附属公司通常才能获准更改其财政年度期间：（1）该项更改旨在使附属公司的财政年度与新申请人的财政年度相配合；（2）业绩已作适当调整，而有关调整必须在向交易所提供的报表中作出详细解释；（3）在上市文件及会计师报告中作出充分披露，说明更改的理由，以及有关更改对新申请人的集团业绩及盈利预测的影响。因此，本题的正确答案为BCD。

22. 【答案】BCD

【解析】境内上市公司所属企业到境外上市，其股东大会应当就以下事项逐项进行表决：（1）董事会提案中有关所属企业境外上市方案。（2）董事会提案中上市公司维持独立上市地位及持续盈利能力的说明与前景。因此，本题的正确答案为BCD。

23. 【答案】ABCD

【解析】公司收购是高风险经营，收购风险非常复杂和广泛，公司应谨慎对待，尽量避免风险，并把风险消除在收购的各个环节之中，以求收购成功。概括而言,在收购过程中，收购公司主要面临市场风险、营运风险、反收购风险、融资风险、法律风险、整合风险等。因此，本题的正确答案为ABCD。

24. 【答案】ABC

【解析】2003年12月15日，中国证监会发布了《证券公司内部控制指引》，对投资银行业务的内部控制提出了10条具体要求，主要包括：（1）证券公司应重点防范因管理不善、权责不明、未勤勉尽责等原因导致的法律风险、财务风险及道德风险；（2）证券公司应建立投资银行项目管理制度，完善各类投资银行项目的业务流程、作业标准和风险控制措施；加强项目的承揽立项、尽职调查、改制辅导、文件制作、内部审核、发行上市和保荐回访等环节的管理；加强项目核算和内部考核，完善项目工作底稿和档案管理制度；（3）证券公司应建立科学、规范、统一的发行人质量评价体系，应在尽职调查的基础上，在项目实施的不同阶段分别进行立项评价、过程评价和综合评价，提高投资银行项目的整体质量水平；（4）证券公司应建立尽职调查的工作流程，加强投资银行业务人员的尽职调查管理，贯彻勤勉尽责、诚实信用的原则，明确业务人员对尽职调查报告所承担的责任；并按照有关业务标准、道德规范要求，对业务人员尽职调查情况进行检查；（5）证券公司应加强投资银行项目的内核工作和质量控制，证券公司投资银行业务风险（质量）控制与投资银行业务运作应适当分离；（6）证券公司应加强证券发行中的定价和配售等关键环节的决策管理，建立完善的承销风险评估与处理机制，通过事先评估、建立奖惩机制、制订风险处置预案等措施，有效控制包销风险。证券公司应建立对分销商分销能力的评估监测制度；（7）证券公司应加强投资银行项目协议的管理，明确不同类别协议的签署权限；在承接投资银行项目时，应与客户签订相关业务协议，对各自的权利、义务及其他相关事项作出约定；（8）证券公司应加强投资银行项目的集中管理和控制，对投资银行项目实施合理的项目进度跟踪、项目投入产出核算和项目利润分配等措施；（9）证券公司应建立与投资银行项目相关的中介机构评价机制，加强同律师事务所、评估机构、会计师事务所等中介机构的协调配合；（10）证券公司应当杜绝虚假承销行为。因此，本题的正确答案为ABC。

25．【答案】ABCD

【解析】股份一般有以下四个特点：（1）股份的金额性，股份有限公司的资本划分为股份，每一股的金额相等，即股份是一定价值的反映，并可以用货币加以度量；（2）股份的平等性，即同种类的每一股份应当具有同等权利；（3）股份的不可分性，即股份是公司资本最基本的构成单位，每个股份不可再分；（4）股份的可转让性，即股东持有的股份可以依法转让。因此，本题的正确答案为ABCD。

26．【答案】ABC

【解析】在年度报告"财务报表附注"部分，证券公司应按以下内容对这两个报表项目进行注释：（1）代发行证券，按承销方式披露代发行证券的期初未售出数、本期承购或代销数、本期已售出数、本期转出数和期末结存数；（2）证券发行收入，按承销项目类别（如A、B股票发行收入、国债发行收入和其他债券发行收入等）披露本年数、上年数及增减百分比。因此，本题的正确答案为ABC。

27．【答案】ABCD

【解析】有下列情形之一的，为拥有上市公司控制权：（1）投资者为上市公司持股50%以上的控股股东。（2）投资者可以实际支配上市公司股份表决权超过30%。（3）投资者通过实际支配上市公司股份表决权能够决定公司董事会半数以上成员选任。（4）投资者依其可实际支配的上市公司股份表决权足以对公司股东大会的决议产生重大影响。（5）中国证监会认定的其他情形。因此，本题的正确答案为ABCD。

28．【答案】ABC

【解析】信用增级是指在信贷资产证券化交易结构中通过合同安排所提供的信用保护。信用增级可以采用内部信用增级和／或外部信用增级的方式。内部信用增级包括但不限于超额抵押、资产支持证券分层结构、现金抵押账户和利差账户等方式；外部信用增级包括但不限于备用信用证、担保和保险等方式。金融机构提供信用增级，应当在信贷资产证券化的相关法律文件中明确规定信用增级的条件、保护程度和期限，并将因提供信用增级而承担的义务和责任与因担当其他角色而承担的义务和责任进行明确的区分。金融机构应当在法律、行政法规和中国银监会等监督管理机构有关规定允许的范围内，按照公平的市场交易条件和条款，约定提供信用增级的条件、条款及其所承担的义务和责任。信用增级机构应当确保受托机构在资产支持证券发行说明书中披露信贷资产证券化交易中的信用增级安排情况，并在其显著位置提示投资机构：信用增级仅限于在信贷资产证券化相关法律文件所承诺的范围内提供，信用增级机构不对信贷资产证券化业务活动中可能产生的其他损失承担义务和责任。商业银行为信贷资产证券化交易提供信用增级，应当按照有关规定计提资本。因此，本题的正确答案为ABC。

29．【答案】ABC

【解析】证券公司公开发行债券募集说明书的内容与格式包括：(1) 封面、书脊、扉页、目录、释义；(2) 概览；(3) 本次发行概况；(4) 风险因素；(5) 发行条款；(6) 发行人的资信状况；(7) 担保；(8) 偿债计划及其他保障措施；(9) 债券持有人会议；(10) 债权代理人；(11) 发行人基本情况；(12) 财务会计信息及风险控制指标；(13) 募集资金运用；(14) 董事及有关中介机构的声明；(15) 附录和备查文件。因此，本题的正确答案为ABC。

30．【答案】ACD

【解析】首次公开发行股票，募集资金运用：(1) 募集资金应当有明确的使用方向，原则上应当用于主营业务。除金融类企业外，募集资金使用项目不得为持有交易性金融资产和可供出售的金融资产、借予他人、委托理财等财务性投资，不得直接或者间接投资于以买卖有价证券为主要业务的公司；(2) 募集资金数额和投资项目应当与发行人现有生产经营规模、财务状况、技术水平和管理能力等相适应；(3) 募集资金投资项目应当符合国家产业政策、投资管理、环境保护、土地管理以及其他法律、法规和规章的规定；(4) 发行人董事会应当对募集资金投资项目的可行性进行认真分析，确信投资项目具有较好的市场前景和盈利能力，有效防范投资风险，提高募集资金使用效益；(5) 募集资金投资项目实施后，不会产生同业竞争或者对发行人的独立性产生不利影响；(6) 发行人应当建立募集资金专项存储制度，募集资金应当存放于董事会决定的专项账户。因此，本题的正确答案为。

31．【答案】ABCD

【解析】首次公开发行股票，发行人不得有下列影响持续盈利能力的情形：(1) 发行人的经营模式、产品或服务的品种结构已经或者将发生重大变化，并对发行人的持续盈利能力构成重大不利影响；(2) 发行人的行业地位或发行人所处行业的经营环境已经或者将发生重大变化，并对发行人的持续盈利能力构成重大不利影响；(3) 发行人最近1个会计年度的营业收入或净利润对关联方或者存在重大不确定性的客户存在重大依赖；(4) 发行人最近1个会计年度的净利润主要来自合并财务报表范围以外的投资收益；(5) 发行人在用的商标、专利、专有技术以及特许经营权等重要资产或技术的取得或者使用存在重大不利变化的风险；(6) 其他可能对发行人持续盈利能力构成重大不利影响的情形。因此，本题的正确答案为ABCD。

32．【答案】BC

【解析】相对估值法最常用的是市盈率法和市净率法，用该方法估值时容易产生偏见，主要原因是："可比公司"的选择是个主观概念，世界上没有在风险和成长性方面完全相同的两个公司；同时，该方法通常忽略了决定资产最终价值的内在因素和假设前提。因此，本题的正确答案为BC。

33．【答案】ACD

【解析】首次公开发行股票，询价对象有下列情形之一的，中国证券业协会应当将其从询价对象名单中去除：(1) 不再符合《证券发行与承销管理办法》规定的条件；(2) 最近12个月内因违反相关监管要求被监管谈话3次以上；(3) 未按时提交年度总结报告。因此，本题的正确答案为ACD。

34．【答案】AC

【解析】1933年通过的《证券法》和《格拉斯·斯蒂格尔法》对一级市场产生了重大的影响，严格规定了证券发行人和承销商的信息披露义务，以及虚假陈述所要承担的民事责任和刑事责任，并要求金融机构在证券业务与存贷业务之间作出选择，从法律上规定了分业经营；1934年通过的《证券交易法》不仅对一级市场进行了规范，而且对交易商也产生了影响；同时，美国证券交易委员会取代了联邦贸易委员会，成为证券监管机构。而1937年成立的全美证券交易商协会则加强了对场外经纪人和证券商的管理，并对会员制定了业务标准。这些法案的通过使投资银行业与商业银行在业务上严格分离，逐步形成了分割金融市场的金融分业经营制度框架，奠定了美国投资银行业的基础，并对其他国家银行业的管理模式产生了重大影响。因此，本题的正确答案为AC。

35．【答案】CD

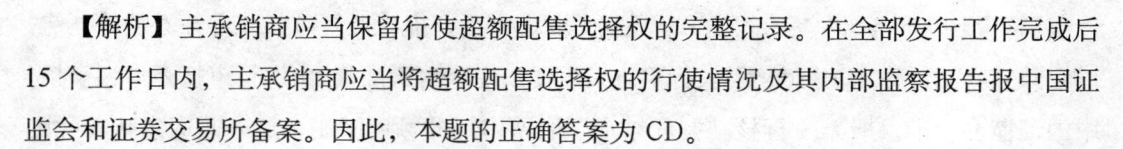

【解析】主承销商应当保留行使超额配售选择权的完整记录。在全部发行工作完成后15个工作日内，主承销商应当将超额配售选择权的行使情况及其内部监察报告报中国证监会和证券交易所备案。因此，本题的正确答案为CD。

36．【答案】ABD

【解析】招股说明书的扉页应刊登发行人董事会的声明，其中包括：公司负责人和主管会计工作的负责人、会计机构负责人，保证招股说明书及其摘要中财务会计报告真实、完整。因此，本题的正确答案为ABD。

37．【答案】ABCD

【解析】公开募集证券说明书所引用的审计报告、盈利预测审核报告、资产评估报告、资信评级报告，应当由有资格的证券服务机构出具，并由至少两名有从业资格的人员签署。公开募集证券说明书所引用的法律意见书，应当由律师事务所出具，并由至少两名经办律师签署。因此，本题的正确答案为ABCD。

38．【答案】ABCD

【解析】上市公司向证券交易所申请可转换公司债券上市，应当提交下列文件：（1）上市报告书（申请书）；（2）申请上市的董事会和股东大会决议；（3）按照有关规定编制的上市公告书；（4）保荐协议和保荐人出具的上市保荐书；（5）发行结束后经具有执行证券、期货相关业务资格的会计师事务所出具的验资报告；（6）登记公司对新增股份和可转换公司债券登记托管的书面确认文件；（7）证券交易所要求的其他文件。因此，本题的正确答案为ABCD。

39．【答案】CD

【解析】常见的毒丸计划有负债毒丸计划和人员毒丸计划。因此，本题的正确答案为CD。

40．【答案】ABD

【解析】权益在境外上市的境内公司应符合下列条件：（1）产权明晰，不存在产权争议或潜在产权争议；（2）有完整的业务体系和良好的持续经营能力；（3）有健全的公司治理结构和内部管理制度；（4）公司及其主要股东近3年无重大违法违规记录。因此，本题的正确答案为ABD。

三、判断题

1．【答案】B

【解析】1998年《中华人民共和国证券法》出台后，提出要打破行政推荐家数的办法，以后国家就不再确定发行额度，发行申请人需要由主承销商推荐，由发行审核委员会审核，中国证监会核准。股票发行核准制度结束了股票发行的额度限制，这一改变意味着我国证券市场在市场化方向上迈出了意义深远的一步，终结了行政色彩浓厚的额度制度。因此，本题的正确答案为B。

2.【答案】A

【解析】上市保荐制是指由保荐人负责发行人的上市推荐和辅导，核实公司发行文件中所载资料的真实、准确和完整，协助发行人建立严格的信息披露制度，不仅承担上市后持续督导的责任，还将责任落实到个人。因此，本题的正确答案为A。

3.【答案】A

【解析】证券公司有下列行为之一的，除承担《证券法》规定的法律责任外，自中国证监会确认之日起12个月内不得参与证券承销：提前泄露证券发行信息；以不正当竞争手段招揽承销业务；在承销过程中不按规定披露信息；在承销过程中的实际操作与报送中国证监会的发行方案不一致；违反相关规定撰写或者发布投资价值研究报告。发行人及其承销商违反规定向参与认购的投资者提供财务资助或者补偿的，中国证监会可以责令改正；情节严重的，处以警告、罚款。因此，本题的正确答案为A。

4.【答案】A

【解析】中国证监会可以对保荐机构及其保荐代表人从事保荐业务的情况进行定期或者不定期现场检查，保荐机构及其保荐代表人应当积极配合检查。对业务的检查包括：(1)是否按制定的立项决策程序、操作流程和作业标准操作，以控制风险；(2)有关档案资料和工作底稿的保存是否完备；(3)内核小组的工作是否有效，是否对承销商备案材料的合规性尽职审核；(4)是否按规定组织承销团，承销团中副主承销商的数量是否符合规定；(5)是否按规定收取包销佣金和代销佣金；(6)单项包销金额和同时包销总金额是否符合规定；(7)与发行人的关联关系是否充分披露；(8)是否按规定按期报送承销商备案材料和承销工作报告；(9)是否有公告的信息与中国证监会审定的内容不一致的情况；(10)作为主承销商，对发行人信息披露文件的真实性、准确性和完整性是否进行了核查，是否出现过虚假记载、误导性陈述或者有重大遗漏；(11)担任主承销商时，作为知情人对发行人公告前的内幕信息是否有泄露；(12)在承销业务中，是否有向发行人提供融资或变相融资的行为；(13)在首次发行、配股、增发和国有股转配中承担的承销风险大小；(14)是否按规定的程序承销企业债券；(15)承销地方企业债券是否进行了充分的市场调查与可行性分析，卖不出去时，公司自己包销的金额有多少；(16)已承销尚未到期的企业债券金额有多少，是否超过净资产的80%，是否跟踪，是否存在兑付风险；(17)代垫的到期企业债券金额有多少，是否制订了追讨方案。因此，本题的正确答案为A。

5．【答案】B

【解析】关于股份有限公司的设立方式，在《公司法》颁布之前，《股份有限公司规范意见》将募集设立分为定向募集设立和社会募集设立两种。1994年6月19日，原国家体改委发出通知，停止审批定向募集股份有限公司。1994年7月1日实施的《公司法》规定我国募集设立的公司均指向社会募集设立的股份有限公司。2005年10月27日修订实施的《公司法》将募集设立分为公开募集设立和向特定对象募集设立。因此，本题的正确答案为B。

6．【答案】B

【解析】设立股份有限公司，发行的股份超过招股说明书规定的截止期限尚未募足的，或者发行股份的股款缴足后，发起人在30日内未召开创立大会的，认股人可以按照所缴股款并加算银行同期存款利息，要求发起人返还。因此，本题的正确答案为B。

7．【答案】A

【解析】设立股份有限公司，自然人、法人均可以作为发起人。自然人作为发起人应有完全民事行为能力，必须可以独立承担民事责任。法人作为发起人时，它应与营利性质相适应，如国家拨款的大学、工会不宜作为股份有限公司的发起人。实行企业化经营、国家不再核拨经费的事业单位和从事经营活动的科技性社会团体，具备企业法人条件的，应当先申请企业法人登记，然后才可作为发起人。因此，本题的正确答案为A。

8．【答案】A

【解析】股份有限公司股份的分派是指公司根据发起人和（或）其他股份认购人认购股份的情况，将股份按照一定分派方法分配给认购人。因此，本题的正确答案为A。

9．【答案】B

【解析】变更公司形式须由股东大会以特别决议通过。因此，本题的正确答案为B。

10．【答案】A

【解析】股份有限公司除法定的会计账簿外，不得另立会计账簿。对公司资产，不得以任何个人名义开立账户存储。因此，本题的正确答案为A。

11．【答案】B

【解析】股份有限公司以超过股票票面金额的发行价格发行股份所得的溢价款以及国

务院财政部门规定列入资本公积金的其他收入，应当列为公司资本公积金。公司的公积金用于弥补公司的亏损，扩大公司生产经营或者转为增加公司资本。但是，资本公积金不得用于弥补公司的亏损。法定公积金转为资本时，所留存的该项公积金不得少于转增前公司注册资本的25%。因此，本题的正确答案为B。

12.【答案】B

【解析】清产核资主要包括账务清理、资产清查、价值重估、损益认定、资金核实和完善制度等内容其中。资产清查是指对企业的各项资产进行全面的清理、核对和查实。账务清理是指对企业的各种银行账户、会计核算科目、各类库存现金和有价证券等基本财务情况进行全面核对和清理，以及对企业的各项内部资金往来进行全面核对和清理，以保证企业账账相符，账证相符，促进企业账务的全面、准确和真实。因此，本题的正确答案为B。

13.【答案】A

【解析】清产核资工作按照统一规范、分级管理的原则，由同级国有资产监督管理机构组织指导和监督检查。企业清产核资机构负责组织企业的清产核资工作，向同级国有资产监督管理机构报送相关资料，根据同级国有资产监督管理机构清产核资批复。组织企业本部及子企业进行调账。因此，本题的正确答案为A。

14.【答案】B

【解析】会计报表的审计是指从审计工作开始到审计报告完成的整个过程，一般包括三个主要阶段，即计划阶段、实施审计阶段和审计完成阶段。因此，本题的正确答案为B。

15.【答案】A

【解析】公司改组为上市公司，其使用的国有土地使用权必须评估。评估应当由土地资产的使用单位或持有单位向国家土地管理部门提出申请，然后聘请具有A级土地评估资格的土地评估机构评估。一般是对进入拟上市公司的土地作评估，但有时为了配合公司的其他目标，也可以单独评估不进入上市公司的土地资产。经国家土地管理部门确认的土地评估结果，是确定土地使用权折股及土地使用权出让金、租金数额的基础。因此，本题的正确答案为A。

16.【答案】A

【解析】缴纳土地租金是公司改组为上市公司时，对上市公司占用的国有土地主要采取处置方式之一。国家以租赁方式将土地使用权交给股份有限公司，定期收取租金。以租赁方式取得的土地不得转让、转租和抵押。改组前的企业取得土地使用权的，可以由

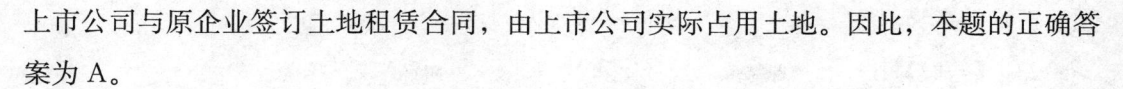

上市公司与原企业签订土地租赁合同，由上市公司实际占用土地。因此，本题的正确答案为A。

17.【答案】 B

【解析】企业接受非国有单位以非货币资产出资，应当对相关资产进行评估。因此，本题的正确答案为B。

18.【答案】 A

【解析】现行市价法是我国采用的资产评估方法之一，其是指通过市场调查，选择一个或多个与评估对象相同或类似的资产作为比较对象，分析比较对象的成交价格和交易条件，进行对比调整，估算出资产价值。因此，本题的正确答案为A。

19.【答案】 B

【解析】对境外募股公司进行资产评估时，应当做好境内、境外评估机构以及国有资产管理部门的协调工作。评估机构最好同时开展工作，以减少公司的工作量。评估机构也应尽量就评估方法、评估范围取得一致意见，以使评估结果在客观、公正的基础上尽可能一致。因此，本题的正确答案为B。

20.【答案】 B

【解析】公司改组为上市公司，对上市公司占用的国有土地可以授权经营。对于省级以上人民政府批准实行授权经营或国家控股公司试点的企业，可采用授权经营方式配置土地。其中，经国务院批准改制的企业，土地资产处置方案应报国土资源部审批，其他企业的土地资产处置方案应报土地所在省级土地行政主管部门审批。为方便与有关部门衔接，同一企业涉及在两个以上省（自治区、直辖市）审批土地资产处置的，企业可持有关省（自治区、直辖市）的处置批准文件到国土资源部转办统一的公函。因此，本题的正确答案为B。

21.【答案】 B

【解析】首次公开发行股票时，发行人应当在招股说明书中披露董事、监事、高级管理人员及核心技术人员最近1年从发行人及其关联企业领取收入的情况，以及所享受的其他待遇和退休金计划等。因此，本题的正确答案为B。

22.【答案】 B

【解析】中小企业板是现有主板市场的一个板块，其适用的基本制度规范与现有市场完全相同，适用的发行上市标准也与现有主板市场完全相同，必须满足信息披露、发行上市辅导、财务指标、盈利能力、股本规模、公众持股比例等各方面的要求。因此，本题的正确答案为 B。

23．【答案】B

【解析】预先披露的招股说明书（申报稿）不是发行人发行股票的正式文件，不能含有价格信息，发行人不得据此发行股票。发行人应当在预先披露的招股说明书（申报稿）的显要位置声明："本公司的发行申请尚未得到中国证监会核准。本招股说明书（申报稿）不具有据以发行股票的法律效力，仅供预先披露之用。投资者应当以正式公告的招股说明书全文作为作出投资决定的依据。"因此，本题的正确答案为 B。

24．【答案】B

【解析】在创业板上市公司首次公开发行股票，发行人应当具有持续盈利能力，不存在下列情形：（1）发行人的经营模式、产品或服务的品种结构已经或者将发生重大变化，并对发行人的持续盈利能力构成重大不利影响；（2）发行人的行业地位或发行人所处行业的经营环境已经或者将发生重大变化，并对发行人的持续盈利能力构成重大不利影响；（3）发行人在用的商标、专利、专有技术、特许经营权等重要资产或者技术的取得或者使用存在重大不利变化的风险；（4）发行人最近 1 年的营业收入或净利润对关联方或者有重大不确定性的客户存在重大依赖；（5）发行人最近 1 年的净利润主要来自合并财务报表范围以外的投资收益；(6)其他可能对发行人持续盈利能力构成重大不利影响的情形。因此，本题的正确答案为 B。

25．【答案】A

【解析】在创业板上市公司首次公开发行股票，发行人应当具有持续盈利能力，不存在下列情形：（1）发行人的经营模式、产品或服务的品种结构已经或者将发生重大变化，并对发行人的持续盈利能力构成重大不利影响；（2）发行人的行业地位或发行人所处行业的经营环境已经或者将发生重大变化，并对发行人的持续盈利能力构成重大不利影响；（3）发行人在用的商标、专利、专有技术、特许经营权等重要资产或者技术的取得或者使用存在重大不利变化的风险；（4）发行人最近 1 年的营业收入或净利润对关联方或者有重大不确定性的客户存在重大依赖；（5）发行人最近 1 年的净利润主要来自合并财务报表范围以外的投资收益;(6)其他可能对发行人持续盈利能力构成重大不利影响的情形。因此，本题的正确答案为 A。

26．【答案】A

【解析】首次公开发行股票，发行人在报送申请文件后、股票未发行前更换保荐人（主承销商）、签字会计师或会计师事务所、签字律师或律师事务所等其他中介机构的，更换后的会计师或会计师事务所应对申请首次公开发行股票公司的审计报告出具新的专业报告，更换后的律师或律师事务所应出具新的法律意见书和律师工作报告。保荐人（主承销商）对更换后的其他中介机构出具的专业报告应重新履行核查义务。发行人在通过发审会后更换中介机构的，中国证监会视具体情况决定发行人是否需重新上发审会。因此，本题的正确答案为A。

27．【答案】A

【解析】根据《证券法》第二十一条的规定，发行人申请首次公开发行股票的，在提交申请文件后，应当按照国务院证券监督管理机构的规定预先披露有关申请文件。因此，发行人申请文件受理后、发审委审核前，发行人应当将招股说明书（申报稿）在中国证监会网站预先披露。发行人可以将招股说明书（申报稿）刊登于其企业网站，但披露内容应当与中国证监会网站的完全一致，且不得早于在中国证监会网站的披露时间。因此，本题的正确答案为A。

28．【答案】B

【解析】拥有上市公司控制权的股东发行可交换公司债券的，应当合理确定发行方案，不得通过本次发行直接将控制权转让给他人。因此，本题的正确答案为B。

29．【答案】A

【解析】首次公开发行股票，对拟发行股票的合理估值是定价的基础。通常的估值方法有两大类：一类是相对估值法，另一类是绝对估值法。因此，本题的正确答案为A。

30．【答案】A

【解析】新股发行改革的预期目标为：（1）市场价格发现功能得到优化，买方、卖方的内在制衡机制得以强化；（2）提升股份配售机制的有效性，缓解巨额资金申购新股状况，提高发行的质量和效率；(3)在风险明晰的前提下，中小投资者的参与意愿得到重视，向有意向申购新股的中小投资者适当倾斜；（4）增强揭示风险的力度，强化一级市场风险意识。因此，本题的正确答案为A。

31．【答案】A

【解析】上海证券交易所对有效申购总量配售新股的办法如下：（1）当有效申购总量等于该次股票上网发行量时，投资者按其有效申购量认购股票；（2）当有效申购总量小于该次股票上网发行量时，投资者按其有效申购量认购股票后，余额部分按承销协议办理；(3）当有效申购总量大于该次股票发行量时，上交所按照每1000股配1个号的规则，由交易主机自动对有效申购进行统一连续配号，并通过卫星网络公布中签率。因此，本题的正确答案为A。

32. 【答案】A

【解析】股票申请上市，发行人应当于其股票上市前5个交易日内，在指定媒体或网站上披露下列文件和事项：上市公告书、公司章程、上市保荐书、法律意见书、交易所要求的其他文件。上述文件应当置备于公司住所，供公众查阅。发行人在提出上市申请期间，未经证券交易所同意，不得擅自披露与上市有关的信息。因此，本题的正确答案为A。

33. 【答案】A

【解析】首次公开发行股票，关联方、关联关系及关联交易的确定：发行人应根据《公司法》和《企业会计准则》的相关规定披露关联方、关联关系和关联交易。因此，本题的正确答案为A。

34. 【答案】A

【解析】首次公开发行股票，招股说明书中，发行人应披露控股股东或实际控制人、控股子公司，发行人董事、监事、高级管理人员和核心技术人员作为一方当事人的重大诉讼或仲裁事项。因此，本题的正确答案为A。

35. 【答案】B

【解析】首次公开发行股票，认定公司控制权的归属，既需要审查相应的股权投资关系，也需要根据个案的实际情况，综合对发行人股东大会、董事会决议的实质影响、对董事和高级管理人员的提名及任免所起的作用等因素进行分析判断。因此，本题的正确答案为B。

36. 【答案】A

【解析】上市公告书是发行人在股票上市前向公众公告发行与上市有关事项的信息披露文件。在中华人民共和国境内首次公开发行股票，并申请在经国务院批准设立的证券交易所上市的公司，在股票上市前，应按《公司法》、《证券法》、《首次公开发行股票并上市管理办法》以及核准其挂牌交易的证券交易场所《上市规则》和《股票上市公告书内容与格式指引》（简称《指引》）中的有关要求编制上市公告书，并经证券交易所审核同意后公告。不论《指引》是否有明确规定，凡在招股说明书披露日至上市公告书刊登日期间所发生的对投资者作出投资决策有重大影响的信息，均应披露。因此，本题的正确答案为A。

37. 【答案】A

【解析】上市公司发行新股，发行人、保荐人（主承销商）应履行其对发行申请文件质量控制的义务，按有关规定对申请文件进行核查并出具内核意见。因此，本题的正确答案为A。

38．【答案】A

【解析】上市公司发行新股，发行申请文件所有需要签名处，均应为签名人亲笔签名，不得以名章、签名章等代替。因此，本题的正确答案为A。

39．【答案】A

【解析】《上市公司证券发行管理办法》所称"定价基准日前20个交易日股票交易均价"的计算公式为：定价基准日前20个交易日股票交易均价＝定价基准日前20个交易日股票交易总额／定价基准日前20个交易日股票交易总量。因此，本题的正确答案为A。

40．【答案】A

【解析】根据《上市公司证券发行管理办法》，发行可转换公司债券的，设定抵押或质押的，抵押或质押财产的估值应不低于担保金额。因此，本题的正确答案为A。

41．【答案】A

【解析】发行可转换公司债券，按照目前的做法，发行人申请发行可转换公司债券，股东大会应决定是否优先向原股东配售；如果优先配售，应明确进行配售的数量和方式以及有关原则。因此，本题的正确答案为A。

42．【答案】A

【解析】目前记账式国债的招标方式中，荷兰式招标是指标的为利率或利差时，全场最高中标利率或利差为当期国债票面利率或基本利差，各中标机构均按面值承销；标的为价格时，全场最低中标价格为当期国债发行价格，各中标机构均按发行价格承销。因此，本题的正确答案为A。

43．【答案】B

【解析】《证券法》第十六条规定，公开发行公司债券筹集的资金，必须用于核准的用途，不得用于弥补亏损和非生产性支出。因此，本题的正确答案为B。

44．【答案】A

【解析】企业发行短期融资券，企业应在注册报告中声明自愿接受交易商协会的自律管理。办公室在初审过程中可建议企业解释、补充注册文件内容。办公室可调阅主承销商及相关中介机构的工作报告、工作底稿或其他有关资料。中介机构未能尽职而导致注册文件不符合要求的，办公室可要求中介机构重新开展工作。因此，本题的正确答案为A。

45．【答案】A

【解析】企业发行短期融资券，在资金使用上，企业发行短期融资券所募集的资金应用于企业生产经营活动，并在发行文件中明确披露具体资金用途。企业在短期融资券存续期内变更募集资金用途应提前披露。因此，本题的正确答案为A。

46．【答案】B

【解析】证券公司公开发行债券的担保金额应不少于债券本息的总额。定向发行债券的担保金额原则上应不少于债券本息总额的50%；担保金额不足50%或者未提供担保定向发行债券的，应当在发行和转让时向投资者作特别风险提示，并由投资者签字。因此，本题的正确答案为B。

47．【答案】A

【解析】资产支持证券的发行，受托机构应与信用评级机构就资产支持证券跟踪评级的有关安排作出约定，并应于资产支持证券存续期内每年的7月31日前向投资者披露上年度的跟踪评级报告。因此，本题的正确答案为A。

48．【答案】A

【解析】根据外资股发行对象的不同，发行人和承销商往往需要准备不同的招股说明书。采用私募方式发行外资股的发行人，需要准备信息备忘录，它是发行人向特定的投资者发售股份的募股要约文件，仅供要约人认股之用，在法律上不视为招股章程，亦无须履行招股书注册手续。因此，本题的正确答案为A。

49．【答案】A

【解析】收购公司在实施收购战略之后，是否能够取得真正的成功，在很大程度上还取决于收购后的公司整合运营状况。收购后整合的内容包括收购后公司经营战略的整合、管理制度的整合、经营上的整合以及人事安排与调整等。因此，本题的正确答案为A。

50．【答案】A

【解析】任何进行收购的公司都必须在决策时充分考虑采用何种方式完成收购，不同的收购方式不仅是支付方式的差别，还与公司的自身财务、资本结构密切相关。因此，本题的正确答案为A。

51．【答案】A

【解析】股份有限公司设监事会，有关董事任职资格的限制规定同样适用于监事。监事应具有法律、会计等方面的专业知识或工作经验。此外，董事、高级管理人员不得兼任监事。股份有限公司的监事会是由监事组成的、对公司业务和财务活动进行合法性监督的机构。监事会成员不得少于3人。监事会的人员和结构应确保监事会能够独立有效地行使对董事、经理和其他高级管理人员及公司财务的监督和检查的权力。因此，本题的正确答案为A。

52．【答案】A

【解析】公司应当依照法律、行政法规和国务院财政部门的规定建立本公司的财务、会计制度。公司应当在每一会计年度终了时编制财务会计报告，并依法经会计师事务所审计。上市公司在每一会计年度结束之日起4个月内向中国证监会和证券交易所报送年度财务会计报告，在每一会计年度前6个月结束之日起2个月内向中国证监会派出机构和证券交易所报送半年度财务会计报告。财务会计报告应当依照法律、行政法规和国务院财政部门的规定制作。因此，本题的正确答案为A。

53．【答案】A

【解析】注册会计师的责任是在实施审计工作的基础上对财务报表发表审计意见。注册会计师按照中国注册会计师审计准则的规定执行了审计工作。因此，本题的正确答案为A。

54．【答案】A

【解析】发审委会议审核发行人公开发行股票申请和可转换公司债券等中国证监会认可的其他公开发行证券申请，适用普通程序规定。中国证监会有关职能部门应当在发审委会议召开5日前，将会议通知、股票发行申请文件及中国证监会有关职能部门的初审报告送达参会发审委委员，并将发审委会议审核的发行人名单、会议时间、发行人承诺函和参会发审委委员名单在中国证监会网站上公布。因此，本题的正确答案为A。

55．【答案】A

【解析】在首次公开发行股票的招股说明书中，发行人应披露是否存在与控股股东、实际控制人及其控制的其他企业从事相同、相似业务的情况。对存在相同、相似业务的，发行人应对是否存在同业竞争作出合理解释。发行人应披露控股股东、实际控制人作出的避免同业竞争的承诺。因此，本题的正确答案为A。

56．【答案】B

【解析】首次公开发行股票向战略投资者配售股票的，发行人及其主承销商应当在网下配售结果公告中披露战略投资者的名称、认购数量及承诺持有期等情况。因此，本题的正确答案为B。

57．【答案】A

【解析】发行可转换公司债券必须报经核准，未经核准，不得发行可转换公司债券。可转换公司债券在转换股份前，其持有人不具有股东的权利和义务。因此，本题的正确答案为 A。

58．【答案】B

【解析】2005 年 4 月 27 日，中国人民银行发布了《全国银行间债券市场金融债券发行管理办法》，对金融债券的发行行为进行了规范，发行体也在原来单一的政策性银行的基础上，增加了商业银行、企业集团财务公司及其他金融机构。金融债券是指依法在中华人民共和国境内设立的上述金融机构法人在全国银行间债券市场发行的、按约定还本付息的有价证券。因此，本题的正确答案为 B。

59．【答案】B

【解析】根据《短期融资券管理办法》第一章第三条和第二章第十三条的规定，短期融资券是指企业依照本办法规定的条件和程序在银行间债券市场发行和交易，约定在一定期限内还本付息，最长期限不超过 365 天的有价证券。因此，本题的正确答案为 B。

60．【答案】B

【解析】资金保管机构是指在信贷资产证券化交易中接受受托机构委托，负责保管信托财产账户资金的机构。信贷资产证券化发起机构和贷款服务机构不得担任同一交易的资金保管机构。因此，本题的正确答案为 B。